江苏省教育科学“十三五”规划重点资助课题
“儿童绿色学习生态的整体建构研究”成果

GUANTONG
ZOUXIANG LÜSE SHENGTAI DE XIAOBEN LUJING

贯通
走向绿色生态的校本路径

安文丽　许建华　章　婧◎编著

河海大学出版社
HOHAI UNIVERSITY PRESS
·南京·

U1004182

图书在版编目(CIP)数据

贯通：走向绿色生态的校本路径 / 安文丽，许建华，章婧编著. -- 南京：河海大学出版社，2021.9
ISBN 978-7-5630-7186-9

Ⅰ.①贯… Ⅱ.①安… ②许… ③章… Ⅲ.①小学教育—教学研究 Ⅳ.①G622.0

中国版本图书馆 CIP 数据核字(2021)第 187380 号

书　　名	贯通:走向绿色生态的校本路径
书　　号	ISBN 978-7-5630-7186-9
责任编辑	周　贤
责任校对	彭志诚
封面设计	张育智　刘　冶
出版发行	河海大学出版社
地　　址	南京市西康路 1 号(邮编:210098)
网　　址	http://www.hhup.com
电　　话	(025)83737852(总编室)　(025)83722833(营销部)
经　　销	江苏省新华发行集团有限公司
排　　版	南京布克文化发展有限公司
印　　刷	江苏凤凰数码印务有限公司
开　　本	718 毫米×1000 毫米　1/16
印　　张	19.625
字　　数	358 千字
版　　次	2021 年 9 月第 1 版
印　　次	2021 年 9 月第 1 次印刷
定　　价	90.00 元

序言

“贯通”的意义与价值

成尚荣

我有一个观点，也是我的基本态度：一所学校能写出一本厚厚的书，多不容易、多不简单，我们一定要珍惜、要鼓励。这样的书，其价值倒不在于厚不厚，也许，正是帕克·帕尔所说的“伟大的事物”。所以，每每看到学校写成的书，我总是满怀敬意，同时会有所想象，想象校长、老师们奋笔写书的情景：艰难中的坚持，绞尽脑汁时的内心呼唤，写完最后一个字、点上最后一个标点时的仰天长叹……中国课程改革的希望与信心在哪里？不就在校长、教师吗？不就在学校吗？

今天，南京市凤凰花园城小学的《贯通：走向绿色生态的校本路径》摆在我的书桌上，看着书稿，崇高感、自豪感油然而生，同时还掂量出一种厚重感。这本书似乎深情地望着我，对我发出真切的邀请，约邀我阅读，约邀我发点声。我也感受到了那清新的呼吸。这是书的呼吸，是文丽校长和她的团队绿色的呼吸，是教师专业发展的呼吸，是科研兴校发生的呼吸。他们的呼吸是自由的，又是深沉的；是甜的，也是美的；是凤凰花园城小学的呼吸，也是我们共同的呼吸。在呼吸中，我们获得了启发。再次坚定一个观点：写序就是写学习的收获和感想。

课程的“贯通”、教育的“贯通”，是一个生长的过程，它的诞生在凤凰花园城小学绝非偶然。从建校之始，学校就提出了一个鲜明的主张：绿色教育。绿色教育倡导学校依循儿童的天性、尊重教育的规律，鼓励并引导学生走进大自然，走进生活，在蓝天下、田野里学会探究和体验，学会学习和创造，优化学习生态，形成特有的文化、民主、和谐、合作，师生共同努力，共同成长。

正是在这样的文化生态里，教育的各种元素自然而然地互相靠近，各个领域与学科自觉地牵起手来，校长、教师、学生、家长都要心心相印、息息相通，联结成一个整体，产生意义，形成合力，为培养新时代好儿童而共同探索。"贯通"体现了生态的文化理念，而且"贯通"本身就是一种生态。提出"贯通"，其意义不在于其本身，而是回到事物的原本状态，进而，让绿色教育走向内核。

在凤凰花园城小学，"贯通"首先指教育观的联系与融合。他们认为，儿童观、学习观、课程观、发展观都不是孤立的，更不是割裂的，它们应该"贯通"在一起，只是为了研究的方便，使每一个"观"更为具体，我们常常把教育观分裂为儿童观、学习观、课程观、发展观，其实他们都是相互依存、相互渗透、相互支撑、相互促进的。"贯通"让它们重新走到一起，最终落实在儿童发展上。我认为在"贯通"理念下，教育观的核心是儿童观，说到底，教育观就是儿童观。从这个意义出发，"贯通：走向绿色生态的校本路径"最根本的目的是引导儿童在完整的、相互联结的世界中，获得完整的经验，进而以整体思维、开阔的视野和胸怀看待课程，看待身边所发生的一切，去创造更完整、更美好的生活。在这样的过程中，让自己成为一个完整的人。由此，不难看出，"贯通"的意义在于儿童研究，其价值不可小视。

"贯通"的理念还会催生一些新的认识，产生新的概念，"儿童贯通式学习"正是其中一个重要概念。他们是这样界定和阐释的："贯通式学习将每一个独特个体、个体之间的多元关系及系统环境进行整体把握，通过整合各类学习资源，变革学习方式，实现儿童学习生态系统中各个要素的相互耦合、和谐共生，呈现出相互影响、相互作用的样态。"这段话提炼得比较准确、清晰。我的领会是，"儿童贯通式学习"，把个体学习的独特性与环境的关联性发生积极的互动，它像一个"眼孔"，可以看到其他与之相关的事物和要素，产生视域的融合；它又像一根线，可以把所有关联的元素、事件、资源等串联起来，着眼于学习中知识、经验碎片化、孤立化现象，使之结构化；它还像一种黏合剂，把有关元素，以至把整个世界，紧密联系起来，产生聚合，形成特有的样态与力量。

在此基础上，他们又将“儿童贯通式学习”伸向更大时空，创设了“学习社区”。学习社区还引导儿童从课堂走向课外，走向校外，走向更广阔的生活世界，并形成学习的共同体，把社会当作课堂，把世界当作资源。三年级语文《铺满金色巴掌的水泥道》，儿童围绕梧桐叶，成立了“诗意梧桐”“科学梧桐”“金陵梧桐”三个研学小组，联动不同场域、不同社群，构筑了以学习社区为主体的学习共同体。这样的案例，书中还有很多，其鲜活性、典型性值得大家关注和借鉴。

“贯通”与“融通”、“融合”既有联系又有区别。我认为，“贯通”意在打通、联系，“融通”意在打通中趋向融合，“融合”意在融为一体，三者侧重点不同，并没有高低之分、优劣之别，一切从实际出发，从课程内容和目标出发。在三者的关系中，“贯通”是个基础，是个前提性条件，这并不难理解，没有“贯通”无法融通、融合。因此，“贯通”更具有普遍意义。同时，在“贯通”中也会自然生成融通、融合。再，“贯通”还会产生一种特有的效果：通透、通达。若能如此，“贯通”带来了教与学的气象，教与学会走向一个新境界。

南京市凤凰花园城小学的这本书还有许多研究成果，给我们呈现了教学改革的全景图。我们在阅读中，可以去琢磨、领悟，使自己的阅读也贯通起来。

“贯通”是一个极富学术性与实践性的好话题，“‘贯通’像什么？”是凤凰花园城小学带给我们的一个好命题。让我们打开这本书，走进凤凰花园城小学的思考和实践，一探究竟。

目 录

第一章

儿童绿色学习生态的要素解析

“生态学”（ecology）一词源起于希腊文，是由 oikos 和 logos 两个词根组合而成的。前面一个词根意为“房屋”“居住地”，后面一个词根意为“论述”“研究”，两者合起来意为“研究住所”的学问，它的解释就包含了研究人类生存环境的意思。

用生态学的角度来审视儿童学习，我们认为学习具有学习群体及其所处的外部环境共同构成的生态系统，这一系统不仅包括了学习群体的生理和心理等内部发展因素，也包含了班级、学校、社区等外部环境因素。研究儿童绿色学习生态，首先要重温与生态相关的概念，从而便于我们更好地开展一系列的研究。

教育生态与学习生态

生物与环境因素的相互关系就是“生态”，对这些关系进行研究的学科则被称为“生态学”。生态学是 1866 年由德国动物学家海克尔首次提出。1979 年，美国教育家劳伦斯·克雷明在《公共教育》一书中首次提出“教育生态学”概念，认为应运用生态原理去研究教育的物质和精神环境中的发展规律，于是就有了“教育生态环境”的说法。其实，教育生态观念的胚芽早就植根于我国古代教育之中。比如，孔子“性相近，习相远”的说法，“孟母三迁”等故事，都说明人们早已意识到环境因素对教育的作用。

国外关于学习生态以及学习生态系统的研究比较多，而国内还没有相关的系统研究。网络的出现为人类提供了一个全新的学习环境，网络学习的开放

性与多向交互性使人们更关注学习主体间的交互以及学习主体与学习环境的交互作用。我们在“十二五”期间开展的“优化学习生态的实践研究”课题研究中对学习生态及学习生态系统的概念做了界定，然后对构成学习生态系统的构成要素做了重点阐释，最后分析了学习生态系统对教育发展的重要启示。

绿色学习生态

“绿色生态”指有机体内部各要素、有机体与有机体之间及有机体与周围环境之间动态平衡的关联状态。“绿色学习生态”是指学习主体各学习要素、影响学习的各主体以及各主体与内外环境之间动态平衡的关联状态。

儿童是学习的主人，是学习生态系统中的有机体，更是学习生态系统的核心；绿色学习生态首先指向儿童思维品质、学习习惯、学习方法、学习情绪等各要素之间动态平衡的关联状态。儿童的学习是在主体互动中发生与生长的，主体间的关系将会深刻影响儿童的学习品质；绿色学习生态需要进一步指向儿童与儿童之间的、儿童与教师之间的、儿童与家长之间的动态关联状态。儿童学习发生于特定的环境、场域之中；绿色学习生态还需指向家庭、社区、学校等内、外环境与学习主体的动态关联状态，从而更有效地促进儿童的发展与成长。

结合对绿色学习生态的解读，我们从儿童观、学习观、课程观、发展观四个方面来解析研究的要素。

第一节　儿童绿色学习生态下的儿童观

儿童观是成人如何看待和对待儿童的观点的总和，它涉及儿童的能力与特点、地位与权利、儿童期的意义、儿童生长发展的形式和成因、教育同儿童发展之间的关系等诸多问题。对儿童采取什么样的态度和价值观，就会产生相应的教育观。探索各个文化时期的儿童，不仅是教育发展的需要，更是儿童发展的需要，是人类回溯过去、面对未来的生存发展需要。可以说，儿童是人类原初阶段的存在形态，是继承者也是发展者。

一、中西方儿童观的追溯

实际上，儿童观也是人们对人类的理解，因为理解儿童就是理解人类，理解儿童也就是发现儿童、发现人类，可以说，儿童观是时代精神最生动和最亲切的表现。在根本意义上，可以把儿童观作为人性探索的尺度。

（一）西方国家儿童观的演变

儿童观作为人性的尺度，在西方经历了一个漫长的过程。西方国家儿童观的演变历史大致可以梳理为以下几个时期：古希腊罗马时代，儿童被认为是“小大人”，因为自小就被训练担负成人的义务与责任，而儿童自己的天性被忽视。中世纪时期，受原罪论的影响，儿童被视为是生来就应当受鞭笞和惩罚的对象，他们在受洗前是有罪的，受洗后也必须要在成人的引导下，修身养性、谨言慎行，以保持其已经获得的德行。至18、19世纪出现了不同的声音，文坛大师塞缪尔认为，儿童乃非理性生物，因其不可理喻而微不足道；而大教育家卢梭崇尚儿童的自然本性，他提出，儿童“出自造物主之手的一切都是好的，而一到了人的手里就全变坏了”的说法；近代著名哲学家、教育家杜威在科学的心理学发现之上，建立了崭新的“儿童中心论”，这一儿童观批判了旧教育的重心在教师和教科书，以及任何其他的地方，唯独不在儿童自身。自杜威以后，教育的各种措施都环绕着儿童这一中心运动。

(二) 中国传统文化背景下的儿童观

中国传统文化中儿童观的发展大致经历了以下过程：

儒学重礼，“子子”儿童观，即儿女要有儿女的样子；封建社会以成人为本位，儿童在传统社会环境中被不理解或轻视；子女是父母身体和精神的后代，是家族权利和财产的继承者；子女为光耀门庭的工具；性别歧视明显，男尊女卑，女童地位较低。但也有老子“复归于婴儿”、孟子“大人者，不失其赤子之心者也”，以及“童子者，人之初也；童心者，心之初也”之言论，其间的儿童视角，亦是当代儿童观正本清源的题中之义。

五四运动掀起了思想文化领域的革命，与当时“人的解放”相呼应，“儿童解放”也成为“五四”新文化运动的一大主题。可以说，中国教育观念现代化的路径，是由鲁迅、周作人、郑振铎、叶圣陶、陶行知、丰子恺等一系列近现代文化、教育先驱所倡导的“尊重儿童天性、以儿童为教育的本位”不断变化发展而来的。

到了20世纪，很多人称其为“儿童的世纪”，广泛吸收国外的一些教育成果，结合中国国情对传统儿童观进行扬弃，在加强国际合作的背景下，以法律法规的形式保护了儿童的权利，承认了儿童独特个体的存在。这种观念在不断发展、建设中，以存养人类的本性为儿童教育的前提，以正视儿童的独特为儿童教育的起点，以尊重儿童的天性为儿童教育的核心等诸多思想，丰富地诠释了现代教育中的儿童观。

(三) 现代教育理念下的儿童观形态

通过对中西方儿童观演变历程的回顾，我们发现：不同的历史时期，不同的国家，不同的文化背景下会产生不同的儿童观。因为中西方历史的演变不同，中国独特的文化背景和文化传统下所折射出来的儿童观的内容和西方儿童观的内容也不尽相同。中国两千多年的封建统治制度，必然会对儿童观产生深刻的影响。但是我们从中也发现了中西方儿童观发展的交汇点，即每一次历史的变革，都将是儿童观发展的巨大推动力。

伴随教育改革的进程，儿童立场成为实践者普遍公认和坚守的法则。正本溯源，儿童立场是儿童观的演变、儿童权利国际法案的颁布、基于儿童视角的教育观以及国家课程改革政策“学生为本”的价值导向等因素共同影响而产生的共识。

综合现代心理学、哲学和教育学的研究成果，我们可将现代儿童观应有的几个基本信念概括如下：维护儿童的人格尊严；儿童与成人一样，其人格的价值是等值的。我们认为，绿色学习生态下的儿童观应该是科学认识儿童的特质和能力，尊重儿童发展规律，敬畏儿童成长潜能，调动一切有利资源帮助儿童主动发展。

二、现代儿童观的结构

（一）自然构面

儿童的上位概念是人。人类学认为，人具有生物性和文化性。人与动物一样，生命之源都来自自然，都具有生物性。因此，儿童观结构的自然构面主要指儿童是自然的存在，儿童是自然进化的结果，是种族进化的结果，因而我们可以称儿童是“自然之子”。儿童观的自然构面，显示出儿童在成长、发展过程中，需要遵循自然生长的规律。

（二）社会构面

人与动物的区别在于人具有文化性，在文化中生活的人，才真正算得上是一个人。同时，人又是文化的创造者和传播者。理解儿童，就必须认识到，儿童是社会的存在，是社会进化、文化传承的产物，儿童本身就是文化创造者，这种创造是天性的表达，是“越名教而任自然”的一派天真。它体现的是天命、天性，体现的是自然意志和自然目的。儿童观的社会构面揭示了儿童是存在于社会环境中的人，他们的成长和发展离不开环境的作用。

（三）精神构面

儿童观的精神构面是指儿童具有不同于成人的精神生活，同时，不同的儿童具有不同的精神生活。儿童是有独特需要的，他们需要游戏式的活动，在活动中天性得以释放、得到发挥。儿童观的精神构面提示我们，教育在多大程度上是人性的，也就决定了能在多大程度上走进儿童的世界。教育必须首先承认儿童是精神的存在，这是教育取得成功的先决条件。

三、绿色学习生态视角下的儿童观

（一）科学认识儿童的自然特点

儿童与成人生活在同一个社会环境里，他们不仅仅是基于心理、生理的个体，还拥有成人的很多特征，亦具备成人已逐渐消失的思维世界与不可估量的待开掘的潜能。因为这份独特，成人在认识儿童、了解儿童的同时，必须正视儿童，从根本上把他们当作一个切实的群体，这样才能更好地发现儿童、理解儿童、成就儿童。这就需要成人跳出固有的成长经历和思维，重新站在儿童群体中全面观察、理解、贯通。

1. 儿童具有独立人格

儿童是独特的、发展的、应受尊重的人。陈鹤琴先生的儿童观是从中、西文化教育传统流淌下来的逻辑，是西方现代儿童观在中国的延续，给予了我们充分的启示。我们认为，中国儿童除了具备儿童的一般特性外，还同时受中国的文化、历史和社会环境影响，有其独特的个性。因此，我们的儿童观，应该建立在中国儿童的“三个不同于”之上，即儿童不同于成人、儿童不同于洋人、儿童不同于古人。这三个“不同于”，是我们绿色生态理念下儿童观的理论支柱，也是开展儿童观研究的理论基础。

我们倡导“把儿童当作儿童”的教育原则。我们主张，在儿童的教育问题上，要有区别于其他群体的独特思想，应站在儿童的角度去思考儿童的问题。无论是道德教育还是学科教育，都应从“儿童本位”出发。只有确立这样的儿童观，才能把成人视角下的普通儿童，以独立个体的视角，重新进行了解、分析。把成人世界标准下的行为，重新审视和归因，就能发现作为儿童，他们身体里藏着的独立的“儿童精神”。这些精神，与成人的思维逻辑、行为动机，是有很大差异的。只有设身处地肯定儿童的特殊存在，才能更好地探知他们，开展有意义的教育引导活动。

2. 儿童具有自然天性

我们都知道，古诗文中不乏对儿童的描摹：“知有儿童挑促织，夜深篱落一灯明”“儿童急走追黄蝶，飞入菜花无处寻”……从这些诗词中，我们能看出儿童对自然的热爱是一种天性，更是他们行为和思想的源头。很多时候，我们引导孩子细腻观察，而观察的本身就藏在儿童的天性中。这种天性，可能是对自然的追寻与揭秘。在这些天性的驱动下，儿童的学习行为变得纯粹、透彻，以自然之心去面对世界，是儿童认识世界、探索世界的独特表现。

儿童有其内在的、生动的精神生活，成人应当尊重和珍视这种精神生活，维护儿童天真活泼的天性，不可强求与约束这种独特。在他们自由成长的过程中，成人干预儿童天性的释放与束缚儿童自由成长的做法是令人叹息的。

我们更多要做的，是帮助他们自然成长，而不是替他们活着，这是绿色学习生态下，教育最朴实的样态。卢梭笔下的《爱弥儿》，讲述了一个男孩从出生到成人的教育历程，也系统揭示了教育就是一种习惯的道理，只有与天性相符合的习惯才称得上是“自然”。这种自然天性，是儿童探索和发展的主要动机。

3. 儿童具有时代属性

每个时代的儿童，除了需要满足传统意义上的社会要求外，还需要达到时代特殊的要求。他们孕育于时代环境之中，也作用在社会环境的建设中。当今世界，人类社会进入新一轮时代的转型期，对儿童奥秘的探索和儿童观的更新也带来更多更严峻的挑战。人们在应对诸多新挑战中，确实窥视到一些符合以人为本和谐发展的儿童存在的奥秘，为新时代新儿童观的形成提供了丰富的思想资源。

当代儿童具有与前辈不同的特点，这是新时代的产物，也是儿童发展的客观趋势。认识当代少年儿童的新特点、新变化、新需求，就必须从认识他们所生活的发展环境开始。当代儿童，是真正生长在改革开放发展时代的新一代人，在享受着当今中国人从未经历过、体验过的物质成果的同时，也

形成了完全不一样的物质态度和精神追索。他们在思想空前解放的环境中生存，更加重视自我价值的实现，追求着理想中的自由。与此同时，他们也经受着快节奏、强压力的高科技现代化的冲击。不可否认，无论是在社会角色的状态下，还是在家庭单位中，他们面临着集中而强烈的关注，面临着环境发展带来的成长困惑、心理困惑、价值观选择的困惑。因此，传统思维与现代儿童的心灵，出现了鸿沟。在这样的社会环境下成长，他们需要被爱与价值感，需要安全感，需要规则，需要新的经验，才能发展出正常的智能、语言、人际关系技巧、情绪感受、表达能力和人格。我们通过贯通式教育，依据学生的身心发展特点，将时代特征与优秀传统文化有机整合，促进儿童更好地发展自我，实现自我。

4. 儿童需要理解与尊重

只有了解儿童，才会尊重儿童。尊重儿童，就是尊重人类本身。一位教育家说过：不尊重学生人格的教师，实际上是降低了自己的人格。由此可见，儿童的人格尊严同样必须得到保护和尊重。儿童进入学校、接受教育，是法律赋予每个儿童必须享有的权利、必须受到尊重的人格尊严的体现。作为教育者，在尊重、维护儿童的人格尊严的同时，也要注意培养儿童的自尊心、自信心和责任感，使每个儿童意识到，他在受到尊重、保护的同时，也肩负着一定的责任，并充满信心地去迎接生活的挑战。这正如教育家苏霍姆林斯基所说，必须“让每个儿童抬起头来走路”。

儿童的发展是整个社会的责任和义务，儿童需要被当作特殊群体去理解和保护。这种理解和尊重，就是要认同、理解儿童的情绪，了解儿童的感受。儿童因处于生命周期的开始阶段，尚未成熟且不断发展，很多思维与行为不易被成人群体感知和理解。为了理解而理解的环境，往往会让儿童更加敏感、受挫，也很难产生尊重别人的想法。而真诚地尊重，会使儿童很容易产生自信、有安全感，这样的儿童自然也会尊重别人。这种尊重和理解，可以是行为上的表现，如跟孩子讲话时，蹲下来，与其眼神相对，不再以高高在上的角度俯视儿童；耐心等待、仔细倾听，让儿童充分展示和表达。也可以是学习环境的改变，如提供一个温馨的、不受干扰的、不被催促的学习和生活环境；耐心等待，宽容理解，跟随孩子成长的脚步。

（二）充分尊重儿童的成长规律

尊重儿童的成长规律，首先应当把儿童当成一个完整的生命个体。每一个个体都会创造自己的规律，了解普遍规律是为了更好地尊重儿童，而认识儿童个体的规律，能帮助我们以人为本，探寻儿童与自我、儿童与社群的积极联系，让教育真实发生。

1. 儿童的成长存在阶段的差异

儿童期不只是为成人期做准备，它还具有独立存在的意义。儿童是一个特殊人，他具有满足生存和发展需要的权利。这个特殊性，首先表现在发展上的阶段性，即儿童是全方位不断发展的“整体”的人。包括儿童生理的发展，即身体和身体功能（如身高、体重、腺体、力气等）之改变，以及儿童心理（如认识、情感、意志、能力、性格、自我意识等）之发展，都具有明显的阶段性。儿童的这种阶段性发展的特点，受遗传、社会、环境等诸多因素的影响，不同年龄阶段，会有不同的发展特点和需求。与此同时，他们发展所涉及的领域、学科非常之广泛，不同课程、不同学习方式等因素相互作用，对儿童发展的促进作用是显而易见的。

研究还发现，同一阶段的儿童，在个体发展上也具有顺序性、阶段性、连续性、不均衡性、稳定性、可变性、个别差异性等诸多特点，所以了解儿童，既要关注他们现在某方面的发展，又要为下一步、其他方面的发展创造条件。这就提示我们，关注儿童发展的全面环境，具体到能影响每个儿童每个阶段发展的不同要素，能更好地匹配儿童的发展特点，做到既面向全体，又因材施教，是非常有意义的，更是不可或缺的。在儿童发展的各个阶段，丰富多彩的文化活动都是主要载体。这也给予了我们启示：教育活动中，要注意所面对儿童的年龄特征，选择合适的教育方式，理解和参与儿童的精神生活和文化活动，而不是将成人文化无条件地强灌入儿童学习。

2. 儿童的成长是动态变化的过程

卢梭认为，“在万物的秩序中，人类有它的地位；在人生的秩序中，童年有它的地位；应当把成人看作成人，把孩子看作孩子。”郭召良在《扬长补短，避免教育上的完美主义》一文中提出，在成人眼中看到的问题，实际上是“孩子心理发展阶段必然会出现的东西，是和孩子的年龄有密切关系的”。现代儿童身心发展理论亦告诉我们，儿童的一切都是成长中的，生成中的，是面向未来的。对儿童的认识过程不是一个封闭的逼近的过程，而是一个开放的不断建构的过程。每个具体的儿童在某个阶段的智力水平、认知能力、兴趣爱好等都是不同的，成人应当了解差异，用发展的眼光看待儿童成长过程中某一时期的问题，用“特点”一词代替“缺点”一词，用接纳和引导，帮助儿童为下一阶段的成长做好必要的生长铺垫。因此，对待儿童出现的问题，成人应采取一种宽容的方式，展现出接纳的状态。这就是站在儿童的角度，在充分理解儿童的基础上，以积极的态度来尊重儿童，用发展的眼光评价儿童。运用鼓励性的语言、身体接触等方式对儿童进行引导和帮助，让儿童感受到被关注、被重视，从而在心理上得到满足，获得自由愉快的情感体验，更积极地感受成长的意义。

3. 儿童的成长需要主动的发展

我国著名的教育家叶圣陶先生在从教之初，就确立了“儿童像种子”的鲜明观点。在之后的诸多著述中，叶先生也反复阐述了自己的这一观点。他认为，小学生就像植物，自然适宜的环境对种子的发芽生长十分重要。他反对那种把儿童当作“瓶子”、当作“容器”的思想和行为，主张把儿童看作“有生机的种子”。他提出，受教育的人的确跟种子一样，全都是有生命的，能自己发育自己成长的；给他们充分的合适的条件，他们就能成为有用之才。所谓办教育，最主要的就是给受教育者提供充分的合适条件。

由此可见，儿童如种子般，具有自动生长的潜能，有自我生长的节律，也有自我生长不可或缺的绿色学习生态。其中暗含的教育过程即“凡是教，目的在达到不需要教”，引导学生“能够自己去探索、自己去辨析、自己去历练，从而获得正确的知识和熟练的能力”，引导儿童开展主动发展。我们再来看儿童本身，确实集中着人类精神的本原：儿童的执着，表现出儿童求真的实验精神；儿童的烂漫，体现出儿童求美的艺术精神；儿童的率真，反映出人类求善的道德精神。在儿童清澈的眼眸中，闪烁着科学家的敏锐、艺术家的热情和哲学家的简洁。可以说，儿童与生俱来便拥有探索与求知的本能。在此基础上，我们需要做的是以尊重生命、尊重学生内心发展的要求，顺其自然、因势利导，以儿童为核心，开展绿色教育。从学生的个性和内在需要出发，将时间、空间还给学生，把“快乐的学习生活”归还给学生，引领学生主动地学习和自我发现，改善儿童的生存质量和生命样态，提升儿童生命质量。

4. 儿童的成长需要平等的对话

教师对教育的功能有什么样的定位，便会不自觉地据此去教育学生。注重“人”的教育，应以“人”为出发点，将儿童的需求摆在首位；以“人”为归宿，将培养一个拥有独立思考能力、负责任的人作为教育的目的。绿色学习生态下的儿童观，需要以儿童发展特征为理论依据，关注儿童作为“人”，如何能成为更好的“人”，这一目标实施的重要基石，让儿童在成长中接收“平等对话”。

在“平等”视域下，我们将外在的环境、课程的实施、课堂教与学的方式、师生关系、生生关系等生态因素进行重新认识和组合，即师生角色发生转变，儿童和老师的人格都是平等的，都是需要受尊重和保护的。在教师的教育活动中，要承认儿童是学习的主体，每个儿童都有自己的潜力。儿童是完整的个体，要充分尊重、关心、理解每个儿童，根据儿童的不同特点，教育和引导他们学习、生活，帮助他们健康成才，从而为他们一生的发展奠定坚实的基础。儿童在受教育过程中并不是对教师完全盲从，而是具有在教育活动中主观能动和自我教育的可能性。这种自我觉察和自我实践，也是儿童不断发展的一种表现方式。承认这种表现，也是肯定了儿童作为“人”的思维和行为，意识到儿童是独立的完整个体，这是对儿童进行教育的正确出发点。

与其他环境对个体自发的、零碎的、偶然的影响相比，学校教育对儿童的成长起着主导作用，学校应当更全面保障“平等对话”实施的条件。因此，绿色学习生态下的儿童观，通过对“学习共同体”的研究，在学习过程中利用对话和交流，分享彼此的情感、体验和观念，将学生的“客体”状态转化为“主体”状态，形成平等、互助、对话式的生态化学习关系，把教育与人的幸福、人的价值、人的尊严、人的需要、人的全面发展和人的终身发展有机联系起来，以现代人的精神塑造人，以全面发展的广阔视野培养人。

（三）全面关注儿童的成长潜能

儿童充满好奇心，思维积极活跃，喜欢学习新的东西。他们的活跃好动主要表现在积极思考上，他们喜欢具有挑战性的内容和学习，在经过自己动脑思考克服一定困难后，会给他们带来巨大的喜悦。因而，每个儿童都是天生的学习者，都具有一定的潜能。我们认为，教育就是要在全面了解每个孩子潜能的基础上，充分地把他们的潜能开发出来。

1. 正确认识潜能，合理开采金矿

儿童的潜能是一座金矿，藏着未知与惊喜。正因如此，又容易导致成人形成一些误区。他们往往认为儿童的潜力是无限的，因此对儿童寄予非常高的期望，会对儿童提出近乎完美的要求。卢梭的著作《爱弥儿》中提道：“大自然希望儿童在成人以前就要像儿童的样子。如果我们打乱了这个次序，我们就会造成一些早熟的果实，它们长得既不丰满也不甜美，而且很快就会腐烂：我们将造成一些年纪轻轻的博士和老态龙钟的儿童。”正是因为儿童本身的接受能力和心智都非常有限，在进行潜能开发的过程中，必须找准方法和控制限度，否则不仅不能起到开发潜能的作用，而且会影响儿童的个性发展，压抑儿童的天性。

我们认为，在日常教学中，应该尊重孩子的天性和天赋，有目的性地引导，以启发和指导为主，围绕学生的最近发展区，设计合理而丰富的探究性课程，打通学科、场域、活动等渠道，为儿童提供参与和体验学习活动的机会。教师应该多以开放性和启发性的问题来引领儿童探索，使儿童可以自由想象，使他们的发散思维能力得到培养。同时，在围绕学生的共性特征有针对性和有方向性的开展相关指导和培训活动的同时，重视对学生天赋和兴趣的培养，激发学生的学习活力。用多样化、定制化的学习指导，因材施教、尊重儿童的个性差异，关注每一个、发展每一个、幸福每一个，以实现绿色学习生态的整体建构。

2. 均衡开发全脑，促进潜能开发

近代的科学实验表明，人的大脑分为左右两个半球，左右脑各自有不同的分工。左脑被称为“理性脑”，主要处理文字和数据等抽象信息，具有理解、分析、判断等抽象思维功能，有理性和逻辑性的特点；右脑被称为“图像脑”“感性脑”，主要处理声音和图像等具象信息，具有发挥想象、产生创意、激发灵感和超高速反应等功能，有感性和直观的特点。特别重要的是，右脑拥有比左脑多100万倍的记忆能力，以及超高速思考和运算的巨大潜能，右脑会对讯息自动加工处理，并衍生出创造性的讯息。

基于脑科学研究的成果，我们认为，唤醒儿童的潜能，可以通过全脑开发这一方式，在理解与表达、探究与创造、艺术与欣赏、品德与社会、运动与健康五大领域，从基础性课程、拓展性课程和发展性课程三个维度展开建构。改变过去单一的学科教学模式，改变教师是相对固定知识的传播者，转型到通过贯通式主题研究，每个学生都利用自己的思维优势，以及自身多样化的知识库和不同的研究方法，打通学科壁垒，在一个紧凑而且相互支持的课程体系中发挥自己的潜能，对学习方式和学习资源等进行梳理和再输出。这样的教学方式的改变，以更丰富的思维角度、思维层次，促进儿童的潜能发展，帮助它们吸取更有意义的知识、建立更广阔的视野、形成更优质的思维和终身学习能力。

3. 创设教育渔场，助力共生发展

授人以鱼不如授人以渔，授人以渔不如授人以渔场。以儿童为中心的自然、物质与人文三位一体的环境，已经成为儿童学习的全面场域，每一个因素都可能影响儿童潜能的唤醒与发展。将儿童的主动学习与课程、伙伴、学习模式、学习环境发生交互作用，形成教育渔场，是发展儿童潜能、形成学习共同体的有效途径。

绿色学习生态的构建，强调幸福完整的生活形态、平等互助的生态主体、和谐融洽的主体交往、生态演进的协同发展，“指向学生的成长，以异质为资源、以生命为前提、以对话为途径、以协同发展为目的”，以“尊重多元、顺应自然、对话生成、和谐发展”为价值追求。在这一理念的引领下，儿童既是渔场的受益者，也是资源提供者和建设者。从“罔学”“怠学”到“向学”“善学”，他们在放松自在的环境下，在处处折射着探索之光的校园里，在生机涌动的课堂中，与教师、与伙伴、与课程，发生交互作用。这一学习方式的变化带来个体思维方式的变化，甚至可能改变他们的生活方式。在这样的学习中，儿童的综合素养得到有效提升，个人潜能被主动点燃，无论是知识、思维、胆识，还是情感体验，都能获得了满足和发展。

4. 搭建多元平台，培养儿童自信

作为教育者，在尊重、维护儿童人格尊严的同时，也要注意培养儿童的自尊心、自信心和责任感，使每个儿童都能意识到，他在受到尊重、保护的同时，也肩负着一定的责任，并充满信心地去迎接生活的挑战。这正如教育家苏霍姆林斯基所说，必须“让每个儿童抬起头来走路”。这份自信，能帮助儿童更好地认识自己，发展自己，不断发掘个人潜能，突破自己。

在儿童绿色学习生态系统里，我们通过搭建多元平台，帮助儿童在不同领域展示自己的特长，获得教育自信。教育的材料，教育的方法，教育的工具，教育的环境，都可以充分地发掘，有机地整合。“行胜于言”，搭建社会资源平台，带领儿童到大生活圈中去实践操作，让学生在自然、丰富而有意义的活动中拓宽生活经历，形成正确的世界观、人生观和价值观，释放无限的个性潜能，让欣赏与激励伴随始终；“乐学善思”，开展单元主题活动，让儿童有选择地、积极愉快地学习，通过不同学科、不同领域的知识整合，丰富外界信息渠道，获得知识；“情智并美”，儿童通过参与学习，体验学习成功的快乐，促进学生之间的团结协作，增强克服学习困难的信心，在特色的交流平台中进行评价、总结，让儿童的优势及进步得以充分展示。在鼓励儿童展示自己学习成果的同时，学习他人的优点，促进儿童在原有基础上不断提高或开发更多的潜力。

加雷斯·马修斯认为，儿童是人，完全值得拥有人在道德和智识两方面应当享有的尊重。他们现在是什么，将来会成为什么，均应得到尊重。其实，我们应当向儿童学习，让儿童丰润我们的生命，更显而易见的是，儿童在向我们学习，让我们丰润他们的生命。对儿童敞开胸怀的父母和老师有福了，他们得到的是成人生命中所匮乏的天赐的厚礼。绿色学习生态下的儿童观，正是这样把儿童视作儿童，通过贯通式教育课程，发现儿童，尊重儿童，珍视儿童，追随儿童。

第二节　儿童绿色学习生态下的学习观

学习观是学生个体对知识、学习经验的直观认识，经历由客观主义倾向到建构主义倾向的发展，其形成和发展受学生自身的学习经验、所学专业、课堂教学以及学校和社会文化等因素的影响，这些反过来又对学生的学习成绩、认知过程及策略、自我调节以及学习动机起重要作用。

一、中西方学习观的追溯

教育全球化，使得人们面对多元化的教育观念和教育模式，中西方教育观自然成为全世界人们关注的焦点。教育是文化的体现，不同的文化渊源使各国的教育文化形成本质的区别。我们学习了解这些差异，理性对待这些差异，传承它们、借鉴它们，以此来优化我们的教育，与时俱进。

（一）历史文化对西方国家学习观的影响

古希腊文化和希伯来文化是西方文化的两个主要构成部分，希腊文化最终成为西方文化的源头。希腊文化的核心是：理性、自由、公平、荣誉、人的体现。

西方文化注重以人为本，张扬个性。注重培养学生独立思考、主动参与的精神和批判性思维方式及创新能力。但这种强烈的个人主义欲望推动了人们对物质世界的探索和对物质利益的追逐和享受，也出现了急功近利、拜金主义弥漫、亲情淡漠、人际冷落等现象。

西方文化重视竞争与差异的培养。西方文化强调的是个人的价值和尊严，他们追求言论、行为、思想上与他人的差异。从霍布斯、马尔萨斯直到达尔文、高尔顿等无不重视生存竞争的原则，“物竞天择，适者生存”。

西方文化奉行个人本位主义，以自我为中心，注重人格和尊严。古希腊的普罗泰戈拉就提出“人是万物的尺度”，这些个人至上的原则也写进了西方的教科书，如人有权自行其是、人有抉择权、人身不可侵犯、政府无权干涉个人的自由和隐私、人人有选举权和被选举权等。随后，西方教育学家都把具有个性和独创性的人视为培养人的基本标准，提倡人的自主性和独立性。

这种重个体的价值取向有利于人的主观能动性的培养，但也造成了整个社会人伦亲情和宗教群体意识的淡漠。

（二）历史文化对我国学习观的影响

中国文化在主体上是反对功利的，教育上重视道义。孔子说过，“君子喻于义，小人喻于利”。他将“义”与“利”作为区别君子和小人的唯一标准。孟子、董仲舒等思想家也无不表现出崇义贬利、尚义反利的特点。这种价值观念直接导致中国教育培养目标的单一性和教学内容的伦理性，整个教育都被纳入道德的范畴，某种程度上抑制了人的个体需求。

中国文化崇尚中庸的文化品质。中庸的原则就是凡事讲究和谐。孔子在评价学生的行为时曾运用这样的标准，反对“过”又反对“不及”。这种和谐的标准使中国人崇尚兼容并蓄，百川入海的境界；崇尚温文尔雅，不露锋芒的风格；崇尚不偏不倚，和而不同的思维方式；崇尚尊师爱生的师生关系，标新立异、特立独行都是被排斥的。

中国文化的基本特征在于强调统一性，忽视个体差异。维护群体的和谐与社会的安定是中国古代最高的伦理政治原则，群体利益是个人利益的出发点和归宿。个体对于群体来说，义务重于权利，奉献大于索取，个体价值观只有在群体中才能得以实现。因此，在教育活动中人们自然就注重“大体”的认识与觉悟，而忽视深入地解剖与分析。重群体的价值取向，对于培养学生整体系统的思维能力有积极的作用，但同时也压抑、束缚了人的个性与能动性的发展。

二、我国教育者对学习观的诠释

在我国，“学习”一词，是把学和习复合而组成的词。最先把这两个字联在一起讲的是大教育家孔子。孔子说：“学而时习之，不亦说乎?”意思是，学了之后及时、经常地进行温习，不是一件很愉快的事情吗？很明显，学习这一复合名词，就是出自孔子的这一名言。

学，最早见于甲骨文，读作 jiào 或 xué，读 jiào 时的本义是对孩子进行启蒙教育使之觉悟，表示进行教导；读 xué 时原本专用于表示接受教育，引申而指互相讨论，效法、模仿，注释、笺疏，讲述、说，知识等。按照孔子和其他中国古代教育家的看法，学就是闻、见，是获得知识、技能，主要是指接受感性知识与书本知识，有时还包括思的含义在内。

习，其古字形一般认为像鸟在日光下飞行，一说表示鸟在日光下练习飞行。习的基本义是练习、学习。既表示因反复学习而熟悉，又表示因多次接触养成的不易改变的行为，即习惯。由多次练习又引申为经常。习是巩固知识、技能，一般有三种含义：温习、实习、练习，有时还包括行的含义在内。

学习观是指人们对学习的认识和看法，是指导人们展开一系列学习活动的思维和观念。被人们公认为儿童在童年期应该从事的“正事”，那就是学习，儿童未来的幸福和成就也似乎只有维系于学习。由此，学习问题成为人们关注儿童的最主要的问题。人们从未停止过对“如何学习”这个话题的探讨，然而，由于人们所持有的儿童观各不相同，便衍生出了性质各异的儿童学习观。人们常用不同的学习观来要求儿童，这些学习观各具认识基础，表现出不同的性质特点，对人们的教育观念和教育行为产生不同的影响。

三、绿色学习生态视角下的学习观

在绿色学习生态的视角下，我们倡导以生态的视角来看待儿童的学习。我们认为，儿童是按“自身的大纲”来学习的，而不是屈从于既定的教学计划。儿童有权利通过自己的自主活动，去学习他们认为值得学的东西，在自己已有水平上主动建构知识；儿童有着巨大的学习潜能，他们是主动的、自我探索的主体；儿童更多的是积极地从大自然、大社会中获得直接经验，通过实践来学习，从做中学，而不是被动地接受间接经验；儿童身心发展中的自然适应性行为，如果得不到充分的尊重，儿童学习可能会因此失去许多创造性的机遇；儿童的学习是一种“自内而外”的生发过程，而不是“自外而内”的灌输过程。我们从理解儿童、懂得儿童、适合儿童的角度出发，归纳了绿色生态理念下的学习观。

（一）学习活动的主体——学生

绿色生态理念下的学习观强调学生在学习活动中的主体价值和能动作用，主张学生不是被动消极的客体，而是具有主动性和能动性的学习主体。学生的学习是“我要学”，而不是“要我学”。因此，我们要在学习中树立起学生的主体地位，学习活动的开展也要以学生的发展为本，尊重学生的个性，满足学生的兴趣需要。

（二）学习活动的目的——完整和谐

当今有很多学习观念片面地追求升学率，以知识的获得为唯一目标，忽视学习方法的掌握和能力的培养。而绿色生态理念下的学习观，改变以往过分注重知识的倾向，在关注学生科学素养发展的同时，还关注学生的情感态度、价值观等方面的发展，关注学生日常生活能力和人文素养方面的发展。在学习中使学生感悟自身存在的价值，不断提升生命的意义。知识是工具、是手段，发展是目的。学习的目的不仅仅是为了掌握知识，更重要的是运用知识、提高能力、培养情感，以获得个人的全面发展。

（三）学习活动的内容——融会贯通

绿色生态理念下的学习内容不再仅仅是单一化、理论化、体系化、抽象化的书本知识，还包括书本外的社会生活和自然中的知识，主张学生学习的内容要与生活实际相贴近，学生学习的是综合化的内容。

首先，不仅学习间接经验，也要学习直接经验。直接经验和间接经验互为基础、互相促进，共同推动学生的全面发展。为此，绿色生态理念下的课程设置在原有学科课程的基础上，加大了活动课程的开设，弥补了没有把学习直接经验和间接经验结合起来的不足。

其次，学生的发展是全面的发展，学生的学习是全面的学习。在学习内容上，既重视科学性内容的学习，也重视人文性内容的学习，坚持科学与人文相融合。

（四）学习活动的方式——多通道

传统的学习方式单一、机械，学生以死记硬背、机械训练的方式应对教师的灌输。学习不应是在教师、家长的压迫下，学生被动的“要我学”，而应是积极主动的“我要学”。建构主义理论认为，学习不是教师向学生传递知识信息、学习者被动吸收的过程，而是学习者自己主动建构知识的过程。

自主式学习。自主式学习是学习者在总体教学目标的宏观调控下，在教师的指导下，根据自身的条件自由地选择学习目标、学习内容、学习方法，并通过自我调控的学习活动完成具体学习目标的学习方式。自主学习是学生根据自己的兴趣和需要而主动进行的学习活动，能够培养学生的主体性。

合作式学习。“独学而无友，孤陋而寡闻”。学习是一个交流与合作的互动过程，绿色生态理念倡导学生之间的合作学习。合作学习是指学生在小组或团队中为了完成共同的任务，有明确责任分工的互助性学习，它有以下几个方面的要素：在完成共同任务中积极承担个人的责任；积极的相互支持、配合，特别是面对面的促进性的互动；期望所有学生能进行有效的沟通，建立并维护小组成员之间的相互信任，有效地解决组内冲突；对于每个人完成的任务进行小组加工；对共同活动的成效进行评估，寻求提高其有效性的途径。合作学习的方式能够促使学生互相启发、互相帮助、共同参与，培养学生合作沟通的意识和能力。

探究式学习。所谓探究式学习，即从学科领域或现实社会生活中选择和确定研究主题，在教学中创设一种类似于科学研究的情境，通过学生自主发现问题、实验、操作、调查、信息搜集与处理、表达与交流等探索活动，获得知识，发展技能，培养情感、态度与价值观。

贯通式学习。儿童贯通式学习是在“儿童绿色学习生态的整体建构”的理念下提出的，在儿童学习生态系统中，包含了儿童的个体微观学习生态，个体之间的中观学习生态以及个体与内、外环境之间的宏观学习生态。贯通式学习将每一个独特个体、个体之间的多元关系及系统环境进行整体把握，通过整合各类学习资源，变革学习方式，实现儿童学习生态系统中各个要素之间的相互耦合、和谐共生，呈现出相互影响、相互作用、相互关联的样态。

《国家中长期教育改革和发展规划纲要（2010—2020年）》强调，“教育要适应国家和社会发展的需要，遵循教育规律和人才成长规律，深化教育教学改革，创新教育教学方法，探索多种培养方式，形成各类人才辈出、拔尖创新人才不断涌现的局面”。我们常常因单纯强调知识、技能而忽视了学生作为生命个体本身的情感需求；因过于强调学习结果而忽视了教育过程的真实价值；因片面追求机械统一的教学目标而忽视了学生丰富的个体差异。贯通式学习以“绿色教育”为背景，通过贯通式学习把“快乐的学习生活”归还给学生，引领学生主动地学习和自我发现，培养儿童的探究意识和创新精神，提升儿童的生命质量，具有时代意义。

（五）学习活动的持续——终身化

随着社会经济的高速发展和知识大爆炸时代的到来，局限在有限的学校教育的狭隘学习时空观显然已不能应对社会的高速发展，我们迫切需要终身化的学习，在学校里掌握了学习方法，走向工作岗位后还需要不断进行自我学习，“活到老，学到老”，树立终身学习观。学习的空间环境也应转变，改变那种“两耳不闻窗外事，一心只读圣贤书”的状况，学生要走向社会、走向生活、走向自然、走向实践，在社会、生活、自然、实践中结合一定情境学习。班杜拉的社会学习理论把行为、个体和环境看作是相互影响的联结在一起的一个系统，环境与个体的影响是双向的，既要关注个体因素也要认识到环境因素的重要性。情境化的学习可以激发学生的联想思维，使其能利用自己原有认知结构中的有关经验去同化当前学习到的新知识，使学生很好地掌握和理解知识。绿色生态理念下的课程设置加大了综合实践活动课的开发和设置，关注学生直接经验的获得，强调情境化学习，重视学习者的经验和环境的互动与协调，重视学生在一定的情境中建构自己的知识和观念。

（六）学习活动的评价方式——多元化

传统教育只有教师对学生的学习进行评价，没有学生参与评价，学生被排除在评价主体之外。绿色生态理念主张学生参与到学习评价中来，进行师生互评、生生互评、自我评价，倡导学习评价的多元化。学习评价的标准不能单一，要结合学生已有的经验观念和建构知识，获得发展的情境，展开多样化的评价。既要评价学习获得的可量化的知识，也要评价通过学习所提高的能力和培养的情感态度、价值观等无法量化的内容。既要重视对学习结果的评价，也要重视对学习过程的评价。学习评价的目的是为学生的学习提出发展性的建议，提高学习质量，而不是给学生的学习状况下固定模式的结论。学生还可对教师的教学做出评价，促进教师专业发展，建立良好的师生关系。

第三节　儿童绿色学习生态下的课程观

一、课程与课程观

（一）课程的定义

据学者考证，在中国古代文献记载里，“课程”一词最早出现在南北朝翻译的经书中：“日日课程，其经足者，便以欢喜。若其不足，苦切责之。”这句话中，“课程”一词是指对功课的内容、分量、进程进行检查和考核。在西方，“课程”一词最早出现在《知识最有价值》一文中，它将课程定义为：教育内容的系统组织和设计。随着时代的发展，“课程”一词有四种明显具有表象性的含义：一是课程即教学科目。这是一种狭义的课程概念，此观点流传甚是久远。如我国古代的“六艺”，古希腊人的“三艺”都将课程定义为科目的学习。二是课程即预期学习的结果和目标。这个概念影响了后代的课程定义，它将课程定义为一种具有期盼性达到教学目的的定制化产物，强化了学习的目标性。三是课程是有计划的教学活动。这是至今最详尽的课程概念，从宏观层面上按层次分为课程计划、标准、考核大纲，微观层面上涉及教学目标、内容与评价。四是课程即学习者的经验或体验。这个观念更靠近现代，区别于传统的“以学科为中心”，此观念更好地体现了儿童本位体验。由此可见，课程的概念不断被时代和教育探索者们赋予新的含义，处于动态的变化中。所以，由课程概念衍生的课程观概念也在随着历史发展而拥有不断更迭的定义。

（二）课程观的定义

课程观是指在一定的哲学思想、教育学、教育心理学的不断发展中所形成的稳定的关于课程的观点和看法。它类似于我们的世界观、人生观，都是根据具体事态的思考所形成的非固定性观点，包括从业教师、学校领导者、家长乃至学生自身对课程的认识，以及对课程的实施所展开的思考。从事教育工作，课程观是必备的一种基本认识，不可能人尽相同，但却具有一定的参照性。

课程观的形成是动态的，是在潜移默化中不断形成、不断改进的认知状态。对比传统的一成不变的课程观，新时代下的课程观是以发展的状态，在不可事先预设的情况下形成的。它随着时代的发展、新的教学理念的提出，孩子们心态与生活环境、学习环境的变化而更迭。课程不再是单一的指某一教学科目，而是一个在不断变化的学习样态。

二、绿色学习生态下课程观的理解

科学的课程观是课程实施的精神指导，树立系统的课程观，可以在一定程度上改善课程制定者与参与者在实施过程中的盲目性，为有效的课程开展提供理论依据。在实施过程中，随时关注组织的形式、课程性的评价，配合教学方案和教材，整合教育资源，基于学生的核心素养来培养，不断提升教师素质。下面将以南京市凤凰花园城小学的校本课程《绿色视野》为例，从四个方面具体分析课程观对课程设置的影响。

（一）课程目标

科学的课程观是课程目标设计的灵魂，有助于从教者和创编者在初期形成较为明确的课程导向。学校在设定课程目标时就将“尚绿·力学”的人才培养目标贯彻其中。首先是立足实际，《绿色视野》课程围绕现代社会密切关注的可持续发展、环保问题，结合学校的办学特色，确定了课程目标：培养孩子们的环保意识，从自身做起，对地球资源的使用有科学性认知。以“培养全面发展的新人类”为核心，从知识获取、文化体验、社会参与三个层面不断深化学生的环保意识，从而丰富学生的精神世界。在后期的场域建设和课程设置中，孩子们在学校就可实现对环保的概念性生成，走出学校后，能进一步扩大社会影响，积极参与社会实践，做环保的实践者和宣传者。

（二）课程内容构成

《绿色视野》拥有较为完整的教材编撰体系。初始从科学常识入手，学生在一年级入学后就开始《绿色视野》的课堂学习。主要运用绘本的形式，结合科学课的初级常识性概念，对孩子们的环保意识形态进行强化；继而注重手段与过程的相互作用，在校园内设置环保科技馆，帮助孩子们以动态体验的形式深化书本文字知识。强调学生的主体作用，通过课外调查、自我学习、参与多项学校与校外环保部门合作的活动，深化主人翁意识，切实地走进生活，观察生活中的环保点滴、关注“母亲河”、守望长江源头等。另外，通过集体审议的方式，从校方到教师、学生、校外课程专家学者都可以参与实践调研，为科学的课程内容助力，使其更加科学合理、民主人道。

学生核心素养的培养是校本课程内容的骨架支撑点，教师对核心素养的理解也直接影响了课程内容的实效性。因此，所有任教校本课程的老师在执教初期都经过了编撰老师和专家的培训，不同于传统的科学常识课和自然课，更多的是培养孩子们自己整理数据、整合资料的能力。在很多课程的上课过程中，孩子们是主讲者，用自身的经历和累积的材料讲述自己对于这一章节的理解与分析。这种学生的内化素质培养也为课程内容的构成奠定了提升核心素养的教学基础。

（三）课程实施

在校本课程的实施过程中，学校做出了大力推进的举措。首先是场馆的建设，让孩子们足不出校就可以体验环保展厅的信息化魅力，区别于书本的插图和文字，直观的游戏体验更能激发低学段孩子们的探索精神与好奇心，从而将“种子”精神不断内化。其次，学校致力打造特色品牌文化，绿色学习生态、园林校园、绿色教学理念都和环保息息相关，造就响亮的学校名片，有助于解决师生参与感不足的问题。

环境教育就是一个多学科贯通融合的课程。从绘本故事的语言性深化，到环保大数据时代数学学科的类比体验、科学知识的初步探索，以及各种综合实践活动，都很大程度上做到了贯通式学习中的学科互通。在课堂外，孩子们学习的场域发生了很多变化，秦淮河边的“快闪”活动让孩子们身体力行地参与社会实践，走上街头呼吁保护“母亲河”。在鱼嘴湿地公园，孩子们通过简单的江边体验，采集水源样本，关注水质变化与土壤的关系。通过开展两岸合作“环保小局长”夏令营活动，深化两岸友谊，关注中山陵植被，参观垃圾有效化处理，学习环保歌曲，多管齐下，达到理论与实践的统一。

学校作为多方结合的传统教育基地，有效分配了课程实施的资源。学校以核心素养为指导方向，不断优化校本课程的可行性实施方案。要重视教师的地位，每一位老师都是校本课程的传播者和实践者，不断通过培训与研讨提升教师的精细化专业水平，教师的环保理念和知识储备是基础，教师本身需要具备“一缸水”的能力，发挥主观性与能动性，及时引导，做到精心策划，科学实施。

教师也要及时关注学生的学习状态，因为校本课程没有硬性考核标准，所以在学习推动力方面不如传统学科，也会有学生对其社科性不感兴趣。培养教师的主人翁精神就显得尤为重要，作为人类命运共同体的参与者，积极投身环保宣传与学习，不仅可以培养相关意识，更能为下一代的行为起到示范作用，提高自身参与度，促进学生的全面发展和个性发展。

与此同时，学校着力构建家校合作，与家长一起，在不同的场域和生活环境中实现社会教育。家长作为校本课程实施的后方坚定性力量，是保证课程链条化长期实施的关键，在环保这一大课题下，家、校、社会合一，是保证课程实施的关键性因素。

（四）课程评价

课程评价是课程实施的终极阶段，也是课程建设的关键环节，所以多元化评价尤为重要。首先是评价对象的多元化。校本课程对学生的评价从兴趣体验入手，更多地强调情感态度。学生也可以对教师进行评价，由于教学场域的不断更替，学生们面对的老师不再单一化，有多位“老师”协同合作，甚至他们自身也是教师团队中的一员，学生可对老师的教学方式、教学准备和教学组织及时提出多样化测评；也可以通过抽样调查，了解孩子们对这一课程的态度，评价内容的选择、课程的组织是否合理。他们是最直观的参与者和体验者。其次是评价方式的多元化。区别于传统教育的问答式、考试形式的测评，校本课程的多样化评价得以体现。因为活动的多样性，不同孩子在网状的课程目标下，可以根据自身的能力和性格，在不同领域伸展。例如，细心的孩子会精心收集资料，在汇报时有详尽的数据对比，科学而严谨；表达能力优秀的孩子，通过演讲和朗诵的形式传播环保信息，普及环保意识，既锻炼了自己又起到了宣传作用；绘画优秀的孩子，可以通过小报展演的方式，用色彩和构图描绘心中的地球，呼吁人们爱护环境。孩子们的多元化探索让评价不仅仅局限于老师对孩子们的单向评价，这是教学相长的典型表现。

三、绿色学习生态下的课程架构

（一）国家课程——立足课改新突破

虽然课程不等同于学科，也不等同于教学科目，但是不能割裂其关联性。我们的课程是建立在学校常规课程设计基础上展开的，所以课程观的开发以基础教学课程为主。在传统的教学中，课程观的初步预设是由教师自主构建的。教师对课程的理解是基于具体的课程场景，通过与课程文本的对话和交流，形成合理的、符合常规价值的、常规教学规律的教育理念，然后再通过教学方法的实施、教学实际的开展组织教学。

理想的绿色生态下的课程首先让教师从根源上理解新的课程目标、教学主体内容、实施策略探索与总结，针对如何最终性评价形成一系列的样态组合。理想的绿色生态下新课程的开发是以一种对话的发展方式行进，学校管理者与课程设计者之间关于课程设计目标进行对话；然后是老师与老师之间关于经验、新概念的对话与交流；再是老师与学生之间的对等性、公平性对话，以促进个体的主观意识生成；最后是经由学生反馈而来的对于课程开发的新型理解。整体形成闭环式的课程探索之路。

面对传统课程，教学目标的设计有教学大纲的整体性要求，考核评价方式已经形成较为成熟的体系，所以教师们在教学方法上的设计才是体现绿色学习生态的关键。从儿童出发，摒弃传统的、片面的、割裂的、单一的学习模式，让学习成为启迪儿童智慧，抒发儿童情感，塑造儿童人格的重要渠道。

（二）校本课程——多元化的接触式体验

学校开发的校本课程倡导学习的实践性、综合性和主体性，为儿童提供丰富多元的接触体验契机。

每个学期我校都会邀请不同领域的专家、学者进校讲课，孩子们很乐于参与这些活动课程。专家针对不同学段孩子不同的心理阶段，所授课程的体系也有所不同。例如，学校阅读课程的实践，低学段学生以讲绘本故事为主，故事的主人公往往是小动物或同年龄层的儿童，容易产生共鸣。专家积极地鼓励孩子们大胆构思，把自己的想法用文字记录下来。在中学段引导学生接触不同类型的文学作品，如诗歌、散文等。有些作品的体裁虽然在语文课上已经有所涉猎，但通过这样的活动更加丰富了孩子们心中的文学世界，对于文学体系的认识建构更加完善。高学段的阅读课程就更有魅力了，专家引经据典、旁征博引，其人格魅力深深吸引了孩子们。高年级的孩子在心里已有对未来职业规划的雏形，喜爱文学的孩子总希望自己也可以成为一名作家，写小说、写传记；也有的孩子想成为大学老师，走上讲台侃侃而谈。多元化的接触式体验让孩子们成为学习的主体，丰富了他们的学习渠道，积淀了学习方式，激发了学习热情。

（三）贯通式课程——儿童学习新样态

南京市凤凰花园城小学结合学生访谈和问卷调查，进行大数据分析。了解学生对老师、对学习环境、对学习方式、对课程的客观评价，在此基础上提出了贯通式课程。

贯通式课程的实施可根据学校的办学模式、校园设施开设不同类型的课程，在学习场域、学科互通上都实现了改革与创新，平衡了学生与教师之间多样化的角色关系，搭建了合理有效的课程平台。在贯通式课程的实施过程中，教师们也摸索出了学科互通的新型教学思维模式，即导师化教育——拉近与学生的距离；平等化教育——教师既是施教者也是辅助化学习者，老师与学生形成同伴关系。

四、绿色学习生态下的课程发展

（一）灵活的课程设计

课程设计从目标模式转向过程化模式。不同的课程在孩子们的精神世界里种下了一颗颗“种子”，但是种子在不同个体中，发芽的状态是不一样的，受主观和客观因素的双重影响。有的孩子可以完成本节课的教学目标设定，而有的孩子则需要等一等。一节课的目标由既定性模式转为过程化模式，这种模式调整就是以教师关注每一个学生个体为前提，多给孩子一些空间与时间，经过课后的思考和反复的练习，孩子可以互相帮助，交流学习心得。在下节课中，重复上节课的技能与提炼，再关注孩子们的生成状态，会看到意想不到的进步。在贯通式课程的设计中，灵活改变课堂计划与授课时长安排，让课堂成为动态、发展、上升的学习过程。

（二）现代信息技术的融入

随着社会科技的发展，所有的课程设计都是动态的，课程观的形成与后续铺陈也是动态可变化的，所以在高速发展、科技强国的当今社会，我们要紧扣发展的主题，进行适应社会的课程开发。例如，面对突如其来的疫情，所有教师走上“直播的一线”，这在传统教学模式中是无法想象的场景。网课的授课和课程设计与平时面对面的授课完全不同。教师和学生的交流要依赖网络技术和多媒体技术，同步的群聊授课、作业的提交与批改、上课回答问题等，对师生提出了更高的适应性要求。掌握电脑操控技术，实现录屏软件、在线课堂的录制与答疑等成为每一位老师自主学习的内容。孩子们也在新的学习形式中获得新收获。虽然掌握的内容不在书本里，也没有明确的考核制度，但是在特殊的大环境下这也是一种高效能的贯通式学习模式。

（三）学习场域的拓展与贯通

场域的变化一直是课程设计的重点考虑项，在课程设计之初，就对场域有着很高的要求。大量课程不再局限于室内课堂，有的需要走进场馆、博物馆、体育馆，有的需要进入社区、家庭、医院、地铁站等公共场所，因此在学校贯通式课程设计与实施评估中，对学习场域有严格的要求。首先，在保证安全的前提下，场域的环境要更为优化，可以容纳一定数额的学生和辅助人员。其次，强调场域的教育意义。如侵华日军南京大屠杀遇难同胞纪念馆、南京博物院等场域的教学，需要联系场馆内的工作人员，进行统筹安排，请更专业的讲解人员为孩子们讲解。最后，有效利用学校已有资源，如图书馆、科技馆、报告厅等。在丰富的学习场域中，学生能更好地发挥主体性，体验不同的身份角色，获得成长。

（四）立足儿童不同的成长阶段

儿童的发展也同样促进了课程的发展。从不同年段的儿童发展角度来看，每一个发展层面都对课程提出了新的要求。伴随着每一届入学的孩子生长环境、受教育环境的变革，学校的课程发展也面临着新的挑战。在实践性上，孩子们过去呈现的状态是一个静态的结果性评价，但是未来的发展是多元化、多角度的，所以在课程的预设上需要构建不同的发展层面。在反作用性上，每一批次学生对课程的形成性评价都是动态的、可持续的，可以作为观察的持续样本进行阶段分析。他们对课程的改革起到了积极主观的作用，能更好地作用于课程开发。

第四节　儿童绿色学习生态下的发展观

一、儿童绿色学习生态视角下发展观的内涵

绿色学习生态视角下的发展观强调儿童发展的研究应在家庭、学校、社会等自然与社会生态环境中进行，以揭示真实自然条件下的发展规律；关注儿童发展，更应关注儿童发展的生态系统。这对于儿童教养者来说具有重要的意义。

（一）儿童发展观的定义

广义的儿童发展观是指个体身心整体的连续变化的过程，不仅是量的变化，更重要的是质的变化，如躯体各部分比例发生变化、心理方面的变化、情绪的变化等。

绿色学习生态视角下的儿童发展主要是指从不成熟到成熟的这一成长阶段，它是个体生命全程发展的一个组成部分。这一发展变化从生命形成到成熟大体表现为以下特点：一是身心活动从混沌未分化向分化、专门化发展；二是身心活动从不随意性、被动性向随意性、主动性发展；三是认知机能从认识客体的直接的外部形象向认识事物的内部本质发展；四是对周围事物的态度从不稳定向稳定发展；五是由一个自然人、生物人向社会人、文化人发展。

在绿色学习生态下的教育情境中，教育要为孩子发展提供适宜的环境，让孩子在环境中积极适应，从而产生积极变化，能主动选择、吸收积极的养分，把诸多可能性变成现实性。为适应环境变化就要有新

变化，达到这种适应就是发展，对外部环境的适应就是发展。真正的发展不仅是技能的训练、知识的传输，还是儿童对变化的环境主动的适应。

（二）儿童发展的特点

1. 儿童发展的基础性

儿童的发展是以个体的生物遗传素质为基础的，儿童的发展蕴含于儿童的主体活动中。儿童发展有快有慢，发展中既有量变又有质变，既有普遍性又有个体性。儿童的发展是由简单到复杂，由初级到高级的。然而，所有的这些发展都是为人一生的发展奠定基础。

2. 儿童发展的递进性

儿童发展是各个发展领域整体的、内在关联的、互相促进的递进性发展。我们在划分儿童发展的阶段时，1 岁以内的儿童是以周为单位，1～3 岁的儿童是以月为单位，而成人几年内整体没有什么变化，这从侧面反映了早期儿童发展和青春期儿童发展是快速递进性发展，因而也有发展“关键期”的说法。

3. 儿童发展的易感性

儿童发展一方面容易朝着积极的方向快速发展，另一方面也容易朝着消极的方向发展。如在家庭教育中，儿童易感性的发展和母亲的有效陪伴、父亲的情绪表达有最直接的关联；进入学校后，易感性的干扰因素增加了师生关系与同伴关系等，为此发达国家高度重视开端教育。

二、儿童绿色学习生态视角下发展观的主要内容

儿童的生长是由于内在的生命潜力的发展，使生命力显现出来，他的生

命就是根据遗传确定的生物学规律发展起来的。因此，儿童认知、情绪、意志的发展有利于其学习生活、身心健康和能力锻炼。为了使儿童的生命力和个性通过活动得到表现、满足和发展，就需要在绿色学习生态视角下发展。

（一）儿童的学习生活需要认知的发展

儿童的认知发展是指认知过程与智力的变化，包括注意力、感知觉、记忆、思维、想象、言语、创造力、问题解决等能力的变化。绿色学习生态下的儿童发展观认为，儿童从出生到成人的认知发展不只是简单的数量累积过程。按照认知结构的性质把整个认知发展划分为四个依次出现的阶段，每一阶段可以得到不同于上一阶段的认知能力，儿童就可以获得适应环境的新方式。

在皮亚杰的理论中曾说过："儿童的发展是以发展主体的自我调节为机制的自我演变过程。"这一自我调节过程得以产生的基础是儿童健全的神经系统。同时，环境因素对儿童的作用，产生于儿童主体与环境的相互作用之中。而在遗传、环境和儿童主体活动这三者之间，唯有儿童的活动才是其发展的真正起因。皮亚杰认为，儿童的发展是一个不断演变的建构过程，在这一过程中，儿童主体的活动是第一性的，是发展的根本原因，遗传与环境因素只是儿童发展的必要条件。认知发展理论阐明了儿童认知发展的一般规律，它们依次发生，不能超越，也不能逆转，表现为连续性和阶段性。认知发展的一般规律为教育工作者更好地了解儿童、促进儿童认知发展提供了理论依据。皮亚杰认为，儿童智力发展的根本动力存在于儿童自身中，他不同意行为主义过于强调环境在儿童心理发展中具有重要作用的观点。皮亚杰认为，任何一个年龄阶段的儿童在与外界相互作用的过程中，都有一套独特表征和解释世界的方法和原则，表现出思维的独特性。

（二）儿童的身心健康需要情绪的发展

平时我们所说的小学生的情绪是就广义而言的，它包括小学生的情绪和情感，是指小学生对客观事物的态度体验。情绪是小学生心理活动的一个重要方面，小学生在日常生活中总要对所接触的人和事物抱有一定的态度，以获得某种主观体验，这便是小学生的情绪。进入小学以后，儿童从无拘无束、天真无邪的幼儿转变为受校规学纪约束的小学生，其主要活动形式也从游戏转变为学习。与幼儿时期的游戏相比，学习属于有计划、有目的的活动。儿童在学习活动中需要承担一定的义务，需要承受一定的压力，需要同更多的人相处，所有这些都使得小学生需要比幼儿时期承受和体验更广泛的情绪情感。儿童在学习活动中经常会产生种种情绪，掌握了某方面的知识会产生满足感，考试获得好分数会有喜悦感；相反，如果学习不好，则可能产生挫折感等。他们有时喜悦，有时郁闷，有时兴奋，有时焦虑，有时愤怒，有时急躁……大量研究证明，儿童的情绪、情感对其人格的健全发展有重要的影响，因此在教育过程中，培养小学生健康、积极的情绪情感具有重要意义。

儿童进入学校以后，在集体生活和独自学习活动的锻炼和影响下，控制、调节自己情绪的能力开始发展起来。虽然小学生的情绪仍然具有很大的冲动性，还不善于掩饰、控制自己的情绪，但他们的情绪已开始逐渐内化，尤其是小学高年级的学生已逐渐能意识到自己的情绪表现以及随之可能产生的后果，情绪的稳定性和平衡性日益增强，冲动性和易变性逐渐消失。而且小学生尚未面临繁重的学习压力，因而其基本情绪状态是平静而愉快的。

小学生在各种活动中，特别是在学习活动中，常常会产生各种情绪体验。经常产生积极的情感体验，如高兴、快乐、幸福、满足等可使儿童增强自信心，情绪高涨，精神饱满，既能提高其完成学习任务、参加集体活动的热情，又能促进其心理健康，避免长期体验消极情绪而引发种种情绪障碍。积极的情绪体验无疑会成为其新的活动动机，使他们以更高的热情投入到学习活动中去。相反，如果经常产生消极的情绪体验，则会打击小学生的学习积极性，使其产生畏缩心理从而害怕学习。

善于控制和调节自己的情绪，不仅有助于建立良好的人际关系，培养健全的人格，而且也是社会性成熟的一个重要标志。控制和调节情绪的策略是逐渐掌握的。如果成人能经常抓住机会，教会儿童控制和调节情绪的手段，有助于他们正确对待自己的情绪表现，如愤怒情绪的释放可采用转移注意对象，向亲密的人说出自己的感受等方式；在感到烦躁时，可通过读书、写日记、交谈等方式改变心境；而在非常兴奋的状态下，也要尽力保持冷静，与友人分享快乐，等等。帮助儿童学会一些控制情绪的具体方式，可使儿童保持心理平衡，使其心理健康发展。

（三）儿童的意志品质需要锻炼

意志是学生学习中的非智力因素之一。在一般情况下，学业成绩的好坏与意志水平的高低是一致的。意志坚强的学生，学习的自觉性较强，并能克服困难，坚持组织自己的学习，取得良好的学习成绩；反之，意志薄弱的学生，学业成绩往往难以提高。研究发现，小学生意志品质的发展具有以下四个特点。

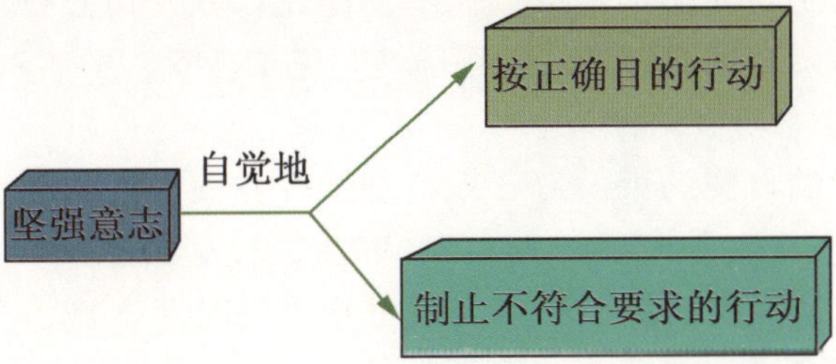

1. 小学生意志的自觉性

在整个小学时期，小学生意志的自觉性和独立性仍在发展。实验中，研究者给各年级学生分别设计了一份有相当难度的语文试卷，包括判断题、选择题、改错题等客观性试题。当所有被试学生答完一半以上的试题时，分别给予暗示或劝告，即主考官指着其中一个答对的试题轻轻地对学生说："这道题答的不对。"或指着一个答错的题说："你再仔细想一想。"结果显示：

（1）小学生意志的自觉性较差。他们往往容易被他人的意见所左右，不相信自己行为的正确性，因而不敢坚持自己行动的方向和结果，缺乏自主精神。

（2）小学生意志的受暗示性和独断性特征较为明显，其中受暗示性尤为突出。除了二、六年级外，各年级一半或一半以上的学生表现出受暗示性的特点，这是因为小学生的思维批判性还不发达，往往会屈从于别人的观点。

在整个小学时期，这种自觉性基本上处于低水平，而受暗示性和独断性却十分明显。这说明小学生对行动还缺乏充分的认识，还不能在调节、支配自己的行为以实现某种目的的行动中充分表露、显示和坚持自己的独立意识。

2. 小学生意志的果断性

小学生还不善于仔细、全面地考虑问题，他们在做决定时往往具有冲动性和情绪性的特点，还不善于按照一定的原则经过深思熟虑做出决定。

小学生意志的果断性会随年级升高而不断发展。大多数学生都能懂得自己行为的重要性，能在掌握有关知识和技能的基础上，预见和了解行动的可能结果，但在整个小学时期果断性品质还不稳定。相当一部分小学生表现出“优柔寡断”和“草率决定”的特征。由于小学生没有足够的力量去克服心理上的种种矛盾，不是摇摆不定迟迟做不出决定，就是担心行动可能会造成不良后果，从而怀疑自己所做决定的正确性，优柔寡断。

3. 小学生意志的自制性

尽管小学生的自我约束、遵守规章制度等方面的能力发展较晚，但在教学活动和学校纪律的要求下，其自制力也逐渐发展起来，其发展趋势为：1～3年级处于迅速发展时期，3～4 年级处于平稳时期，4～5 年级处于迅速发展时期，5～6 年级再度处于平稳时期。

小学生的行为易受内外诱因的干扰，但随年级的升高抵制内外诱因干扰的能力逐渐增强，受内外诱因干扰的影响逐渐减弱。儿童抗拒外部诱因的能力强于抗拒内部诱因的能力。

4. 小学生意志的坚持性

尽管小学生还比较依赖教师和成人的帮助，意志的自制力比较薄弱，但在教育的要求和影响下，小学生意志的坚持性正在逐步发展。

低年级儿童的有意注意比较弱，情绪稳定性较差，意志自制力也较弱，他们在遇到困难时比较容易放弃已开始的活动。中高年级儿童已开始有意识地抵抗不符合行动目的的主客观诱因的干扰，能够较长时间维持活动，一般都能做到有始有终。

儿童绿色学习生态下的发展观应该立足儿童发展，立足儿童在丰富的课程活动中的表现，用完整的眼光看待教育，呵护生命成长。

参考文献：

[1] 权小宁. 浅析中西方教育异同 [J]. 科技展望，2015 (14)：271，273.

[2] 张更立. 从“占有”到“生成”：儿童学习观的转换 [J]. 华东师范大学学报（教育科学版），2016，34 (2)：76-81.

[3] 季燕. 卢梭与蒙台梭利儿童学习观之述评 [J]. 内蒙古师范大学学报（教育科学版），2004，17 (12)：59-62.

[4] 顾明远.《教师课程观研究》评介 [J]. 教育研究，2017 (6)：157.

[5] 钱雨. 论生成课程的理论与实践 [J]. 教育理论与实践，2012，32 (11)：61-64.

[6] 唐倩. 南京市小学音乐特色课程现状调查与研究——以四所小学的实践为例 [D]. 南京：南京艺术学院，2018.

[7] 杨杨. 小学语文教师课程理解研究 [D]. 吉林：北华大学，2019.

[8] 黄冕. 论生成课程观的构建 [D]. 昆明：云南大学，2019.

[9] 李卓. 实践课程观视野下小学师生关系的改进策略研究 [D]. 成都：四川师范大学，2018.

[10] 王笑地. 实践取向的中小学教师培训课程设计研究 [D]. 贵阳：贵州师范大学，2018.

[11] 赵梦可. 小学校本课程的实施有效性研究 [D]. 牡丹江：牡丹江师范学院，2019.

[12] 赵耀淼. 小学美术教学融合音乐元素的实践探索 [D]. 西安：陕西师范大学，2018.

[13] 范春林，张大均. 学习动机研究的特点、问题及走向 [J]. 教育研究，2007 (07)：71-77.

[14] 阮培珍. 激发小学生学习动机的内外因因素和有效措施分析 [J]. 科技资讯，2013 (31)：173-175.

[15] 任粉定. 激发和培养小学生学习动机的探究 [J]. 文教资料，2010 (25)：161-164.

[16] 叶竞. 小学生学习动机的激发与培养 [J]. 教育教学论坛，2015 (24)：257-258.

[17] 桑标. 关注儿童发展的生态系统 [EB/OL]. (2018-04-08) [2021-05-06]. https://wenku.baidu.com/view/3c445c9ff9c75fbfc77da26925c52cc58bd69098.html.

[18] 魏霞. 皮亚杰的儿童发展观及其教育启示 [J]. 吉林省教育学院学报，2011，27 (03)：31-32.

[19] B. A. 苏霍姆林斯基. 给教师的建议 [M]. 杜殿坤，译. 北京：教育科学出版社，1984.

第二章

儿童绿色学习生态的校本模型

党的十八大把生态文明建设纳入中国特色社会主义事业“五位一体”总体布局之中，强调“以绿色发展引领教育风尚”，意在解决教育的科学发展、健康发展和可持续发展问题。这给我们开展绿色学习生态研究提供了极好的契机。

我们知道，个体的儿童时期是与生态系统交互作用中较为易感、弱势的一个阶段，在这个阶段儿童更多地受到成人世界及外部环境的作用，不同的环境就会培养出不同的人。这就要求我们充分认识到儿童的成长是受多种因素影响的，并且各个因素之间是不可割裂的。但是在现实中，学校、家庭、社会之间的沟通并不特别有效，再加上我国处于社会转型时期，社会文化重构要有一个长期的过程，给儿童成长的生态系统的各个子系统增加了不稳定性，这就要求我们要积极地为儿童营造有利于其健康成长的绿色学习生态。同时我们也知道，在一定程度上，个人始终在创造他自己的环境，所以在强调外部环境对儿童成长作用的同时，也必须考虑儿童自身的因素。儿童的生存环境既是一个实体又是一个多样可变的生态系统，只有儿童参与其中并与其产生良性互动，才能促进其自身健康发展。

第一节　儿童绿色学习生态校本模型的建构

从生态学诞生之日起，绿色自然理念就与其相伴相生。从最早出现在西欧发达国家的自发性保护自然环境的绿色运动，到既追求当前发展又兼顾代际利益的可持续发展理念，再到具有中国生态智慧的绿色发展理念，人与自然和谐的绿色价值观逐渐确立并成为国际共识。近年来，中国学界对绿色发展的内涵、结构以及实践路径等进行了一些理论探讨。例如，有学者认为，“相对于环境保护、可持续发展、绿色经济等概念，绿色发展的概念在全球并没有广泛应用，这是一个具有中国色彩的概念”。

随着绿色自然理念影响的逐渐深入，20 世纪 70 年代以来，在英美等国家兴起了教育生态学，随后出现了学习生态观。学习生态的思想与实践是随着时代的发展而不断发展变化的，不同时代的教育家都曾赋予过学习生态不同的时代内涵。

我们认为，以人与自然和谐为核心价值观的绿色发展，其目标体现为社会生态系统的整体优化和可持续发展。绿色发展理念具有科学的依据和哲学的基础，是中国可持续发展实践智慧的总结和提升。“绿色学习生态”正是源于绿色发展理念，它是我校的教育理解与追求，表现为教育从儿童出发，通过调控“教育场”中诸要素的关系，以可持续、和谐发展为基本理念，使“教”与“学”产生和谐效应，促使学生、教师获得全面、健康、可持续的发展。

当下，我国儿童的成长现状与学习生态有日益恶化的趋势，在社会的层层压力下，师生的主要精力都用在如何取得好成绩、考入好学校上，学习毫无快乐可言。有研究表明，学生厌学情绪随年龄增长而不断加强，另外共情能力、同情心、交际能力以及人际关系适应的不良比率也在上升。自然生态环境一旦被破坏尚且难以修复，学习生态环境的恶化更是难以逆转。如果我们还不把学生的学习当作独立的自成一体的有生命力的生态环境，无视教育发展的规律而肆意践踏，必将付出比破坏自然生态更大的代价。

开展学习生态研究，就是尊重学生的个性和内在需要，将时间、空间还给学生，把“快乐的学习生活”归还给学生，让校园真正成为学生的生命乐园，引领学生主动地学习和自我发现，改善儿童的生存质量和生命样态。

一、儿童绿色学习生态的校本模型

按照教育生态学的观点，儿童的发展是一个渐成过程，儿童的发展变化是生态环境系统适应性调节的必然结果。美国著名心理学家布朗芬布伦纳

(Bronfenbrenner) 于 1979 年提出生物生态模型理论。他将影响儿童的生态系统进行了划分，由小到大（也是由内到外）分别是：微系统（microsystem）、中系统（mesosystem）、外系统（exosystem）以及宏系统（macrosystem），对儿童的影响也从直接到间接。

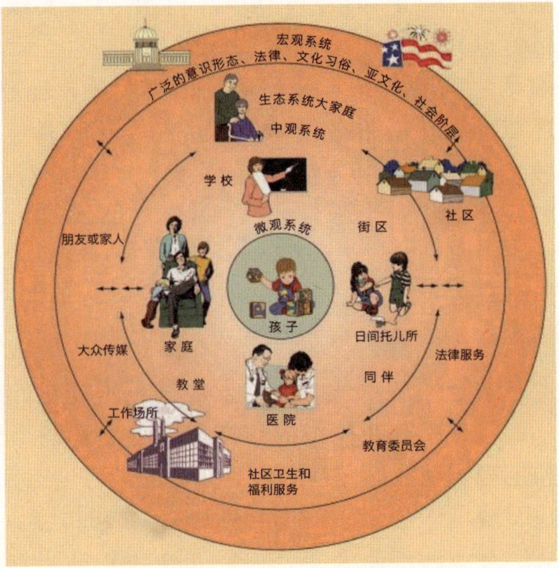

布朗芬布伦纳的宏观、外层、中间和微系统之间的嵌套模型

微系统是指对儿童产生最直接影响的环境，与儿童的关系最为密切，包括父母、集体、同伴、社区环境、宗教场所等。例如，一个友善、专心的儿童可能会博得教师积极、耐心的回应，而一个易分心的儿童更可能受到约束和惩罚。当这些彼此交互的作用随时间的流逝而反复发生时，它们就对儿童发展产生了持久性的影响。

中系统是指个体与其所处的微系统及微系统之间的联系或过程，它将微系统进行了有效的整合。例如，儿童的学业进步不仅取决于他在班级中的活动情况，而且还受父母对学校生活的参与度和儿童自己在家中继续学习程度的影响。

外系统包括邻居，父母的职业、工作场所，传媒，社会福利制度等，儿童并没有直接参与其中，但该系统也会对儿童产生影响。外系统的支持可以是正式的，如灵活的工作日程安排、父母双方照料儿童的带薪假期、儿童生病时父母的病假等；也可以是非正式的，如父母的人际网络（能为他们提供帮助的朋友和家庭）。

宏系统包容着微系统、中系统及外系统，是一个文化系统，涵盖社会的宏观层面，如伦理、价值观、传统文化等，看似与儿童之间的距离遥远，但或许会产生一些根源性的影响。

另外，在生态系统理论中，还有第五个维度——时序系统，是用于解释成长的时间维度。在成长的过程中，儿童会选择、修正和创造他们自己的环境和经验。而儿童选择、修正和创造环境与经验的方式又取决于他们自身的身体、智力、人格特点和环境机遇。

系统中各个因素之间的关系不是简单的因果关系，而是互为因果关系，系统中任何一个环节的变化必将带来整个系统的变化。儿童处于家庭、同伴群体、亲友、学校、传媒等各种不同的系统之中，这些系统之间相互影响、相互制约，在考察一个系统对学生发展的影响时，也必须考虑到其他系统的影响。

自从布朗芬布伦纳提出生态系统观以来，生态系统发展观普遍得到重视，为我们看待个体成长找到了新的视角，无论是从理论还是从实践层面上看都有其积极意义。生态系统发展观认为人的发展是系统变化的结果，个体的成长与环境密不可分。但布朗芬布伦纳的研究忽视了儿童的个体差异和主观能动性，个体差异和主观能动性的交互影响对儿童的学习生态系统影响巨大。

南京市凤凰花园城小学从1999年创办以来，就积极探索绿色教育。“十五”期间，学校从综合实践活动入手，研究儿童成长的主观能动性；“十一五”阶段，学校立足办学特色开启了“绿色教育”研究，搜集、整理绿色教育课例；“十二五”期间我们努力优化儿童学习生态，推进“绿色教育”；迈入“十三五”，我们在前期研究的基础上不断思考，开展“儿童绿色学习生态的整体建构研究”，这是对我校过去十五年研究的传承和创新，绿色教育指引着我们不断前行。20年来，学校一直努力尝试构建一个自然、和谐、可持续发展的儿童绿色学习生态。20年的实践，学校凝练出“尚绿·力学”的办学理念。我们以“儿童贯通式学习”为抓手，通过“绿色管理”“绿色文化”“绿色课程”“绿色课堂”“绿色德育”五大途径达成“乐学乐行、力学力行、善学善行、美学美行”的育人目标。

20年的绿色教育研究，我们对儿童绿色学习生态有了一些校本化的认识。

第一，儿童是学习的主人，是学习生态系统中的有机体，是学习生态系统的核心；绿色学习生态首先指向儿童思维品质、学习习惯、学习方法、学习情绪等各要素之间的动态关联状态。

第二，儿童的学习是在主体互动中发生与生长的，主体间的关系将会深刻影响儿童的学习品质；绿色学习生态需要进一步指向儿童与儿童之间的、儿童与教师之间的、儿童与家长之间的动态关联状态。

第三，儿童学习的主体性和主体间性发生于特定的环境、场域之中；绿色学习生态还需指向家庭、社区、学校等内外环境与学习主体的动态关联状态。

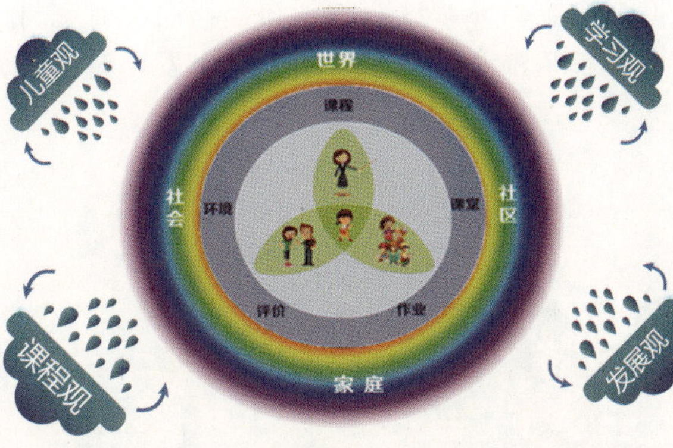

南京市凤凰花园城小学儿童绿色学习生态的整体建构模型图

绿色学习生态体现为上述三个层次，即绿色学习微观生态（指向独特个体）、绿色学习中观生态（指向多元关系）、绿色学习宏观生态（指向系统环境）。根据对绿色学习生态三个层次的解读，我们设计了儿童绿色学习生态的整体建构的三个层次：

第一个层次为独特个体的学习生态整体建构，强调对独特个体学习风格、动机、方法等的诊断、设计和优化。

第二个层次为多元关系的学习生态整体建构，强调对影响学习生态的生生关系、师生关系、亲子关系、亲师关系等诸多关系的理解、沟通和建设。

第三个层次为系统环境的学习生态整体建构，强调对影响学习生态的课程、家庭、社区、社会乃至世界等内外环境的认识、发掘和融合。

基于对“儿童绿色学习生态的整体建构”的理解，我们以儿童为学习生态的核心，关注儿童个体微观学习生态、个体之间的中观学习生态以及个体与内外环境之间的宏观学习生态的整体构建，初步绘制了“儿童绿色学习生态的整体建构”模型图，以此体现我们对儿童绿色学习生态的整体建构的理解和表达。

整个模型图由四个层次组成，第一个层次是儿童自身的学习生态系统。第二个层次是儿童的学习是在主体互动中发生与生长的，包含三种关系，分别是生生关系、师生关系、亲子关系，三种关系都以儿童为中心。第三个层次是校内环境系统，有以下五个主要因素，即作业系统、评价系统、环境系统、课程系统和课堂系统。各系统之间相互关联，耦合成一个大整体。第四个层次是有机体和组织关系的系统，也就是家庭、社区、社会和世界。第四个层次的外层有无限的延展性，表示儿童能通过各种媒介接触世界。外围的四朵云表示四种观念，分别是课程观、儿童观、发展观和学习观，象征着我们的系统是在这四种观念的浸润下形成的，并且还在不断地完善和补充，同时绿色学习生态也不断地滋养着这四种观念。我们的研究目的不仅仅是做物质化的生态平衡，更是从整个社会、整个人类出发，对教育做更深刻的理解和阐释。

“儿童绿色学习生态的整体建构”模型图

但是，在教育实践中，我们发现这样的研究仍然是割裂的、相对静态的、相互孤立的，我们立足学校的课程特色，探索出“贯通式课程链”这一有力抓手，通过“贯通式课程链”来体现层次之间的整体融通，实现对绿色学习生态四个层次的整体建构。

“贯通”本义指连接、通连，引申义为全部彻底地了解。我们的“贯通”体现在对独特个体、多元关系及系统环境的整体把握，不是割裂地、片面地、独立地开发课程、实施课程。“课程链”是基于“群链”的课程体系构建方法提出的，这样构建的课程体系可将培养学生全面综合性发展的需求无差异地传递到每门课程，每个场域、课程间可形成一个衔接有序的整体。课程形成纵横交错的网状结构。“课程链”以“链”为隐喻，体现课程设计中各个要素之间相互耦合的关系，即相互影响、相互作用、相互关联的样态。“贯通式课程链”有效整合了儿童绿色学习生态的多个要素，促使绿色学习生态的各个要素相互作用，良性、可持续运转，从而促进身处其中的儿童健康快乐成长。

二、儿童是绿色学习生态的核心

教育生态学认为所有儿童都是有差异的，儿童发展过程具有很大的不确定性。因此，绿色学习生态强调将儿童的发展放置在一个相互联系、相互影响、相互作用的生态系统中。

南京市凤凰花园城小学构建的绿色学习生态系统主体就是儿童，绿色学习生态系统的最大价值是为了促进儿童的发展。我们构建的绿色学习生态是相对于儿童这个中心而言的，离开了儿童就没有绿色学习生态系统。整个绿色学习生态系统被划分成若干个层级，从而形成若干个子系统。各子系统与整个生态系统之间既是部分与整体的关系，同时各层级子系统之间又并不孤立存在，而是呈现出相互影响、相互改变的关系。

绿色学习生态系统中的儿童与各要素之间存在多向交互的关系，儿童在人际互动和资源利用中实现知识、能力、情感、态度和价值观的吸收和内化。在南京市凤凰花园城小学为儿童成长建构的绿色学习生态系统中，儿童是绿色学习生态系统的核心。在这个系统中，学习资源、学习环境、认知工具等要素都按照儿童的需求和习惯加以设置，目的是促进儿童与环境的良性互动，实现学习资源的有效利用，通过各要素的合理配置来优化整体性学习效果。家庭、社会、实践、作业、评价、教师、活动等都成为滋养儿童成长的要素，与此同时，儿童也在对教师、对学校、对家庭的文化建设产生影响，作业方式、师生关系、亲子关系都获得了新的变化与发展。一种自然的、双向的、整体的、相互滋养的学习生态系统呈现在我们面前。儿童学习生态系统的各种要素得到了融合，有效地促进了儿童成长。

同时，南京市凤凰花园城小学的绿色学习生态系统还具有自我调节和自我维持的能力，是一个不断发展变化的系统，在自我调整中实现平衡—失衡—平衡的循环演化。平衡是指儿童这一绿色学习生态核心与环境之间在结构、功能以及能量的输入输出上处于相对稳定状态。当系统中学习环境所能提供的资源无法满足儿童的学习需求，或者学习环境中各要素的组合不利于促进有效学习时，就会出现学习生态系统的失衡状态。失衡并非消极状态，而是为整个系统的发展提供契机，适当的冲突与失衡有利于系统的及时优化，在由失衡到平衡的循环中增加儿童和环境双方的适和度。儿童正是在平衡—失衡—平衡的动态过程中成长，同时绿色学习生态系统也在平衡—失衡—平衡的过程中不断得到优化和完善。

三、关系是维持绿色学习生态的关键

儿童是敏感的个体，幼年时与主要的照料者建立了依恋关系，构建了一个最可信赖的微系统。随着他的成长，微系统逐步扩展，甚至打破重建，儿童必须不断努力去适应生活状态的转变，如入托、入园、幼小衔接等。在儿童的学习生态中，有两类关系至关重要：

（1）同伴关系。早在 20 世纪末，心理学家们就已经注意到同伴群体在儿童发展中的重要性。詹姆斯、库利、皮亚杰、沙利文、韦斯等人从不同角度提出了同伴关系在儿童青少年时期发展中的作用理论，这些理论主要集中在三个方面：①同伴关系是发展社会能力的重要背景；②同伴关系是满足社交需要、获得社会支持和安全感的重要源泉；③同伴关系经验有利于自我概念和人格的发展。

（2）师生关系。在校园学习环境中，师生关系是重要的生态因素。师生关系是师生间建立的一种多层次、立体结构的交往模式，它反映了儿童的社会交往能力，并影响儿童的学业成绩、学校行为。在学校里，师生关系是一个对学生心理有着很重要影响的因素。这就要考虑到教师因素，如教师的品行，对待学生的言语、态度、行为等。能与学生之间达到相互信赖、彼此尊重，给予学生足够关注的教师，往往能与学生建立较为和谐、亲密的关系。有研究证明，在父子关系、母子关系、同伴关系和师生关系中，师生关系是影响儿童学校归属感的最主要因素。亲密的师生关系会让学生获得安全感和幸福感，儿童个体才能获得健康成长。

南京市凤凰花园城小学十分重视绿色学习生态系统中“关系”这一关键要素，通过建设儿童成长共同体，转变师生角色，营造绿色师生关系，评选绿色家庭等方法维持儿童绿色学习生态的平衡，促进生态系统中各个要素、各个层级之间良性运转，为儿童的健康成长提供强大的支撑。

第二节　儿童绿色学习生态校本模型的理念

贯通式学习是南京市凤凰花园城小学在“儿童绿色学习生态的整体建构”的理念下提出的。贯通式学习以儿童为核心，通过整合各类学习资源，变革学习方式，开发出新型的、富有时代感、有活力的儿童学习研究项目，实现儿童学习生态系统中各个要素之间的和谐、耦合与共生。

这种“贯通”可以看作是学校整体教育过程中自身内部各要素的贯通，即整个学校的教育各要素系统形成一个完整且开放的生态教育系统，包括师生之间、生生之间、教育内容与教育方式、教育目标与教育评价等在内的诸要素，按一定的科学规律进行有效整合，从而收到更佳的教育效果。以上观点的提出，主要是基于对教育理念的思考。

一、教育生态学理念

（一）概述

教育生态学是研究教师与学生之间、学生与学习环境之间相互作用及建立动态平衡关系的一门科学。当下对生态平衡以及生态和谐问题的探讨，已经由生物、食品及文化领域延伸到了教育界，成为一个教育热点话题。我们在儿童绿色学习生态的整体建构的实践中借鉴了教育生态学的理念，以生态思想为指导，使教育活动中一切生态因子之间相互影响与协调运动，从而建立教师、学生与教育环境之间和谐共生与可持续发展的生态教育系统。

随着我国第八轮新课程改革的不断推进，专家们不但提出了“知识与技能、过程与方法、情感态度与价值观”等三维目标，并且还在2017年针对各个学科提出了相关学科的核心素养，在我国教育研究领域掀起了一场以生态和谐、高效自主等为特征的教育教学现象重构研究。南京市凤凰花园城小学在这一思想的指导下，借助多年绿色教育的研究经验，探索出“贯通式学习”这一新的学习方式，对当下儿童学习生态的优化与整体建构起到了很好的促进作用。

正如傅松涛教授所言：“教育场域既不是所谓世俗物质实体的简单、孤立、舒适和绝对的实质性存在，也不是所谓的单质、散漫、随机的充满不确定性的高尚精神的本质性存在。教育世界是确定的律动性实质与非确定性的能动性本质有机统一的全质性常态存在。”“贯通式学习”这一新型学习方式正是以每一个充满鲜明生命气息的学生个体为出发点，旨在通过这一学习方式不断促进师生、生生、学生和家长以及整个社会的生态和谐发展，摒弃了以往我国学校教育容易流于“流水线工作”的弊端，满足了不同学生的个性发展需要，能够使个体生命在各方面都得到全面均衡、和谐发展的新的生态型教育方式。

（二）实践价值

南京市凤凰花园城小学从绿色背景下的学习生态模型的角度，分析了当前学校与教学的生态现状，从而提出了“贯通式”这一学习方式。它的提出将有助于我们更好地找准绿色背景下生态教育建设的突破口，为建设更加和谐的生态教育做出了有益的探索。

1. 凸显可持续发展的真谛

一直以来，南京市凤凰花园城小学都在强调整个学校教育中各个要素之间的和谐统一，诸多因素能互相进行交互影响，从而形成系统整体的效果，最终实现让每个学生都具有可持续发展的成长样态。围绕这一核心思想，多年以来学校将解决在实际操作中所遇到的诸如师生关系不和谐或不生态，学生合作学习、深度学习能力薄弱，不能可持续发展等现存教育教学问题为工作重点和科研主攻方向。而“贯通式”学习方式的提出，正是要使教育系统中各要素共同发展，引导教师积极创新更多融合各个学科、各个层次的教学模式，将关注的目光更多地投射到学生的个性发展，提升学生个人素质修养，培养学生各个学科核心素养，进一步激发学生自由学习、创造以及实践的热情，使他们具备终身学习的意识和能力。同时让教师不断更新自己的教育教学理念，坚持以生为本，这样我们的学校教育才能真正灵动、活泼起来，让儿童的学习实现可持续发展。

2. 刺激多感官的协同学习

皮亚杰将人的发展分为四个阶段：感知运动阶段、前运算阶段、具体运算阶段、形式运算阶段。小学生的年龄一般为六七岁至十一二岁，这一时期儿童活泼好动，认知发展正处于具体运算阶段向形式运算阶段过渡的阶段，记忆的特点从形象记忆到抽象记忆，逐步发展为方法记忆。这恰恰是“贯通式学习”的优势所在，其非常符合小学生的心理发展水平。在贯通式学习过程中，教师引导他们在观察、倾听、操作等活动中多感官参与学习，从而消除学生的学习易倦感，大大提高了学习效率。同时我们也看到“贯通式学习”主张“用最合适自己的方式学习”，而不是“千人一套”，这更有助于学生的个性化发展，激发他们的创新性思维，以及学习的内驱力，这是一种较为符合儿童成长规律的学习方式。

3. 构建和谐良好的人际关系

南京市凤凰花园城小学推崇的“贯通式学习”，紧紧抓住了“生态课堂”的内涵，所选取的课程资源与学生的生活息息相关，均是真实的、可感知的、具体的和形象的。在这样的“实景情境”中，师生、生生之间就能够很自然地进行平等的交往与对话，这对于建立良好的人际关系无疑是非常有益的。

近年来，我校教师努力践行成尚荣先生所倡导的：“要像对待玫瑰花上的露珠一样，对待孩子的尊严。”本着尊重生命自然成长的学习生态观原则呵护儿童，关怀儿童成长。同时在这一学习过程中，学生与学生之间也一改以往教育中过多的“竞争”色彩，更多的是成为“学习同行者”。在这样一种宽松、令人愉悦的学习环境中，学生在敢于表达自己想法的同时，也能更加集中注意力倾听同行者的想法，或互相补充，或形成激烈的头脑风暴，从而展现出一种自由舒展的学习样态。他们能更加主动去发现问题和解决问题，并从中形成各自所独有的学习经验。

（三）启迪与思考

1. 坚持整体建构

从教育角度来说，传统课堂中教师更多地注重单科以及单项知识的教学，却忽视了同一学科中不同内容的知识以及同一知识在不同年级的教学都是存在着内在联系的，这种单向教学极易造成学生“一叶障目”，严重影响了他们在该学科中各项综合素养的提升；另外，我国传统的课程体系有着相对严格的学科划分，语、数、外、音、体、美、信息、科学等课程往往都以自己学科的系统知识为本位。这种过分地细化不但易造成知识的割裂，而且容易忽视学生学习内驱力的培养。“贯通式学习”则更多地从学生的学习兴趣出发，注重课程的整合，也注重不同学科教师的协同教学，可对现有课程进行很好的补充，让“教程”真正成为“学程”。

而往大了说，整体建构不仅应该实现学习资料的贯通，更可以实现时空、场域等的贯通。

2. 创设适宜场所

生态课堂的打造是一项非常复杂的工程，而“贯通式学习”课程的推进不仅仅包括师生，同时也包括这两个主体所处的生态课堂的所有客观环境。南京市凤凰花园城小学近年来在学习环境设计上充分体现出“儿童绿色学习生态”的理念，特别值得一提的是，学校独创的“虫子教室”，受到小朋友的一致好评：

轻轻推开竹篱笆小门，满眼的绿意扑面而来。踏着弯曲的小径往里走，清新怡人。几株枇杷树、柿子树撑开绿色的枝叶，它们在空中相会，遮起一片片绿荫。土坡梳理成一垄一垄的田地，整齐地栽种着红薯，小小的绿叶生机勃勃。青椒开出白色的花，丝瓜开始爬藤，西红柿结出一颗颗青绿的小果实，它们自由成长，自成风景，让人忍不住驻足欣赏。这里就是南京市凤凰花园城小学在“绿色教育”引领下开辟的“生态园地”，这里不仅有回归自然、回归田园的生态环境，还有“虫子的世界”专用教室，生态课程就在这里实施。

“虫子的世界”如同鲁迅先生笔下的百草园，处处充满了趣味与神秘，本身就合乎教育生态学的理念。正如南京书衣坊工作室设计总监、南京师范大学书文化研究中心主任、《虫子旁》的作者朱赢椿老师所说的那样：“我们对虫子有爱心的话，自己的内心也会慢慢变得柔软，变得善良平和；当我们开始敬畏自然，和自然和谐地相处，自然也就会滋润我们，让我们活得更好。”在这样令人惬意的环境下学习，孩子与自然走得可以更近些，舒展天性，让生命健康成长。

二、建构主义理论

（一）概述

建构主义的思想形形色色，其影响也是多方面的，但是它在不同学科领域的影响程度是不同的。从建构主义的发展和人们对它的接受程度来看，建构主义在教育领域的影响可谓最大，切入得也最深。这是因为，建构主义作为一种认识论或知识论，决定了它不能不把教育和学习问题作为探究的对象，因此，其阐述的问题、认识问题的出发点、观察问题的方式都与教育问题密切关联，教学、学习和知识的获得等问题也就成为其认识论关注的主要对象。从它对教育的影响来看，主要体现在对传统知识观、传统教育观的反思，对现代知识观、现代学习观和教学观的引导上。

目前，国内外教育领域越来越多的学者、一线教师正在进行着一定范围的实践，例如，美国、澳大利亚等进行的一系列的课程改革，就是以建构主义为指导；我国台湾、香港地区也有许多学者、教师把建构主义用于课堂实践。而时下，在我国建构主义思想对教育特别是对课堂教学和学习的影响主要体现在观念和价值取向上的引导作用。

建构主义认为，知识不是通过教师传授得到，而是学习者在一定的情境即社会文化背景下，借助其他人（包括教师和学习伙伴）的帮助，利用必要的学习资料，通过意义建构的方式而获得。学习者是学习的中心，是信息加工的主体，是意义建构的主动建构者。

（二）实践价值

在建构主义看来，课本知识只是一种关于某种现象的较为可靠的解释或假设，并不是解释现实世界的绝对参照。某一社会发展阶段的科学知识固然包含真理，但并不意味着是终极答案，随着社会的发展，肯定还会有更真实的解释。更为重要的是，任何知识在为个体接受之前，对个体来说是没有什么意义的，也无权威性可言。所以，教学不能把知识作为预先决定了的东西教给学生，不要以我们对知识的理解作为让学生接受的理由，用社会性的权威去压服学生。学生对知识的接受，只能由他们自己来建构完成，以他们自己的经验为背景来分析知识的合理性。在学习过程中，学生不仅要理解新知识，而且要对新知识进行分析、检验和批判。

建构主义倡导在教师指导下，以学习者为中心的学习，也就是说，既强调学习者的认知主体作用，又不忽视教师的指导作用。学生要成为意义的主动建构者，这就要求其在学习过程中从以下几个方面发挥主体作用：

（1）要用探究法、发现法去建构知识的意义。

（2）在建构意义的过程中，要求学生主动去搜集并分析有关的信息和资料，对所学习的问题要提出各种假设并努力加以验证。

（3）要把当前学习内容所反映的事物，尽量和自己已经知道的事物相联系，并对这种联系加以认真的思考，“联系”与“思考”是意义建构的关键。如果能把联系和思考的过程与写作学习中的互动过程（即交流、讨论的过程）结合起来，学生建构意义的效率会更高、质量会更好。

建构主义的这些理念和我们的贯通式学习理论有相通之处，都强调以学习者为中心的学习，强调学习者的主体作用，同时又不忽视教师的指导作用，强调让学生自主建构知识体系。

（三）启迪与思考

（1）营造有意义的学习情境。

建构主义是源自儿童认知发展的理论，由于个体的认知发展与学习过程密切相关，因此利用建构主义可以比较好地说明人类学习过程的认知规律，即能较好地说明学习如何发生、意义如何建构、概念如何形成，以及理想的学习环境应包含哪些主要因素，等等。在建构主义思想指导下可以形成一套新的比较有效的认知学习理论，并在此基础上实现较理想的建构主义学习环境。

由于学习是在一定的情境即社会文化背景下，借助其他人的帮助（即通过人际间的协作活动）而实现的意义建构过程。学习环境中的情境必须有利于学习者对所学内容的意义建构，在教学设计中，创设有利于学习者建构意义的情境是最重要的环节和方面，协作应该贯穿于整个学习活动。

正是基于这样的认识，南京市凤凰花园城小学为孩子们营造了众多的学习社区，让学生实现了 24 小时随时可学。比如，学校设立了 24 小时的自助图书馆、绿色视野环保科技馆、走廊实验室、虫子教室等。

（2）开展有意义的贯通式学习。

建构主义学习理论认为学习是学习者主动地建构内部心理表征的过程。它不仅包括结构性的知识，而且包括大量非结构性的经验背景学习过程，学习者对新信息的理解不仅是通过从记忆系统中提取信息，运用已有经验，更是超越所提供的信息，进行全面建构。同时，学习者的合作可以使理解更加丰富和全面。

贯通式学习需要学习者跨学科、跨场域、跨时空整合资源，比如，我们的国际研学课程、虫子的故事系列课程、绿色视野系列课程等。

（3）引导教师成为学生学习的合作者。

学习者的知识是在一定的情境下，借助他人的帮助，如人与人之间的协作、交流，利用必要信息等，通过意义的建构而获得的。理想的学习环境应包括情境、协作、会话和意义建构四个部分。

建构主义理论认为，师生之间、生生之间，协作学习的过程就是交流的过程，每个学习者的思想都为全体学生所共享。会话是协作过程中最基本的方式，是师生之间、学生之间人际关系的具体表现，也是教学活动的目标。教学就是围绕这一目标来设计、组织和实施。教师的作用从传统的传递知识的权威转变为学生学习的辅导者，成为学生学习的高级伙伴或合作者。学生是学习信息加工的主体，是意义建构的主动者，而不是知识的被动接收者和被灌输的对象。

在我校的贯通式学习活动中，强调学生自主形成学习共同体，在共同体内开展有意义的协作学习，涉及学习流程、学习进度、学习途径等，教师更多的是一个学习的同行者、合作者。此外，由于贯通式学习涉及的资源、学科、场域、时空众多，教师也不可能样样内行，这就决定了在贯通式学习过程中，教师的角色只能是学生的合作者，而非强势的引导者。

三、实践教育理念

贯通式学习最终指向的是儿童的成长，让“儿童”立于学习的中央，顺人之天性，让生命更加灵动。教师应秉承实践教育的理念，结合学生自身的生活实际实施课程，引导学生更加贯通融合地理解各个学科的知识，提高学生解决问题的能力，最终增进个体适应社会的能力。

（一）概述

实践教育是指围绕教育培养目的而开展的、以直接实践活动为基础、以学生亲身体验为特征的教育学习活动。它涵盖的范围包括师生结合的教学实践、社会实践、科研实践、生产实践、生活实践等内容。

毛泽东主席曾说过：“一个人的知识，不外直接经验的和间接经验的两部分。”一个人积累知识经验，促进自身发展一般有两个基本途径：一个是通过书本等方式而进行的间接经验学习；另一个就是通过亲身实践活动而进行的直接经验学习，它也可称为“实践教育学习活动”。尽管人们获得经验的主要方式是间接经验学习，但不可否认的是，要使人类已掌握的知识经验更快更好地转化为儿童个体真正理解掌握的知识经验，就必须依赖于他们以往积累的或现时获得的直接经验。掌握尽可能多的直接经验，对于儿童积累和发展间接知识经验，具有重要的意义。换言之，任何知识经验都发源于直接经验，而它们的获得都有赖于实践。

由此可见，与其他教学方法相比，实践教育有着无可比拟的优越性，可以对传统教育理论体系进行重要的补充。通过一系列的课程开发，希望能够为学生提供一个个性、能力全面发展的平台，丰富学生的学习渠道与资源，让学生能够有足够的空间去体验与实践，并在这期间建立起良好的师生及生生关系，完成以自主探究和合作为主要形式的开放式学习，增强学生的社会责任感，从内心深处唤醒学生的求知欲，帮助他们今后更好地适应社会生活。

（二）实践价值

现代革命家、思想家孙中山先生曾说过："以行而求知，因知以进行。"我校旨在构建实践教育观下的有我校特色的"贯通式"校本模型理论体系，从而实现我校的办学理念——"乐学乐行、力学力行、善学善行、美学美行"。

1. 有利于增强社会责任感

社会责任感能激发人的潜能，也能唤醒人的良知。它是我国公民必备的基本素质，应从"娃娃"抓起。这是因为小学阶段是人生的一次重要启航，也是儿童社会性人格培养的起始阶段。在这一阶段关注培养他们的社会责任感，将成为其"成人"的奠基石。南京市凤凰花园城小学开发的贯通式学习加强以培养社会责任感为核心的公民意识实践教育，在各类课程活动中积极践行社会主义核心价值观，使学生最终能担负起实现"中国梦"的历史使命。

在2020年这段不寻常的"停课不停学"的日子里，我校通过组织"为武汉加油，为中国加油"的主题实践活动，加强了对学生意识形态方面的教育，激发了学生的爱国主义情怀，使孩子们更加明确"我是中国人"，为其日后积极主动投身于社会主义建设事业奠定基础。

王鸣清　五（5）班

2. 有助于已有资源再开发

贯通式学习主张的是儿童学习生态的各种要素得到融合，促进儿童成长，"强调对影响学习生态的课程、家庭、社区、社会乃至世界等内外环境的认识、发掘和融合"[①]。在课程的实施中，实践教育理念可以引导我们深入思考

① 引自第二章第一节。

如何实现教育资源的价值最大化，实现各方面因素立体的、多维的融合。

教育资源是一个复杂的资源综合体，我们可以结合本校和自身的实际情况，有选择性地开发与利用。我们不仅着眼于新型教育资源的开发，还鼓励各学科的教师对已有的实践课程资源进行全新认识，重新开发和二次利用，深度挖掘它们所蕴含的教育元素，进而形成课程中最有价值的部分。

例如，春游、秋游活动是传统的校园实践活动，如何实现“老坛装新酒”，深挖出它身上符合现代教育的新价值，是值得我们思考的一个问题。我校的这位老师就做了充满智慧的设计：

一次，学校组织学生去风景区春游。针对这一契机，我首先要求学生们拟写一份春游的通知，再写一篇推荐春游景点的作文，将推荐的景点说具体，并说明游览时的顺序，写得好的，参观时就由他当“导游”。学生们跃跃欲试，为了让同学们去自己推荐的景点游玩，有的学生到实地考察，还拍了照片，甚至画出了游览的顺序，同学们的作文内容丰富多彩。在春游时，学生们兴致勃勃。春游后，学生以四人小组为单位，合做一份手抄报，内容不限，或描写景色，或描写活动中印象深刻的人和事等，呈现的美文不断。

（撰写人：熊琼）

从这个案例中可以看出，熊教师慧眼独具地看到在春游这个“常规项目”里蕴含的综合学习元素。在整个实践活动中，儿童不是单纯地发了一张“通知条”，画了一幅“浏览图”，写了一篇“春游记”，而是创造性地将这些融合在一起，成为一个整体活动课程。在课程中他们主动、积极地学习，真正懂得了“写作是自我表达和与人交流的重要方式”。在老师适度、适当地引领下，儿童记录下自己生活中的“特殊事件”，抒写着真情实感，不仅为学科学习灌注了新活力，更让传统中囿于书本的学习，真正走向了基于社会生活资源的实践。

（三）启迪与思考

1. 重劳育价值重构

2020 年 3 月，中共中央、国务院印发了《关于全面加强新时代大中小学劳动教育的意见》，指出劳动教育是国民教育体系的重要内容，是学生成长的必要途径，具有树德、增智、强体、育美的综合育人价值。这主要是考虑到儿童的生活环境比较单纯，在家庭和学校里进行劳动教育可以看作是最方便、最实用的实践教育。

儿童贯通式学习实践过程中重提劳育（即“劳动教育”），在现代社会文化背景下，重构其教育价值，激发学生主动参与劳动的热情，真正实现劳育

"真""善""美"的内蕴价值。

2020 年新冠肺炎疫情期间，凤凰园的"小绿娃"们在老师的组织下积极开展各项居家劳动实践，扫地、拖地、洗碗、整理房间……一个个都成了家务小能手。其中，在一(4)中队一次特殊的"班队活动"——"我的事情我来做"中，陈隽妍小朋友的突出事迹得到了《人民日报》和"鼓楼教育在线"的报道，高度赞扬了她爱劳动的良好品质。

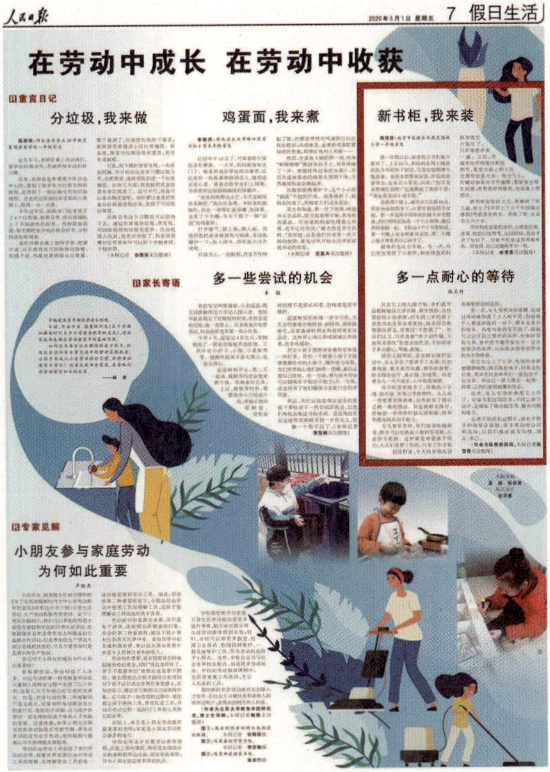
人民日报　2020年5月1日　星期五　7　假日生活

在劳动中成长　在劳动中收获

童言日记

分垃圾，我来做

鸡蛋面，我来煮

新书柜，我来装

家长寄语

多一些尝试的机会

多一点耐心的等待

专家见解

小朋友参与家庭劳动为何如此重要

2. 关注情感式体验

情感式体验指的是教师以情感作为支撑点，引导学生通过深入联想和想象，产生情感上的共鸣和升华的一种体验方式。教师在课程实施中，目光不应局限于完成传授知识的任务，还需要结合小学生的具体特点，有效利用丰富多彩的校内外教学资源，开展各种创新有趣的课内外活动，帮助他们建立科学社会主义人生观和价值观，培养"自律"以及"协调人际关系"等能力，这将对其形成优秀的道德品质与积极向上的人生态度产生较为深远的影响。

在师生交往中，学生如果可以时时感受到尊重、理解、宽容、激励、正面指导与建议，必然更易形成正确的人生观和价值观。在"贯通式学习"中，情感态度与价值观目标是不能孤立存在的，必须融会贯通在相关的知识学习和实践操作目标之中。这就要求教师组织的实践活动中的情境是真实可信的，儿童深入其中就可以在直觉情绪体验的基础上，逐步发展起相应的社会情感体验。

比如感受 1 分钟有多长：

(1) 日常生活中的 1 分钟。

让学生在平时锻炼的时候有意识地加强对 1 分钟的感受和体验，如 1 分钟能跳多少个绳？1 分钟能做多少个仰卧起坐？1 分钟能跑多远？1 分钟能拍多少次球？还可以在教授一些生活小知识的时候加强对1分钟的感知，如让学生测试自己的脉搏1分钟能跳动多少下？

(2) 危急时刻的1分钟。

带孩子们观看地震救援相关视频，在进行地震逃生演练的时候也要加强孩子对于时间的认识。看看全部学生逃离到安全区域花了多少分钟；告诉孩子在危险来临的时候，1分钟是很宝贵的逃生时间，同时也是救援人员很宝贵的救援时间。

(3) 中国的1分钟。

让孩子们自己在网络上收集“中国1分钟能发生什么”的资料并记录下来，集体分享讨论。比如，1分钟有33个新生儿诞生；1分钟有20个新家庭组建；1分钟有35217名旅客出行；1分钟网上商品的销售额达1043万元；1分钟快递小哥收发7.6万件快递；1分钟“蛟龙号”最大能下潜50米；1分钟“复兴号”能前进5833米；1分钟能生产汽车55辆；1分钟能生产粮食1176吨。

（撰写人：张丽娟）

在张老师这节《认识1分钟》教学活动中，通过认识“体育活动中的1分钟”、“危急时刻的1分钟”以及“中国的1分钟”，将数学、体育、道法以及信息等课程内容贯通，把抽象的时间概念变成学生看得见、摸得着的东西，体会到“1分钟”究竟有多长，感受到了时间的价值。特别是让学生在互联网上收集“中国的1分钟”，让孩子感同身受地体会到中国成就源自每一分钟，感受祖国的强大，增强对祖国的热爱之情，爱国主义教育水到渠成。

四、教育共同体理念

（一）概述

2006年，国家标准化管理委员会在《社区服务指南第3部分：文化、教育、体育服务》中定义社区教育为：“在社区中，开发、利用各种教育资源，以社区全体成员为对象，开展旨在提高成员的素质和生活质量，促进成员的全面发展和社区可持续发展的教育活动。”其中，社区教育的一个重要内容就是关注所属辖区内的学龄儿童的身心健康成长，通过各种形式的活动回归到教育的本原，从各方面加强学龄儿童对社会的适应和生存能力。这些方面和贯通式学习的设计理念无疑是不谋而合的。

在探索贯通式学习的过程中，我们将主要的目光都放在了学校内部，但很快就发现其实“走出校园，大有可为”。将学校教育与社区教育进行很好的融合，即在与教育有关的人员安排、资源配置等一切事务、环节上进行互动、交流与合作，可以为儿童的生长创造更佳的机会。义务教育中的“就近入学”，使得社区里的孩子们是朝夕相处、非常熟悉的同学。这一特征使得社区有着得天独厚的教育优势，学生在社区中活动交往，可以视为是学校教育在时间和空间上的一种延伸及补充。在这种与校园生活风格迥异，和谐向上且更为开放的环境中，向上、向善的理念更易在人的心中生根发芽。

……现代社会越来越注重儿童阅读，让孩子喜欢上阅读，热爱读书变得尤为重要。公共图书馆加强了少儿阅读的服务，近年来，多个公共图书馆建立了亲子绘本阅读馆或者少年儿童分馆，开展了多样的少儿阅读服务，学校也通过开展多样化的阅读活动，培养孩子的阅读兴趣。只有针对儿童的阅读习惯与阅读特征加强研究，才能为儿童提供更有针对性的、更具适应性的服务。因此，我们将从孩子的心理出发，分析如何培养儿童良好的阅读习惯，并从阅读时间、阅读内容、阅读方式这几方面展开调查，分析儿童不同阶段的阅读内容以及阅读特征。

（撰写人：李凡）

李老师尝试让孩子利用图书馆、绘本馆等社区资源进行多种形式的阅读，引导他们创造性地发展语言运用能力，学生的阅读思维自然充分拓宽，也进一步强化了学生的语言表达能力。

（二）意义与价值

社区教育是一种特定区域空间内的教育活动，它并不是孤立存在的，而是和学校教育活动是相互影响的。这二者的结合既可实现学生视野的开拓、知识的丰富、能力的提高，又可以实现学习场域的贯通及“育人”模式的创新。

1. 弥补学校资源不足

近年来，虽然政府对教育的投入一再增加，根据我国 2019 年的 GDP 核算，总额大约为 100 万亿元，而当年全国义务教育经费总投入已经达到 2.2 万亿元，这就意味着我国的基础教育经费投入已经占到 GDP 总值的 2. 2%左右。但与我国的学生人数相比，学校在场所、人员等各个方面还是存在或多或少资源不足的情况。

而社区在专业人员、场所等资源方面有着很大的优势，这种优质资源如果不加以善用，无疑是一种浪费。建立学校—社区教育共同体后，双方若在课程设计、实施等过程中进行多方面合作，对已有资源进行合理地开发、整合和利用，就可实现“共建共享”的理念，在满足青少年的社会化需求、多样化教育等方面收到事半功倍的效果。

2. 树立“育人”新型模式

在新时代教育观中，我们要努力摈弃教育只能在学校中开展的狭隘教育观，树立起全员、全程、全方位的全社区教育观。这是因为学校教育要实现其育人目标，就必须与学生所处的社区教育联合起来，变原来的仅仅依靠学校教育的单一模式，发展为将具有相同育人目标的社区教育与学校教育有机结合，实现育人模式的创新。

学生是社区未来的主人，可以说社区教育如果离开学校教育，其教育就会缺乏发展的源泉；而学校教育如果离开社区教育，其教育的视角就会过于狭窄。贯通式学习在设计时要充分考虑到二者的结合，这将有利于社区儿童整体素养的提升。

（三）启迪与思考

学校—社区教育共同体是要在学校教育和社区教育之间建立起一条方便合作和交流的纽带。两者的融合，正是让儿童从学校逐步走向社会。

1. 家—校—社区教育一体化

儿童所受教育质量的好坏，取决于很多因素，其中最多的就是受到家庭、老师和同伴、社区潜移默化的影响。如果这三者通力合作，建立起教育一体化，无疑可以填补彼此教育的空白。在这个教育一体化中，充分利用三方的人力资源、物力资源、财力资源等来实现“1+1+1>3”的效果。

要充分发挥好教育一体化的作用，就需要教师在设计时因地制宜、因势利导，深入了解本班学生的家庭情况以及本社区的设施、历史、文化、特色等，建立起一个立体的社区资源库，努力实现多维度与社会化的局面，促进儿童在语言、思维、运动、艺术及人际交往等诸方面的发展，引导他们茁壮成长。

2. 丰富合作的内容与形式

当下正处于社会转型期，如何引导儿童在形形色色的诱惑下形成正确的价值观、世界观以及社会责任感等，是摆在学校教育工作者和社区工作者面前的一道难题。我们要以儿童的需求为核心，以各种活动课程为载体，从内容到形式都要多元化、网格化，提高他们参与社会相关活动的积极性，帮助他们为成为一名真正的中华人民共和国合格公民做好准备。

“小绿娃”与长江的约定

2020年6月1日上午，南京市凤凰花园城小学10位“长江大保护”小使者再次来到幕府山北麓江边的五马渡广场，参加“长江大保护·绿色共成长”活动。该活动由江苏省生态环境厅、省委宣传部、省文明办、省教育厅、共青团江苏省委、省妇联、新华报业传媒集团以及学校所在凤凰花园社区等共同主办，江苏省环境保护宣传教育中心、江苏省环境科学研究院、南京市生态环境局、交汇点新闻共同承办，省内沿江8市共同发起，持续12年，今年是第三个年头。

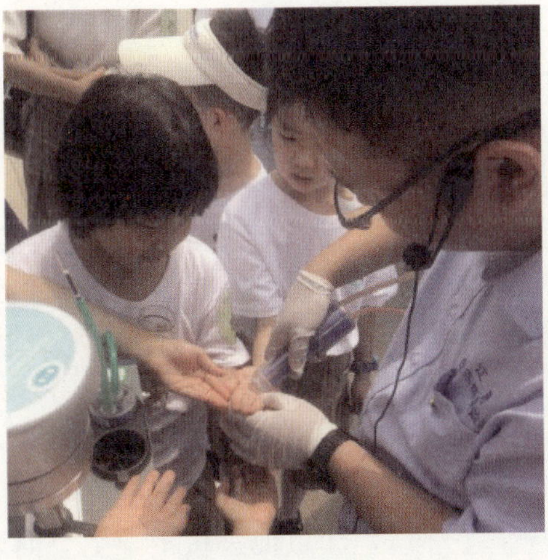

两年多来，长江大保护的小使者们在学校绿色教育的熏陶下，增强了与自然和谐相处的良好意识。在活动中，他们用眼睛欣赏长江之美，用脚步丈量长江生态岸线，用绿色行动讲述长江保护的故事。“长江大保护”小使者在专业人员的指导下，在江边采集包括空气、土壤、江水在内的环境监测样本，开展生态环境监测科普，灌装封存“江豚瓶”，并同步测量记录小使者们的身高、体重及生态环保行为，书写12年绿色共成长手册。环境监测中心的叔叔们就环境质量指标及环境采样、监测等与我们的小使者进行了科普互动交流。

这场“六一”特别活动是学校联合所在社区以及社区内友好单位共同实施的一次贯通式学习。在活动中，我们认识到，教师在贯通式学习的指导过程中，要注意多层次性，充分利用已有的教育手段和教育资源，培养儿童对周围环境的敏锐洞察力，进而从中自然地形成对生活及科学的正确态度，不断提高个人发展意识，最终达到从本质上推进社会发展的目的。

第三节 儿童绿色学习生态校本模型的特征

绿色学习生态系统是多层次、融通性、动态平衡及不断成长的模型体系。基于对儿童绿色学习生态校本模型的研究，我们以儿童为学习生态的核心，关注儿童个体微观学习生态、个体之间的中观学习生态以及个体与内外环境之间的宏观学习生态的整体建构。

儿童绿色学习生态模型就是建立在以儿童为核心的大学习观、课程观和发展观上。

一、儿童绿色学习生态的多层次性

儿童绿色学习生态校本模型的最基本特征是多层次性、立体多元。它是以儿童个人发展为核心，同伴互助、师生共进、亲子共生、课程共研、社区共展等为外延，层与层之间是相互融通、相互影响、相互作用的，旨在激发儿童生机勃勃地成长。

（一）以学生发展为本的核心层

中共中央、国务院《关于深化教育改革，全面推进素质教育的决定》中明确要求教育必须优化育人环境，构建生态环境，注重促进每个学生全面发展，做到身心健康、人格健全、主动发展、个性和谐，享有完整愉悦的人生。由此可见，关注、研究、优化、整体建构学生的学习生态环境，是关照儿童作为生命个体发展需求的重要路径。一直以来，学校教育中我们常常只关注学习结果，自觉或不自觉地遗忘了学生是作为生命个体而存在的，遗忘了具体的人，遗忘了日常生活里生命幸福与否的现实状态。

为此，学校开展了学生学习生态现状的调查，发现我们会因单纯强调知识、技能而忽视了学生作为生命个体本身的情感需求；因过于强调学习结果而忽视了教育过程的真实价值；因片面追求机械统一的教学目标而忽视了学生丰富的个体差异。无视学生的个体需求而对其进行过度开发，必然会使学生的心灵扭曲。“尊重生命，尊重学生内心发展的要求，顺其自然，因势利导，以儿童为核心”是我校一直以来所追求的绿色教育理念。这一理念的实现需要我们从学生的个性和内在需要出发，研究儿童所处的生态环境，将时间、空间还给学生，把“快乐的学习生活”归还给学生，引领学生主动地学习和自我发现，改善儿童的生存质量和生命样态，提升儿童生命质量。这一理念顺应了“学生发展核心素养”的精神，致力于学生核心素养的培养和发展，具有时代意义。

（二）以教师教学理念转变为抓手的外延层

自现代教育产生以来，教育发展的过程就是教育变革的过程。关于学校教育、关于课堂教学、关于师生关系等，各种流派的教育理论、教育思想不断涌现，众多的理念、模式丰富着教学实践的同时，也使许多教学实践者处于迷惘、徘徊和无所适从的尴尬境地，或是过于关注“教”而忽视了“学”，或是过于强调“学”而否定了“教”，教育实践领域的变革因为强调某一要素而忽略了其他，缺乏对“教”与“学”关系的整体思考。在儿童绿色生态校本模型建构中，学校教师的思想转变和教学行为变革是模型搭建的基本前提。教师是学校课程的建设者、设计者，也是儿童教育的第一参与者，绿色课堂不只呼唤学生主体角色的真正回归，同样呼唤教师主导角色的真正回归。

（1）教师要学会倾听。对于课堂上学生的发言教师要耐心、认真倾听，对错误及时纠正、对不完善的回答加以指导、对有价值的问题及时引发思考探究。擅于设疑。对于学生课堂呈现出的错误和问题，教师要及时加以甄别、调控，对于共性问题教师可以及时主动示弱、设置疑问，激发学生自主探究、相互学习的积极性；搭建台阶、层层递进，让学生感受到攻克“难关”的成就感。总结提升。教师要始终牢记自己本节课的教学目标，做到心中有教案、眼中有学生。在激发学生自主探究学习的过程中，适时加以指导、提炼，总结需源于学生并高于学生，这样的课堂才是真正服务于学生、有益于学生发展的课堂。

（2）教师要学会整合。设计学习单，自主探究。对于一些课堂容量较大、结构不够明晰的文本，教师可以设计“学习单”助学。从课前的预习要求到课堂的精读提示再到重难点词句的品析、谋篇布段的结构鉴赏、课外阅读推荐拓展延伸等，帮助学生“人为”地梳理出一条明晰的主线，课堂上放手给学生自主探究，课后激发孩子们继续拓展阅读的兴趣。教师还可以由扶到放，从教师设计学习单，到学生自己设计学习单，进一步培养学生的主动学习意识和系统逻辑思维能力。泛泛而过、浮光掠影的众多小问题，不成体系、没有内在逻辑的问题，一节课看似热热闹闹，但学生很快便会遗忘、无所收获。所以，教师在备课时要深入研读教材，结合本班学生情况整合1～2个主问题，由主问题贯穿一节课，小问题做释疑台阶、补充拓展，这样目标专一、主线鲜明的课堂才能真正实现“一课一得”。

（3）教师要学会激发。课堂精练十分钟，让学生思维碰撞起来。生态课堂的关键就是让儿童成为学习的主体，并且学会学习。“十分钟精练”要求老师从学生的实际需求出发，敢于放手、舍得花时间，留给学生足够思索和探究的时空。教师要教给学生自主探究、合作交流、互动评价、创意展示的方法，引导学生结合不同的课型开展适切地课堂探究，可以质疑、对话、辩论、仿写、表演等，把课堂创设成为每个儿童个性充分张扬、潜能充分挖掘、内动力充分唤起的学习场。

（4）教师要善于激励。激励，不是廉价的表扬，而是点燃学生的学习热情、兴趣、动机、学习持续性的火种。在绿色生态课堂中，教师能根据学生的个性特点、思维水平的发展特点进行有针对性的激励，根据学生的课堂参与度进行有价值的激励，让学生在这样的激励中，感受学习的快乐，获得生命的成长。此外，教师还要更多给予学生激励性的话语，如“你真是一个敢于发现的孩子！”“我想拜你为师，你愿意把自己的想法分享给大家吗？”“我们再深入思考、探究一下，相信大家一定会有新的发现”……

通过多种形式的激发，点燃学生学习的热情，形成主动学习、乐于学习的良好学生生态。

（5）教师要懂得放手。教师除了布置常规作业外，还可以给孩子大胆设计、创新的机会。学生也可以根据自身的学习能力选择“分层”作业。学习基础比较薄弱的孩子，可以选择先完成“基础型”作业，夯实基础，再逐层提升；学习基础比较扎实、学习能力较强的孩子，可以减免部分基础类作业，选择完成“自主创新型”作业，阅读卡、做手工、彩绘泥塑、计算机编程、人工智能等。孩子们可以根据不同节日、结合时下热门的、学生喜闻乐见的话题设计特色作业。如三分钟演讲之二十四节气、我也是朗读者、见字如面、国家宝藏、我和植物的成长故事、“声临其境”英语配音大赛、校园主题绘画展、全家一起来运动……在班级营造积极进取、你追我赶的良好学习氛围，也让孩子们在作业中正确的认知自己、关注社会、关注生活，设计一些适合自己的，有提升、有创意、有个性的作业。

（三）以学校、家庭、社区、社会为路径的辐射层

除了40分钟的课堂教学外，我们还要扩大“课堂”的外延，在课堂40分钟之外继续开展贯通式学习。21世纪对复合型人才的需求不断提升，思维的开放性、审思的深刻性、表达的逻辑性、意识的创新性正是当下我们对学生培养的方向。我们以儿童为核心，关注儿童学习方式的变革，构建绿色学习生态系统。鼓励教师从两个层面着眼，设计微课程：一是“深耕”——挖掘本学科的教学元素，立足学前、学中、学后不同学习阶段，沟通课堂内外，联动家、校、社会等场域，带动学生线上线下互动式学习，实现学习生态的整体建构；二是“跨界”——不局限于单一的学科，打破学科壁垒，对不同的课程进行整合、重构、创生，各个课程由此耦合成一套完整丰满的知识体系。让学习资源更丰富，学习渠道和场域更开放，学习方法更多元，学习状态更舒展，最终指向儿童的生命成长。

除了儿童学习观和教师的角色转变，绿色学习生态校本模型也更多地纳入了同伴、家长、社区、社会等多层介质，以期更丰富、立体、多元的建构贯通式课程模型。

请大家一起欣赏脑洞大开的“便形鸟”

……最让孩子们脑洞大开的是《便形鸟》，通过多媒体视频直播教学，带领全校的学生凭借想象力编织出一个又一个关于鸟儿的奇特故事！课前，朱教授收集了大量的鸟粪图片让孩子们观察，课上要求他们先将一滩鸟粪的外形描出来，随便什么样都可以，然后想象哪里是头哪里是脚，接着上色，给鸟儿起名字，想象这只鸟儿可能遇到了哪些伙伴，会发生怎样的故事……“便形鸟”最吸引孩子们的是它的形状不可预料又千变万化，让想象插上了翅膀。同学们一边展开想象，一边在本子上描呀、画呀，一个个独特又奇妙的故事就这样诞生了……课后，孩子们还热情高涨地自发组队去寻找鸟粪，最先找到鸟粪的乐得手舞足蹈，一时间，脏脏的、被人嗤之以鼻的鸟粪成了孩子们的新宠。说实话，在这之前我们想都不敢想，孩子们竟然会对鸟粪产生那么浓厚的兴趣。

当孩子们得知朱教授的“便形鸟”在国外展出并设计成玩具的时候，他们央求朱教授把展出资料与视频带进学校一同欣赏。慢慢地，我们的孩子学会了呼吁“爱护动物、保护生命”；学会了在春暖花开的时节走进“百草园”、走进社区、走进家庭仔细观察身边的一花、一草、一木；学会了自己探寻自然生态平衡的秘密，在自然中感悟生命独特的魅力。

（节选自《小学校里的小小法布尔》　姚莉莉）

儿童的年龄层次和性格发展特征激发了他们对新鲜事物的好奇、对新型教学模式的浓厚兴趣、对全学科体验式教学的喜爱、对更广阔知识领域的渴求……教师作为“贯通式课程”的设计者、研究者、实践者，更应该“顺木之天，以致其性”，顺应孩子的发展需求，为他们的成长搭建平台，实现全领域、全学科的贯通，促进学校、教师和学生的共同发展。

二、儿童绿色学习生态的融通性

儿童绿色学习生态理念下开发的贯通式学习就是要合理利用场域，为儿童体验式学习、交互式学习搭建舞台，使得各个要素之间相互耦合、相互影响、相互作用、相互关联。

在学校多年“绿色教育”的研究与探索中，开发了《绿色视野》校本课程；新开辟了“虫子的世界”，引进专家课堂，与南京师范大学朱赢椿教授共同设计了“自然课堂”系列课程，让语文、科学、自然、美术等学科有机融会贯通。譬如上文提到的朱老师的《便形鸟》课程就首先从儿童个体诊断、调查出发，在课堂的前期准备活动中，我们基于儿童对鸟兽的已有认知，鼓励儿童利用空余时间，上网查找鸟类的相关科学知识；走访大学、图书馆或是博物馆等机构；在家庭、社区、社会等区域观察、收集学习所需要的资料。在课程呈现上，老师提供内容基础框架，适当引导，儿童借助已获取的信息进行独立思考，创作出属于自己的独一无二的作品。同时，儿童在专设的自然教室中一起学习、创作，并能随时与身边的伙伴交流分享，也可以及时从老师处得到评价，修改优化自己的作品。课堂学习结束后，儿童可将作品带回家，与家人共同赏析。在此课程中，我们从儿童个体出发，有效利用伙伴、师生以及家校关系，整合社区、学校、社会等环境资源，实现儿童个体、家长、学校、老师、社会等多层次的有机结合。

除了校内的现有场域，学校周边的场域、网络平台、App等也可以成为开展绿色贯通式课程的场域，如学校周边的侵华日军南京大屠杀遇难同胞纪念馆、云锦博物馆等。学校计划组织孩子们到云锦博物馆参观游览，可以把策划的任务交给老师和学生。通过调查问卷，了解学生对云锦博物馆有什么期待？对云锦有多少了解？在去云锦博物馆之前可以通过哪些方式提前做什

么攻略？同样，针对“云锦”这一主题，各学科老师们在孩子们游览前后有什么建议？例如，道法老师会从云锦名字的由来、云锦的制作工艺、云锦文化的现状说开去；语文老师会从与云锦有关的故事、篇章、诗句谈到中华文化的传承；美术老师会从云锦的制作工艺、框架构图、色彩搭配进行解析；英语老师鼓励孩子们充当小导游，用学到的新单词、句式为游客指引，还可自编自演趣味横生的英语短剧……孩子们可以根据自己不同的喜好和游览期待，自由分组，制定小组游览顺序和重点观察内容。在游览过程中，有的组通过拍照留下云锦的美丽，有的组通过文字介绍找寻云锦的历史足迹，有的组录下云锦制作的演化过程，有的组还购买了一方做工精美的云锦手帕……

在前面两个案例中，我们为儿童的成长重构了一个贯通式学习的场域。儿童是学习生态系统的主体，家庭、社会、实践、作业、教师、活动等都成为滋养儿童成长的要素，与此同时，儿童也对教师、对学校的文化建设产生影响，作业方式、师生关系都获得新的变化与发展。由此，一种自然的、双向的、整体的、相互滋养的学习生态系统就在游览云锦博物馆这一个片段中整体地展现了出来，让儿童受益。拓展了学习的内涵和外延，提升了学习的影响力，促进儿童的全面发展。

绿色学习生态要努力营造一种灵动的、互动的、创造的、生成的氛围。在贯通式学习中，概念的掌握、独立思考能力的形成、空间想象的构建、抽象思维的建立和发展，离不开学生积极地动手实践和操作。实践操作能化静为动，变抽象为直观，变被动接受为主动思考，易于学生形成清晰的概念和空间思维。引导学生有效利用学校周边资源，多学科融合，自主合作设计并开展主题教学和研究活动。“学科融合”是指在承认学科差异的基础上不断打破学科边界，促进学科间相互渗透、交叉的活动。学科融合既是学科发展的趋势，也是产生创新性成果的重要途径。这一概念在如今校园课程的探讨中越来越常见。

南京市凤凰花园城小学的“模联”就是这样一个为孩子们搭建的贯通式合作平台。“模联”是“模拟联合国”的简称，是模仿联合国及其相关国际机构，依据其运作方式和议事原则，围绕国际上的热点问题召开会议。学校组织四年级学生开展“模拟联合国”活动，在活动之前思考、设计了一系列培训课程，内容包括：研究小学生模拟联合国大会规程；熟悉大会流程；训练各种立场文件、公文、决议草案、修正案的写作技巧；训练各种调查研究方法；训练公开演讲、辩论、沟通与外交技巧；训练解决冲突、求同存异的能力；培训外交礼仪和代表风度；讲授国际关系基本常识和基础博弈论；加强英语口语的训练等。“模联”的准备过程实际上是一个多种学科知识整合、多种学习方式融合的过程，学生需要将语文、英语、政治、经济、历史和地理知识与大会要讨论的问题紧密结合，思考各个要素之间的联系。打破了学科间的壁垒，各个课程由此贯通、耦合成一套完整丰满的知识体系。

三、儿童绿色学习生态校本模型的动态平衡

当然，我们设想、搭建的任何生态校本模型都不可能是一成不变、四平八稳的，因为处于这个模型中心的儿童是不断成长变化的，从儿童的发展观来看，每个孩子的兴趣爱好不同、个性特征不同、心理发展的程度不同，这使我们在实践操作中不断“失衡”。那么，我们就需要不断摸索探究，让绿色学习生态校本模型始终保持从“失衡”到“平衡”，再从“平衡”到“失衡”的状态。

叶圣陶老先生曾说：“教师要真诚地认识到自己是为学生服务的，既然教师是为学生服务的，那就必须把学生当作学习的主人。”儿童绿色学习生态校本模型的建构，也倒逼教师提升“教”的艺术，以保持这个模型处于动态平衡状态。

1. 保持动态平衡的着力研究点之一：打造多样化师生关系

师生关系是学校环境中最普通、最基本的人际关系，是学习生态系统中重要的一组关系。在偏向传统与保守的学校中，普遍存在的师生关系表现为“权威型”，教师代表着高高在上的知识权威。

立足师生关系的现状，我们在研究中提倡以“关爱”为主旋律的师生关系，发展同伴式、朋友式、导师式等多元化、多样化的师生关系，符合儿童心理发展的需要。在学校场域中，教学关系是师生关系的核心。我们将研究的着力点聚焦于课堂教学中的师生关系重构，提出“对话课堂”的研究，通过鼓励性对话、启发性对话、赏识性对话、等待性对话等方式，打造民主平等、爱生尊师、心理相融和教学相长的师生关系。在课堂不同情境的对话中，师生演绎丰富的角色，建构起多样化的师生关系。

2. 保持动态平衡的着力研究点之二：搭建教师学习共同体

教师是学习生态系统的重要的生态因素，教师与教师之间的关系对绿色学习生态的建构起到推动作用。在日常教育教学工作中，任课教师为了更好地了解学生的兴趣和特点，需要与班主任沟通；新教师为了更快地积累教学经验，需要向优秀教师请教；集体备课、教研活动也是师师交流的常规场域。师师关系的研究让教师既可以得到心理上的支持，也可以相互借鉴、汲取教学经验和教学智慧，使彼此的思维得到扩充，完善认知结构，提高教学技能。

我校以“搭建教师学习共同体”来实现师师关系重构，注重团队精神的培养，让教师在团队中从“对立者”与“分离者”走向“合作者”与“共同体”，营造出良好的学习氛围，促进教师专业高效发展。

3. 保持动态平衡的着力研究点之三：构建和谐的生生关系

生生关系直接影响到学生在学校的生活与学习，生生关系不和谐会引发各种问题，如误解、冲突、妒忌等，甚至有可能导致学生厌恶学校和班集体。生生关系是校园中重要的人际关系之一，是儿童学习生态系统中重要的一条关系链。

4. 保持动态平衡的着力研究点之四：建设互动性家校关系

现有的家校关系普遍存在家校地位不平等，家庭教育总处于被动的现状。然而大量的实践证明家庭教育与学校教育、社会教育的密切结合是对青少年学生进行思想教育和减轻学生课业负担的有效途径，所以，“绿色学习生态”的关系链中，家庭和学校的关系必须受到重视。

立足家校关系的时代发展趋势，我校提出了“互动性”家校关系打造的方向，通过家校合力共促教育的发展。

在家校关系重构的过程中还要考虑学生与社区的关系。社区是小学生接触最直接、最能具体感知的生动形象的“社会”，社区生活蕴含着丰富的教育资源，这些资源对小学生优秀道德品质的形成起到了事半功倍之效。在我校办学特色的引领下，发掘社区资源，将课堂带进社区，把社区资源请进校园，逐步建立起学校与社区的合作关系。

四、儿童绿色学习生态校本模型的生长性

儿童也好，生态校本模型也好，都是在儿童观、学习观、课程观和发展观的理念滋润下不断成长的，同时这四个理念也在我们的实践和研究中不断得到丰盈，一切为了儿童的发展、为了儿童更好地发展。让学生站在课堂的正中央，成为课堂的主人，实现对孩子生命的关照，也促使儿童绿色学习生态实践样态的不断成长、完善，最终更好地促进儿童生命的成长！

（一）促进儿童合作能力的成长

南京市凤凰花园城小学儿童绿色学习生态校本模型中的“学习观”鼓励教师以“学习型合作小组”的合作探究模式代替老师的单向灌输式知识传授，让孩子在贯通式学习中打开思维、各展所长、寻找自身价值。

古人曾说：“独学而无友，则孤陋而寡闻。”儿童成长需要同伴互助、群体交流，孩子们各有所长，所以贯通式学习正是他们取长补短、扬长避短，展开有效合作与良性竞争、推动思考深入的最佳路径，师生之间、生生之间有效互动，就能收到“1＋1＞2”的效果。同时，有效的交流可增进人际情感联系，有利于“学习共同体”的形成。

（二）促进儿童质疑能力的成长

周彬教授说：“教师要有深度思维，简而言之，就是教师要设计高阶思维问题，从而引发学生的深度思维。”质疑能力就是深度思维的体现，贯通式学习十分关注儿童的质疑能力。

（1）质疑的习惯要培养。预习作业中要有明确的要求。对于学

生的质疑，教师一定要关照，不能“置疑”。

(2) 质疑的能力要培养。教师有意识地甄别和梳理学生质疑的过程，将不断提升学生自主质疑的质量。

(3) 质疑的品质要培养。学生要带着问题走进课堂、深入学习，还要带着新的问题走出课堂、自我完善，从质疑到质疑。

在动态的课堂学习、探究交流过程中，学生可以随时向同学、老师提出质疑和最佳解决路径，在交流和讨论中实现思维碰撞、方法互补、多元学习、高效提升，进而在第一时间搬掉学习和思考中的“拦路虎”。

(三) 促进儿童多元思维能力的成长

引导学生通过贯通式课程的设计、参与、思考、感悟、体验、联想等，培养思维的独特性、多元性、发散性；引导学生学会自主绘制思维导图，结构图或解决问题的程序、方法、步骤等，可以教会学生如何思考、如何解决问题的程序性知识。如结合2020年肆虐全球的新冠疫情报道和时政要闻，各学科组开展与之相关的贯通式学习。语文学科开展《我心目中的“明星”》阅读交流分享会；数学学科用大数据说话，开展“用数字说抗疫”；美术学科用画笔描绘身边让人感动的战“疫”英雄；体育学科开展“强身健体，科学抗疫”活动……各组积极开展相关的学科活动，让学生收获不一样的成长与感动。

(四) 促进儿童和教师课程开发能力的成长

新课程标准的最高宗旨和核心理念是“一切为了每个学生的发展”，而“发展”却是一个动态的生成过程，在这个过程中会有很多不确定因素和无法预见的情景，也就会产生许多生成性问题。绿色生态理念下的贯通式课程，就是为了展现学生的参与状态、思维灵活性和巧妙转变以及生成课程学习资源的能力，这正是绿色生态理念的基本特征。

在“绿色教育”的引领下，近年来学校打开国际视野，与多个国家的教育部门、学校建立友好关系。通过对外交流让老师、学生丰富对教育的理解，在交流中获得成长。我校对外交流的课程也逐渐成熟起来，同时成为推动我校绿色教育的特色抓手。以接待远道而来的新加坡、芬兰、美国访学团队为例，我们初步设计了具有中国传统文化意蕴的“贯通式”学习课程，如中国传统文化课程：由中国的孩子做“小老师”，给外国学生介绍中国的传统节日、二十四节气、金陵四十八景等，训练孩子用最简洁、最有特色、最易让西方孩子接受的语言介绍自己国家的传统文化特色。让外国的孩子和中国的孩子一起剪纸、做花灯、编织中国节，走访云锦博物馆、南京博物院等，了解中华传统民俗文化。中国民间体育课程：中国的孩子可以手把手教外国的孩子抖空竹、滚铁环、踢毽子、跳长绳等，外国的孩子可以和中国的孩子一起玩他们的传统运动项目，如踢足球、打篮球、打冰球等。中西美育课程：对比欣赏、解析中西方绘画、建筑、雕塑、音乐等方面的异同，从视觉、听觉、触觉等多方面拓展儿童的国际视野，提升审美品位，孩子们一起学习茶道、插画、捏面人、画京剧脸谱，等等。在这些传统文化课程的学习过程中，让儿童体验不同的学习方式。特别的学习内容、来自不同国家的学习伙伴、不一样的老师等，让儿童感受跨时空、跨国界的学习场域，获得成长。

贯通式写作课程，就是打通学科壁垒，让孩子们充分展示自己的语言表达才华，在绿色语文教学视野下根据学生身心发展的规律，从诱发学生的真情童趣入手，注重学生的情感体验，注重读写感悟结合，力求内容新颖别致，表现方式自由多元，提升高雅情趣，讲究实际效能，激发孩子们

学习热情的一种写作课程教学模式。孩子们除了用语言文字表达以外，还可以“八仙过海、各显神通”——有的孩子用超轻黏土展示自己喜欢的美食，有的孩子用示意图展示自己制作美食的过程，有的孩子用手抄报介绍自己家乡的菜系，还有的甚至用 VCR 自己做一回“双语美食主播”……在写作课程中融入美术绘画、信息制作、中英文口语表达等多种展示形式，从单一到丰富、从平面到立体，孩子们学科共融、各展所长，全面提升综合学科素养！

贯通式写作课程，既要细致也要宏观，既要进行细腻的慢动作描摹，也要唤醒读者心中的生活体验和情感表达需求。尊重儿童、理解儿童，以儿童现有的经验为起点，敏锐地捕捉并帮助儿童确定学习的兴趣点，设计和完善教师的贯通式写作课程，从而让学生不再惧怕写作，反而更有参与评价、反思提升、自主修改、积极展示的学习热情，最终达到学生善于品析、乐于反思、有效修改的写作课程教学目的。

（节选自《贯通式写作教学课程》　许雯）

（五）多元评价手段促进学校、家庭、社会的共同成长

围绕影响绿色学习生态的各种要素，学校科研与教学部门联合研制了《绿色课堂评价表》。评价表的制定从课题的研究核心——儿童出发，致力于学习方式的转变，从课堂教学的四个维度入手开展评价。查阅各种文献报告，为每一个维度制定了科学、规范的评价标准描述。变传统教育中教师把持“生杀予夺”大权为让学生自己成为评价的主体之一。重视学习过程和日常学习表现，可以学生自评、小组同伴评、家长评等；重视多门学科综合评价及长时间的评价，让每个孩子都能享受到被认可的快乐。

全面展示、多元评价，教师不要把孩子的展示局限于学科作业展示这个狭小的空间，要鼓励孩子多元展示自己的特长和课内外学习成果，为每个乐于展示的“凤凰小绿娃”搭建展示自我的平台！同时，融入学校、家庭、社区、社会等多元评价场景，让孩子得到更客观、更全面、更综合性的评价，也促进教师、家庭、社会大众对学生学习生活的关注和共同成长。

语文学科组的“微型百家讲坛”是个深受学生喜欢的课前演讲活动。主讲学生可以借助网络学习资源链、共享资料库、喜好兴趣等对全班同学进行专题“微型百家讲坛”，内容不限、形式自选，人气高涨的主题还可以进行“系列讲坛”。孩子们根据自己的喜好、兴趣，自由选择、恣意发挥，有介绍围棋历史的、有讲述“中医遇见西医”的、有摄影爱好者介绍拍摄技巧的、有小提琴爱好者介绍弦乐器的、有跆拳道黑带介绍这一奥运项目的……有的孩子现场露一手、弹一段、跳一曲、踢一场、演一角，孩子们各个神采飞扬、兴致盎然。每日的“微型百家讲坛”平台，让孩子们各展所长，汲取更多元的知识养分。此外，还有“我型我秀”音乐节、“我的节日我做主”才艺秀、今天我做“小老师”、“奇思妙想”科技节……QQ群中直播、家长投票参评、微博图文分享、电台追踪播报，全面展示、多元评价，让每个孩子感受学习的快乐、成长的快慰和来自老师、同伴的掌声！在自信和快乐中享受学习的乐趣！

在班刊《青桐》后填写“推荐赏析”，这正是孩子们和家长、老师积极参与评价的重要途径。学生和家长投票选出的“妙笔生花人气奖”令孩子们无比期待，而大家精心撰写赏析推荐也是提升孩子们审美情趣和鉴赏能力的有效途径。以“中华美食”类赏析推荐为例：

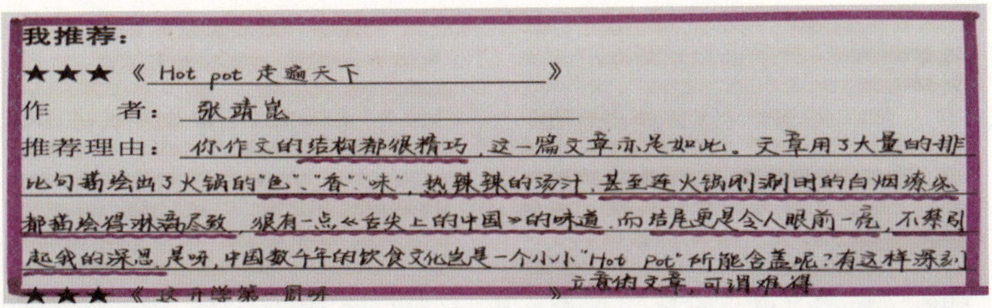

我推荐：

★★★《Hot pot 走遍天下》

作　　者：张靖崑

推荐理由：你作文的结构都很精巧，这一篇文章亦是如此。文章用了大量的排比句描绘出了火锅的"色"、"香"、"味"，热辣辣的汤汁，甚至连火锅刚涮时的白烟缭绕都描绘得淋漓尽致，很有一点《舌尖上的中国》的味道，而结尾更是令人眼前一亮，不禁引起我的深思，是呀，中国数千年的饮食文化岂是一个小小"Hot Pot"所能含盖呢？有这样深刻立意的文章，可谓难得

★★★《这开学第一周呀》

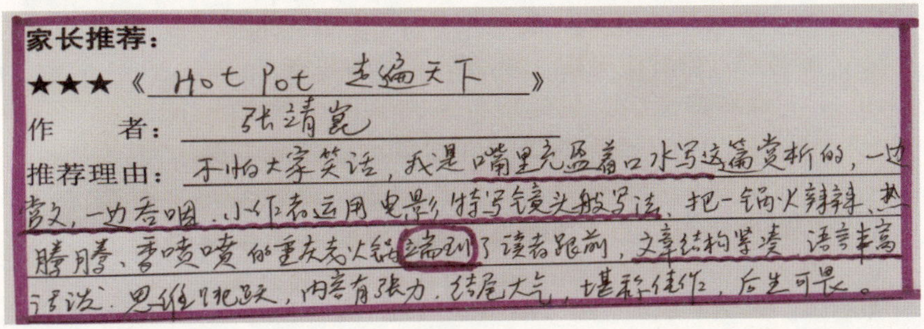

家长推荐：

★★★《Hot Pot 走遍天下》

作　　者：张靖崑

推荐理由：不怕大家笑话，我是嘴里充盈着口水写这篇赏析的，一边赏文，一边吞咽。小作者运用电影特写镜头般写法，把一锅火辣辣、热腾腾、香喷喷的重庆老火锅端到了读者跟前，文章结构紧凑，语言丰富活泼。思维跳跃，内容有张力，结尾大气，堪称佳作，后生可畏。

火辣辣的，红彤彤的，像火一样，它炙烤着你，迷人的麻，醉人的香，翻滚着的红汤，给人泼辣的感觉和难舍的回味。眼前的一锅红汤，在灯光下闪着诱人的光。这是一锅有层次的汤，底料千锤百炼，正宗的牛油，让锅底变得醇厚起来；郫县的豆瓣，上色提香两不误；辣椒、海椒和花椒，中国本土和外来调味品搭配得如此默契……每家都有自己的独门秘籍，色香味俱全。异香，密密地交织缠绕，将你包围了。

——学生习作《hot pot 走遍天下》节选

这样的贯通式写作课程，不仅仅有学生之间的美文互评，还有家长的倾情推荐、任课老师的专业举荐……孩子们都满心期待自己推荐的文章能在全班朗读，入选者也渴望听到别人对自己习作的评价和建议，推荐者和被推荐者还可以现场互动对话，孩子们思得深刻、议得热烈、评得中肯。学生赏析推荐的同时，教师还可以适时从"语言文字""文章结构""写作立意""文字风格"等多种赏析角度对学生的评价进行指导、提升。这样平等、互动、和谐的写作课程怎能不受孩子的喜爱呢？

（节选自《贯通式写作教学课程》　许雯）

第四节　儿童绿色学习生态校本模型的抓手

随着绿色学习生态研究的深入，我们一直在积极探寻儿童绿色学习生态校本模型的实践路径，贯通式课程已然成为实践研究的“主抓手”。这个“主抓手”逐步成为一个能够体现校本特色的、有内在逻辑的、系统的“绿色生态育人体系”。

一、围绕儿童发展目标，设计贯通式课程

贯通式课程需要课程作为支撑，课程是实现儿童绿色学习生态校本模型的奠基石。为此，南京市凤凰花园城小学围绕绿色生态教育理念和儿童核心素养培养目标，聚焦创新思维贯通式培养的多元协同，对课程进行整体规划，研发了一系列特色鲜明的课程。

1. 基础课程

高标准落实国家课程标准，适度重组、延伸与综合，提升学生学习能力。课程教学灵活多样，注重理论联系实际，以促成学生个性化成长。

案例：作文教学，让学生在习作中快乐感受生活（熊琼老师）

把生活搬进课堂

小学作文从中年级开始要求学生做到“留心周围事物，养成勤于观察思考、乐于动笔的习惯。能不拘形式、自由地把自己的见闻和想象写出来，内容具体，感情真实，语句通顺，有一定条理”。观察是积累写作材料的重要途径；观察是引发写作欲望的动因；观察能增强文章的表现力。正如赫伯特·斯宾塞所说：“如果一个人要在写作上有所发展，就应该仔细观察、细心体会周围的人、事、物。”

在具体的教学中，要结合学生的实际情况循序渐进地开展，切勿急于求成或者着急抱怨，这样会使学生们受到打击而积极性下降。教师可结合需要学习的内容对于学生进行细致的引导，鼓励学生注意细节的观察。为了使学生们有话可说，可以引导学生先说一说自己看到了什么，谈一谈自己的感受和认识，引导学生动手、动脑。这样，调动多种感官来观察，唤醒体验，让作文成为学生交流表达的内在需要。把生活带进课堂，抓住小练笔、初试身

手等训练，可以增强练写的密度，让写作成为一种习惯。

在家里，有与家人在一起生活的场景；在学校，有课内的学习活动，有课间跟同学一起游戏的活动，有学校、班级组织的各种丰富多彩的活动，还有兴趣小组活动等；在社会上，有市场的繁荣、家乡的变化，还有美丽的自然风光等。这些鲜活的材料，都可以成为学生习作的源头活水。但是，学生要丰富写作材料，必须借助于对周围事物的仔细观察，把自己看到的、听到的、想到的或亲身经历的随时记录下来。教师要做个有心人，带领学生去发现周围的事物。例如，一场突如其来的大雨，老师以大雨为契机，让学生讨论有哪些可写的素材，学生各抒己见：雨前、雨中、雨后的天气变化；低年级小朋友在雨中嬉戏的场景；家长接送孩子的情景；在雨中驾乘各种交通工具的人的表现；雨中小贩的情况……在交流讨论中，学生明白了写作的素材有很多，关键是我们要认真去发现、揣摩。

习作就是生活的文字化。学生之所以怕写作文，很大原因就是对生活不够留心，哪怕是精彩的事情也是一晃而过，丝毫没有想要记住的观念。其实，生活中发生的事情便是孩子们习作最好的素材，引导学生在熟悉的生活中提炼出有趣的事情是习作的关键，于是观察便是重中之重了。袁微子先生指出："作文要有内容，内容的主要来源是平时所见所闻。而所见所闻都有赖于观察。"因此，教师应创设条件，去引导学生通过观察来培养他们的习作兴趣。

部编版四年级上册第二单元的习作就是写一篇观察日记，而该单元的口语交际是体验观察的乐趣，于是，我决定给学生安排一次趣味观察的体验活动。为了装饰我的办公桌，一开学我就买了一盆盆栽放在办公桌上，它很特别，半个西瓜形状的花盆里种着仙人掌，红绿搭配显得十分可爱。我端着它走进了教室，一看到这个特别的盆栽，孩子们一下子就兴奋起来了。

"你们觉得这个盆栽好看吗？特别吗？"我直接进入主题。学生们异口同声地回答："特别！"趁着学生们的注意力都集中到了盆栽上，我紧接着提出了本节课的目标和要求：仿照学过的写景文章，写一写你所看到的，写生动、写形象。

我把盆栽用投影仪呈现出来，学生就开始动笔写了。我发现，这一次的课堂小练笔比之前的效果要好很多，学生的参与度也明显提高了。从之后上交的作业来看，小练笔的质量是出乎意料的好，学生不仅能按一定的顺序进行观察，还能使用一些修辞手法，使得描写生动形象了不少。这次的意外收获，使我明白了只要培养学生的观察兴趣，写出来的习作往往能带来意想不到的惊喜。

2. 拓展课程

拓展课程分为学科能力拓展类课程与综合素质拓展类课程，每类课程又分属语言和文学学习、数学学习、自然科学学习、社会科学学习、技术学习、艺术学习、体育与健身学习等领域。南京市凤凰花园城小学积极设置各领域的拓展型课程，组建不同的学习模块，以满足学生发展的个性化需求，进一步提升学生的综合能力与核心素养。

我校以培养儿童的综合素质为宗旨，聚焦社会热点，整合家长和社会资源，开展以社团和假日小队为组织形式的学生自主研究社会实践课程。学生们经过前期讨论、调研，根据社会热点，确立研究主题，利用假期走上街头，向不同人群进行调查采访；深入工厂、商场，充当各类志愿者；走进特殊场馆、实验室，在专业老师的指导下，与“前沿科技”面对面。在指导老师的帮助下，小组团结协作，顺利完成研究主题的策划设计、材料准备、过程实施、成果总结。通过自主课题研究，学生学会了新知识、增长了技能，锻炼了动手能力，培养了良好的习惯和品质。

3. 校本课程

南京市凤凰花园城小学组建了科任老师、全体管理人员、部分家长为主体的学生贯通式学习指导团队，从学校层面多次进行校内调度、校外调研，不断深挖校本资源，深探儿童特征，加强家校联动，整合教育资源，不断激发学生贯通式学习的内生动力。

作为绿色学校，南京市凤凰花园城小学一直以环保教育作为校本研究特色，研发了《绿色视野》校本课程，建设了环保科技馆，为师生开展贯通式学习提供了最基本的实践基地。

4. 研学课程

贯通式学习不仅需要从内部捕捉教育信息，还需要向外部引进教育资源，了解并引入国内国外的先进教育理念和先进教育方法，如此不仅可以提升课堂教学质量，还可以进一步推动贯通式学习。随着国际交流的增多，近几年，南京市凤凰花园城小学开设了境外研学课程。

缤“芬”多彩——2019 年芬兰友好学校研学课程简表

时间	城市	研学内容
8.21 周三	南京—赫尔辛基	1. 上午 9：35 乘坐 AY106 航班飞赴赫尔辛基，当地时间 14：10 抵达赫尔辛基 2. 赫尔辛基市区文化艺术项目学习（赫尔辛基大教堂、岩石教堂、西贝柳斯公园、港口、波罗的海的女儿等项目） 3. 开营活动，熟悉营地，了解“午夜阳光” 4. 完成学习手册
8.22 周四	拉赫蒂	上午：走进芬兰友好学校，和芬兰伙伴一起上课、学习 下午：1. 研学课程——学习芬兰历史、地理等知识；2. 徒步走访拉赫蒂市主要文化地标 傍晚：研学课程——旱地冰球 晚上：1. 研学会议；2. 英文原版阅读；3. 完成学习手册
8.23 周五	拉赫蒂	上午：走进芬兰友好学校，和芬兰伙伴一起上课、学习 下午：1. 研学课程——森林徒步；参观蚁穴和河狸的家；2. 研学课程——学习芬兰环境保护、垃圾分类等知识 傍晚：研学课程——皮划艇 晚上：1. 研学会议；2. 英文原版阅读；3. 完成学习手册
8.24 周六	拉赫蒂	上午：1. 参观伴侣岛露天博物馆；2. 赫尔辛基科学探索之旅，科技馆景观 下午：参观波尔沃小镇 傍晚：蓝莓采摘 &BBQ 晚上：1. 研学会议；2. 英文原版阅读；3. 完成学习手册
8.25 周日	拉赫蒂	白天：参观芬兰第二大湖泊 VESIJARVI、鸟岛、世界最先进的循环经济处理厂等环境教育项目等 傍晚：体验芬兰传统桑拿 晚上：1. 研学会议；2. 英文原版阅读；3. 完成学习手册
8.26 周一	拉赫蒂	上午：走进芬兰友好学校，和芬兰伙伴一起上课、学习 下午：结营仪式 晚上：乘坐游轮前往瑞典，途中游轮上观看海上日落

续表

时间	城市	研学内容
8.27 周二	斯德哥尔摩（瑞典）	白天：瑞典文化艺术项目学习——斯德哥尔摩老城、峡湾街、皇宫、市政厅、斯德哥尔摩国家博物馆等 晚上：1. 研学会议；2. 完成学习手册
8.28 周三	斯德哥尔摩（瑞典）	白天：瑞典皇家科学院、诺贝尔博物馆、沉船博物馆、皇后岛 晚上：乘坐游轮返回赫尔辛基
8.29 周四	赫尔辛基—南京	清晨：游轮上观看海上日出 白天：芬兰堡项目研究；走进赫尔辛基图书馆开展阅读活动 傍晚：17：55 乘坐 AY105 航班返回南京
8.30 周五	南京	早晨 7：30 抵达禄口机场

说明：具体行程以出行说明会公布为准。

从国家课程、校本课程到拓展课程、研学课程，通过横向、纵向的衔接贯通，有宏观、有微观，也有操作的策略和方法，能够使学生获得在信息时代所需要的动手、动脑、协作探究的能力，搭建一个适合他们发展的平台。

二、聚焦绿色课堂，实施多元化教学

课堂是课程实施的阵地，南京市凤凰花园城小学多年来着力打造绿色课堂，目前，学校的绿色课堂已经是具备良好学习生态的课堂，是联系的课堂、发展的课堂、和谐的课堂。绿色课堂是儿童绿色学习生态校本模型顺利开展的保障。

1. 学习时空实现跨越

绿色课堂的教学场域从教室走进实验室，走向校园，延伸至自然、社会，实现了教学场域的贯穿。课堂的时间也不仅仅是一节课，而是一系列相辅相成的设计。学生的学习不仅仅是一个个孤立的学年段，而是通过课程链循序渐进交互式的开展，实现突破时空约束的“开放式学习”。

2. 教学方法多元互动

绿色课堂以贴近生活、实用性、具体性及可操作性为原则。教师在授课过程中不完全以传递知识为目的，更关注解决学生在学习过程中遇到的问题，并将它设计成具体的问题，通过学生之间的互动来解决他们学习过程中遇到的问题。课堂上依托多种技术手段，创设情境，展示学习内容，以其丰富的色彩、多变的形式、动听的音乐、有趣的图片渲染学习氛围，吸引儿童目光，提高他们的课堂注意力，帮助他们加深对所学内容的理解和认识，帮助他们掌握知识和技能。绿色课堂不仅着力于让课堂内容变得有画面、有声音、有感受、有体会，让儿童在多彩的画面中、丰富的教学情境中、有趣的学习氛围中进一步提高学习的兴趣；更着力于丰富儿童的想象力，开发他们的思维，提高他们的观察能力和审美情趣。

3. 师生关系相互促进

绿色课堂的师生关系是民主、平等的，教师的教学行为和儿童的学习行为是相互连接的。课堂上，老师是学生的朋友，老师不再是讲台前高高在上的形象，而是可以和儿童一起趴在地上观察鸟粪的学习伙伴。这种朋友式的帮助型师生关系更融洽，老师更能了解儿童的心理特点，儿童更能接受老师的教育。让教育教学发挥出真正的含义，让儿童拥有自由生长的机会，实现立德树人。

4. 科技力量助力课堂

绿色课堂必须引入科技的力量，不仅仅是多媒体和平板电脑的运用，还体现在依托更多的信息技术手段，创设更多的教学方式，帮助儿童在丰富的教学环境中获得更多的知识和技能。如利用儿童编程玩具，寓教于乐的同时培养儿童的动手能力，开拓他们的想象力和创造力；同时还可以将 AR 互联网技术引入课堂，利用 AR 语言、科学、艺术、健康、社会等五大课程，带领儿童进入一个全新的世界，吸引儿童主动参与互动，主动训练语言习惯和逻辑思维，激发儿童的创新能力和想象力，以趣味的形式巧妙的融合五大领域的丰富内容，让儿童全面发展所有领域的能力。

5. 学习方式发生转变

在绿色课堂中，学生的学习方式发生了转变，从传统的“听、记、答”逐步走向“自主探究与需求合作”。学生能够充分发挥个体主观能动性进行创新性学习，在学习过程中呈现自主、主动、创新相互依存的三个层次。学生一旦发生了自主行为，就可以在学习中的任意时间点，自学生疑、合作质疑、归纳释疑、巩固扩展。能主动规划和安排自己的学习，具有捕捉信息、敏锐感受和理解的能力；能根据需求进行分类整理；能参与集体学习，和小组成员相互协作、相互交流、取长补短。这种贯穿于学习中的自主学习行为将是贯穿儿童终身的能力。

案例：“叠”出来的精彩（汪霞老师）

假期中，老师尝试了多种生活和书本相结合的方式进行线上教学指导，带动了学生的学习积极性，同时锻炼了他们的生活技能，增进了学生和家长之间的互相了解。以围绕叠被子展开的一系列活动为例。

一、享受“叠”的快乐

劳动是最有滋味的事。相比较一动不动待在屏幕前上网课，叠被子可有趣多了。虽然当天的线上讨论还未开始，有家长已经迫不及待地把孩子叠被子的成果晒到了班级群里。活动之前和家长约定好：孩子只能向家长寻求口头帮助，家长不可参与。家长也乐得看孩子们的“表演”，看他们的照片：有的被子鼓鼓的，像个小面包；有的被子上面摞上了枕头，被压得扁扁的；还有几位同学的被子、床单一点褶皱都没有，引来其他同学的赞叹。讨论时，同学们对同伴叠被子的情况进行点评，既有指出问题的，也有表达欣赏的。最后，进行线上投票：你认为谁的被子叠得最棒？果然，那几个方方正正的“豆腐块”赢得了最高票。这几位同学被老师点名要求发表获奖感言时，他们竟如某颁奖典礼获奖的明星般，表达对大家的感谢，甚至自我谦虚起来，怕不是在屏幕后害羞了呢！家长似乎也非常骄傲，有一位获得“最佳床铺奖”的同学的家长告诉大家，孩子平时在家就很注重房间整理，平时就有这样的习惯，所以老师的任务布置下来时，孩子觉得很轻松。看，习惯多重要！

二、探索“叠”的奥秘

有了上次的评选，孩子们做家务的热情十分高涨。老师再次提出叠被子的要求，不过这次提高难度——和解放军叔叔比赛叠“豆腐块”。完成任务时，大家要关注自己的动作。想把一个个软塌塌的被子都叠成豆腐块可不容易，可能连家长都爱莫能助。孩子们却有的是方法！有的运用信息课上学到的知识，向“百度”求助；还有的要起小聪明，把硬壳书放在被子里，“偷偷”把被子撑起来。总之，真是八仙过海，各显神通。

线上讨论时，同学们关注到了动作：掸、铺平、对折、掖角、塞、抖……看来为了叠出豆腐块，大家可费了不少功夫。接下来，同学们用学过的流程图把自己用到的这些动作依次写出来。这些动作又是怎么完成的？是轻轻的、用力的？还是仔细的？很多孩子有了实际体验，有了充分讨论，有了方法指导，纷纷拿起笔写下自己的感受。很快有学生把写好的稿子发到群里。虽然还有各种各样的小问题，老师提出后，同学们立刻再次修改。整个过程非常高效。

案例中，学生对于老师预设的任务，充分发挥了自主学习性，向“百度”求助、向家长请教、结队讨论，伙伴间虽不能见面，却能发挥网络的作用进行线上讨论，主动将自己的学习过程记录下来并进行展示，体现了学生对自主学习习得后的满足感和成就感。同时，在这一过程中，学生很好地与家人、与老师、与伙伴、与互联网发生了互通，这正是绿色学习生态的体现。

三、教师共同体建设，贯穿儿童发展全阶段

教师作为绿色生态模型中的重要因子，建设教师共同体是促进教师“贯通”培养能力提升的有益尝试。在教师共同体中，教师可以围绕教育生活及专业发展过程中的种种问题展开探讨和研究，合作完成教学研究与教学实践工作。通过年级组教育教学共同体、教研组教学研究共同体及全校校本研修共同体的建设，每一位教师对学校“贯通”培养理念在教育教学中的具体内涵与要求有了更准确的把握，每一位教师都在向着反思性实践者、教学研究合一的专业工作者、教学团队合作者的方向努力，在实现自身全面而自由发展的同时，也促进了儿童绿色学习生态校本模型愿景的实现。

打通不同学段、学科知识间的阻隔，在不同学科、不同学段间建立联系是“贯通”培养在日常教育教学中落地的关键切入点。学校利用自身的学制优势，要求各学科在分段组织校本教研的基础上，定期进行所有学段教师共同参与的主题教研活动，以问题为驱动，促使教师在深入研究课程标准、教材的基础上，开发更为丰富、可选择的课程资源，并通过研讨会的形式呈现各学科的研究过程与成果，引导教师在研究中思考，在思考中成长。

案例：我们的节日之“粽情端午”（段婷婷老师）

“粽包分两髻，艾束著危冠。”“碧艾香蒲处处忙。谁家儿共女，庆端阳。”端午节，中华民族古老的传统文化节日之一，2009年入选世界“人类非物质文化遗产代表作名录”，成为中国首个入选世界非遗的节日。

一直以来，我们学校的德育活动以中国传统文化节日为载体，研发了一系列“我们的节日”活动课程。作为纪念爱国诗人屈原的端午节，是将中华民族的气节教育、节气文化和学校特色文化紧密结合在一起，培养学生的民族自信心和自豪感最好不过的时机。

那么，过端午、品端午、议端午，仅仅是班主任用一节队活动课放放幻灯片吗？学习是不限时间的，感悟是不分场地的，教室的空间有限，但学习的场域无边。真正的学习应发生在更广阔的天地里，活动给孩子们带去的收获应该在一生中受用。我们打破了一节队会课的壁垒，把活动的触角延伸进了不同的课堂……

一、自己找一找，端午知识初了解

五月初五端午前夕，孩子们的信息课变得格外热闹。无论是低年级的小豆豆还是高年级的大孩子，一双双小手在键盘上熟练地输入着各类搜索引擎网址和关键字“端午节”。“老师，我找到了端午节的由来!”“老师，端午节的习俗可真多。”“老师，古人对待端午节很重视呢!”“老师，原来韩国人也过端午节啊”……信息老师让孩子们用自己学习过的电脑操作技能，通过网络找一找、看一看，对端午节有了一个初步的认识。

二、经典读一读，端午诗歌细品析

接下来一周的晨读和语文课的课前十分钟，语文老师们带着孩子们一起探讨什么叫作“轻汗微微透碧纨，明朝端午浴芳兰”，感受“屈子冤魂终古在，楚乡遗俗至今留”的悲壮，揣摩文天祥写下《端午即事》时的心境……一首首端午诗歌的诵读、赏析，从古代文人遗留下来的诗句中，孩子们对中国传统文化添了份喜爱，对端午多了些了解。

三、手工做一做，另类粽子我来包

与此同时，美术老师组织同学们进行了“粽情端午”手工作品大赛。同学们将端午节的几种传统元素，加上自己的创意和想象，融入一些现代的元素，制作出了各种有趣的手工作品：有的用粽子叶制作出惟妙惟肖的龙舟造型，有的在鸭蛋上发挥自己的想象创作了鸭蛋画，有的用彩纸编制了艺术粽子。孩子们走出教室，把丰富多彩的作品挂在校园的走廊上，系在教室的窗户上，摆放在校园大厅的展台上，把端午前夕的校园装扮得让人眼前一亮，处处都洋溢着幸福、祥和的节日气氛。

四、收获谈一谈，民族自豪我来说

端午节当天，孩子们上了一节特殊的队活动课，课堂上的主角不是班主任老师，而是孩子们自己。他们把活动中的感悟、收获，利用手抄报、作文或者幻灯片的形式和小伙伴们分享，让大家明白端午节不只是粽子节、龙舟节，更是民族节、爱国情。

五、校外走一走，合家欢乐过端午

除了在校园里的活动，老师们向爸爸妈妈们发出了倡议：端午节，带着孩子在家里一起包粽子、煮粽子；去菜场逛逛，认一认艾叶、蒲草；带孩子去莫愁湖公园看看龙舟赛……

德育活动不是一次说教，不是一节队会，不是一个点，它是很多的点，串成线，连成面，在这样一系列的活动中，我们跳转了信息、语文、美术、队会课堂，连接了学校和家庭。儿童是活动的主体，在我们为其搭建的各种平台上，多方面、多渠道的进行感知和获得。“五月五日午，赠我一枝艾。”我们将用这种贯通式的活动课程润物细无声地赠给孩子们受益终生的品性和能力。

以上案例中最显著的特点就是通过一个共同的主题，打破了学段和学科之间的壁垒，不同领域的教师们共情共力。学科贯通、学段贯通、场域贯通、方法贯通，教师互助合作是达成贯通式课程的标志和灵魂。通过贯通式课程，真正把课程中各要素结合起来，使教师能够真正地理解自己在课程中的角色和课程的意义，在不同主题课程中，各学段、各学科教师共同商讨，制定方案，找准本学科的定位和作用，实施正确有效地观察与干预，准确地把握儿童在各个层面的实际情况，全面地分析儿童不同阶段的需要，自上而下地把握儿童的总体表现，推动干预的有效性和及时性。在实施阶段，不同领域的教师要有目的、有重点地观察本领域活动中孩子的状态，并能及时和其他领域教师沟通，及时调整方案计划。

参考文献：

[1] 傅松涛，张扬．论教育资源的深度开发［J］．河北师范大学学报（教育科学版），1998，1（1）：60-66.

[2] 张庆守．实践教育的历史反思与现行改革研究［D］．福州：福建师范大学，2009.

[3] 彭漪涟，马钦荣．逻辑学大辞典［M］．上海：上海辞书出版社，2004：356.

[4] 梅杰松．体验式教学模式在小学品德课上的应用初探［J］．新课程·上旬，2015（6）：362.

第三章

儿童贯通式学习的概念

第一节　儿童贯通式学习的理论基础

儿童贯通式学习是在“儿童绿色学习生态的整体建构”的理念下提出的，在儿童学习生态系统中，包含儿童的个体微观学习生态，个体之间的中观学习生态以及个体与内外环境之间的宏观学习生态。贯通式学习将每一个独特个体、个体之间的多元关系及系统环境进行整体把握，通过整合各类学习资源，变革学习方式，实现儿童学习生态系统中各个要素之间的相互耦合、和谐共生，呈现出相互影响、相互作用、相互关联的样态。

在开展儿童贯通式学习的研究期间，我们研究了大量的教育学、教育心理学、复杂科学等理论，为研究提供了坚实有力的理论基础。

一、认知学习理论（Cognitive Learning Theory）

学习理论简称“学习论”，是说明人和动物学习的性质、过程和影响学习的因素的各种学说。一般分为两大理论体系：刺激—反应（S-R）理论和认知理论。刺激—反应理论一般把学习看作刺激与反应之间联结的建立或习惯的形成，认为学习是自发的“尝试与错误”（简称试误）的过程。而认知学习理论认为，学习不是在外部环境的支配下被动地形成刺激—反应联结，而是主动地在头脑内部构造认知结构；学习不是通过练习与强化形成反应习惯，而是通过顿悟与理解获得期待；有机体当前的学习依赖于他原有的认知结构和当前的刺激情境，学习受主体的预期所引导，而不受习惯所支配。

学界一般认为认知学习理论发端于格式塔心理学的顿悟说，但该理论真正形成并发展是在二十世纪六七十年代。在第二次世界大战之前，行为主义的研究范式占据着心理学的半边天，诸多心理研究局限在实验室中，行为主义的研究重点往往集中在人或者动物的外显行为，对于人的内部心理发展却鲜有涉及。二战爆发后，一系列实际问题的出现对行为主义提出了挑战，战争带来的对人的认知和决策问题是行为主义无法解决的。信息时代促进了知识经济的发展，人们对信息选择、接受、编码、存储、提取和使用的要求越来越高，行为主义更是寸步难行，这些实际的社会需要直接促使了认知学习理论的产生和发展。

经过几十年的研究和总结，认知学习理论产生了多个流派，分别是：

（1）加涅的信息加工理论。任何一个教学传播系统都是由“信源”发布“消息”，编码处理后通过“信道”进行传递，再经过译码处理，还原为“消息”，被“信宿”接收。加涅强调，学习是学习者摄取信息的一种程式，学习者自发的控制和积极预期是制约课堂教学有效性的决定因素，反馈是检验教学效果的手段。

（2）苛勒的完形—顿悟说。苛勒在对黑猩猩问题解决行为的实验研究中提出了与桑代克的尝试—错误学习理论完全对立的完形—顿悟说。他认为，真正的解决行为具有与前面发生的行为截然分开来而突然出现的特征，这就是所谓的顿悟，实质上是主体内部构建的一种心理完形。

（3）布鲁纳的认知结构学习理论。布鲁纳认为，知识的学习就是在学生的头脑中形成一定的知识结构。因此，在布鲁纳的认知结构学习理论中，学科基本知识的掌握十分重要，学科基本知识包括基本概念、原理和规律，同时布鲁纳主张学生的发现学习，即学习者独自遵循他自己特有的认知程序亲自获取知识的一切方式。

（4）奥苏伯尔的认知同化理论。奥苏伯尔学习理论的基础是同化。他认为，学习者学习新知识的过程实际上是新旧材料之间相互作用的过程，学习者必须积极寻找存在于自身原有知识结构中的能够同化新知识的停靠点，这里同化主要指的是学习者把新知识纳入已有的图式中去，从而引起图式量的变化的活动。

（5）社会学习理论。社会学习理论的提出者是班杜拉，他认为学习理论必须要研究学习者头脑中发生的反应过程，提出了“人在社会中学习”的基本观点。该理论认为儿童社会行为的习得主要是通过观察、模仿现实生活中重要人物的行为来完成的，这个过程是在个体、环境、行为三者相互作用下发生的。

（6）建构主义学习理论。近三十年来，随着计算机和网络教育的发展，建构主义学习理论应运而生。建构主义说明了学习是如何发生的、意义是如何建构的、概念是如何形成的以及理想的学习环境应包含哪些因素等。建构主义认为学习者总是以自己的经验为基础来建构现实，因此应当把学习者原有的知识经验作为新知识的生长点，引导学习者从原有的知识经验中生长出新的知识经验。

（7）人本主义学习理论。人本主义是20世纪50年代末60年代初在美国出现的一种重要的教育思潮，主要的代表人物是马斯洛、罗杰斯、凯利等。该理论认为在教学过程中，应当以学生为中心，让学生成为学习的真正主体，强调重视学生的认知、情感、兴趣、动机、潜能等内心世界的研究，尊重每个学生的独立人格，保护学生的自尊心，帮助每个学生充分挖掘自身潜能、发展个性和实现自身的价值。

在研究认知学习理论的过程中，这样一些关键语句进入我们的视线：学习者的学习以自己的经验为基础；任何学科的学习和理解总是涉及学习者原有的认知结构和自身经验；教师应当引导学习者从原有的知识经验中生长出新的知识经验；学习过程中，学习者是学习的真正主体……这些都是我们研究儿童贯通式学习课程链的理论支撑。当我们设计贯通式课程时，以儿童为主体，设计了一条一条序列，这些序列的起点都是儿童的原始经验，在这些学习序列向前发展的过程中——由初始环节到中间环节最后到高阶环节，始终以儿童为中心，包含实践、经验和身份三个要素，序列发展伴随着儿童学习意义的发生和经验的生成。比如，依托学校开展“模拟联合国”活动，我们尝试进行贯通式课程的实践。儿童根据自己的兴趣爱好选择国家，查找资料，了解他国文化，在一个月的培训中，我们尝试整合多种学科知识、融合多种学习方式，儿童自主参与模联课程，自觉走上舞台实践，小学生化身为“外交官”，同学关系成为“国家”关系，贯通式学习由此发生，儿童经验在此生长。

二、学习生态理论（Ecology of Learning）

20 世纪 70 年代以来，西方教育科学研究领域开始尝试用多学科的话语来解读教学的无尽意义，如运用现象学、解释学、文化学、社会学、生态学等学科原理、方法来阐释教学现象。其中，结合生态学的相关理论成为学界的一个研究重点和热点。生态系统的最高境界是平衡和谐，体现在生命个体与文本世界、客观环境的对话过程中，通过持续的交互作用，建立一种自然和谐、动态平衡的审美关系，即教师与学生的和谐共进，人与环境的相互应答。在世界范围内，生态学已经形成了人们认识世界的理论视野与思维方式，具有了世界观、道德观和价值观的性质，生态化已成为人类生存和发展的一种趋势。国内外许多教育学者都提出以"生态学"的视角来重新审视教育问题，分析课堂的支撑理论，并进行了许多具体的研究和探索。

1866 年，德国动物学家海克尔首次提出"生态学"。美国教育学家沃勒在其 1932 年出版的著作《教学社会学》中曾提出"课堂生态学"（ecology of classroom）的概念，这是"生态学"一词第一次在教育研究中正式运用。1966 年，英国学者阿什比在他关于英国、印度和非洲大学的比较研究中提出了"高等教育生态学"（ecology of higher education）的概念，运用生物学"遗传"的内涵对高等教育进行分析。1976 年，美国哥伦比亚大学师范学院前院长克雷明在其所著《公共教育》（*Public Education*）一书中正式提出了"教育生态学"（ecology of education）这一术语，并列专章进行探讨。1978 年 9 月，克雷明在瑞典皇家科学院庆祝斯德哥尔摩大学建校 100 周年大会上发表《教育生态学中的变革：学校和其他教育者》的演讲，进一步阐明了他的教育生态学见解。他认为，"生态学的概念是有用的，因为它强调联系"，教育生态学的方法就是"把各种教育机构与结构置于彼此联系中，以及与维持它们并受它们影响的更广泛的社会之间的联系中来加以审视"。英国学者埃格尔斯顿于 1977 年出版了《学校生态学》（*The Ecology of School*）一书，以研究教育的资源分布为主旨。在教育生态学提出的背景下，学界又将目光投向学习生态的研究。

学习生态概念的提出晚于教育生态概念，主要观点如下：

（1）生态学习观最早是由联合国教科文组织"学习无国界计划"负责人 Jan Visser 提出的。他在《Overcoming the Underdevelopment of Learning》一文中首次用生态学的视角分析学习：各种生命体与其所赖以生存的环境系统共同存在、协调进化，正如学习者和他所处的学习环境一样，学习共同体可以看作是一个学习生态系统，各种不同水平却有着共同兴趣的学习者在其中进行学习，有意识或无意识地实现意义建构。

（2）美国施乐公司副总裁、首席科学家、PARC 主任 John Seely Brown 指出，学习生态系统是由各种各样的学习共同体构成，而学习共同体又是由大量的有共同兴趣爱好的学习者组成，而这些学习者包括各个领域的显性和隐性知识丰富的专家。

（3）加拿大学者 George Siemens 对学习生态系统的描述为学习生态系统是用于培养和支撑共同体创造的环境。这个原用于园林生态的定义也可以应用于学习共同体，学习生态系统是一个与学习者学习方式始终相一致（而不是背离）的环境。

（4）清华大学张建伟博士认为，学习生态系统是指由学习共同体及其物理的和虚拟的学习环境构成的自成一体的实体。学习者生活在这样的生态圈之中，他们彼此之间，他们与教师、研究者以及其他成员和社会文化之间存在复杂的互动关系，每个人既是知识的“生产者”，也是知识的“消费者”。

南京市凤凰花园城小学在江苏省教育科学“十二五”规划课题“绿色教育理念下优化学习生态的实践研究”的研究中，通过对生态、生态系统以及生态学的相关内容进行深入探讨之后，将学习生态的概念界定为“学习生态主要研究学生学习生活的环境与氛围，它是指以学习为中心，对学习的产生、存在和发展起着制约和调控作用的多元的环境系统。它是以个体发展为主线，包括自然、文化、社会和精神等因素组成的外部环境系统及个体的生理和心理等内在的内部环境因素”。

儿童贯通式学习强调以儿童为主体，强调儿童的自主生成，整个过程一以贯之，最终实现儿童的生命生长。这其实就有学习生态理论的支撑。学校期望通过重构儿童贯通式学习的场域、开发儿童贯通式学习的社群、搭建儿童贯通式学习的平台以及构建儿童贯通式学习的课程链来重建儿童的学习生态，以开放的、辩证的、统整的态度来审视人类以往对学习理论的研究，以生态的视角看待学习。在贯通式学习理论的指引下，儿童不是消极被动地受制于其环境中的物理刺激，而是积极主动地与其学习的环境交互作用。与此同时，儿童不再是汲取、存贮和再现信息的熟练的信息加工机器，而是携有一定生命印迹的、“有情有意”的知识意义的积极建构者。

从上述分析可以看出，以学习生态理论为基础开展儿童贯通式学习的研究是很有指导意义的。

首先，儿童贯通式学习强调场域的作用，而学习生态理论就十分关注学习的物质要素。物质要素包括：教学自然要素，如教室内物体的颜色，教室的采光、温度、噪音等；教学时空要素，即科学、合理地设计教学时间的密度、节奏和效率，课堂空间的组织形式、空间密度，班级规模和座位编排方式；教学设施要素，如课堂设施包括课桌、座椅、讲台、黑板等课堂基础设施，以及现代化教学手段等课堂教学辅助设施；课堂媒体要素指教材、教具、挂图等。这些因素影响着学习者进行更加宽松的理解，影响着课堂生机的迸发，不仅可以使师生心情愉悦、精力充沛，而且还能使学生的思维活跃、参与意识增强、创新的灵感不断闪现。学习场域内的一切物质要素都会影响儿童的学习经验获得。

其次，贯通式学习重视儿童学习过程中各个要素之间的关系，学习生态理论中同样提到学习的发生需要学习者参与两方面的交互：一个是人与人之间的人际交互，另一个是人与环境之间的交互。人与人之间的关系包括单个学习者之间、学习者与助学者之间的人际交互。学习者通过与学习伙伴直接或间接、实时或非实时的交互，可以共同分享集体的智慧及经验。而学习者与助学者之间的交互，更利于助学者了解学习者的学习及其他方面的情况，以及他们在学习过程中遇到的困难，以便为其提供及时有效的帮助。正是因为各成员在共同体中自由开放地交流意见、主张、看法和情感，才使得共同体不断进步，更加充满活力。人与环境的关系，也就是学习者与学习环境之间的交互关系。学习生态理论中的两种关系也指引着我们在研究儿童贯通式学习的过程中要关注师生关系、生生关系、学生与不同场域之间的关系，让学习过程中各个要素相互耦合、相互作用，发挥最大效能。其实，古人提出的“教学相长”“独学而无友，则孤陋寡闻”的生态意蕴充分体现在贯通式学习的过程中，儿童学习旅程中的各个要素始终相互依存，共同发展。

三、系统理论（Systems Theory）

“系统”这个词语来源于古希腊语，意为部分构成整体。系统思想源远流长，但作为一门科学的系统论，则是在1932年由美国籍奥地利理论生物学家L. V. 贝塔朗菲首先提出。1968年，贝塔朗菲发表专著《一般系统理论：基础、发展和应用》，确立了系统理论的学术地位。

系统是指由若干要素以一定结构形式联结构成的具有某种功能的有机整体。在这个定义中包括了系统、要素、结构、功能四个概念，表明了要素与要素、要素与系统、系统与环境三方面的关系。系统理论的核心思想是系统的整体观念。贝塔朗菲强调，任何系统都是一个有机的整体，它不是各个部分的机械组合或简单相加，系统的整体功能是各要素在孤立状态下所没有的性质。同时他也强调系统中各要素不是孤立地存在着，每个要素在系统中都处于一定的位置，起着特定的作用。要素之间相互关联，构成了一个不可分割的整体。要素是整体中的要素，如果将要素从系统整体中割离出来，它将失去要素的作用。因此，整体性是系统理论的首要原则，要求研究者们必须从非线性作用的普遍性出发，立足于整体，通过部分之间、整体与部分之间、系统与环境之间的复杂的相互作用、相互联系的考察达到对对象的整体把握。系统理论还强调动态性，即一切实际系统由于其内外部联系复杂的相互作用，总是处于无序与有序、平衡与非平衡的相互转化的运动变化之中，任何系统都要经历一个系统的发生、系统的维生、系统的消亡的不可逆演化过程。也就是说，系统的存在在本质上是一个动态过程，系统结构不过是动态过程的外部表现，其中任何一个系统都可以看作是构成另一个更大系统的过程。这种动态性是系统科学的核心，这就告诉我们不能把任何一个系统看作“死系统”，即已经完成的、静止的、永恒的系统，应当始终牢记任何实际系统都是动态的“活系统”。在分析任何实际系统时，都要从对系统各个要素的静态分析转为要素之间的相互作用、要素在系统整体中的变化的动态把握；从对系统结构的静态分析转为内外相互作用、结构态的形成、保持和转化的动态把握；从对系统整体的静态分析转为对系统的发生、发展和消亡的总体过程的动态把握。

系统理论的出现深刻改变了人类的思维方式。它完全不同于传统的分析方法，在人类面对许多规模巨大、关系复杂、参数众多的复杂问题时，它提供了更加全面、有效的思维方式，连同控制论、信息论等其他复杂科学理论一起，提供了新思路、新方法，开拓了人类的思维，促进了各门科学的发展。

从系统理论来审视儿童贯通式学习的研究，至少应有这样的启示：贝塔朗菲创立了系统论，他提出将“某一系统和组成系统的各要素之间的相互关系作为主要研究对象，从整体上探究某一系统的结构、功能、行为和动态，以把握系统整体，达到最优的目标”。研究儿童贯通式学习必须将其视为一个系统性工作，其中包含了个体、关系、环境等各个要素，贯通式学习研究的推进，不仅要以整体眼光把握研究方向和各要素之间的复杂联系，还要以系统思维分析工作系统的优化问题，在改善儿童学习质量、提升教育成效上达到事半功倍的效果。

儿童正处在世界观、价值观、人生观的形成阶段，贯通式学习以儿童为主体，但并不否认教师、家长、社会的引导作用。如何在当下贯通好不同的场域、平台、社群，让儿童自主生成属于自己的课程链，获得经验的增长和身份的认同，是我们研究者需要不断创新、积极改良的。

四、学习社区理论（Learning Community）

国内研究者更倾向于将 Learning Community 译为“学习共同体”，学习社区理论也就是学习共同体理论。德国社会学家滕尼斯 1887 年发表了《共同体与社会》，这是“共同体”作为独立的社会学概念被首次提出。学习共同体是为完成真实任务、问题，学习者与他人相互依赖、探究、交流和协作的一种学习方式，强调共同信念和愿景，鼓励学习者在学习过程中与同伴开展包括协商、呈现自己的知识、承担责任等多方面的合作性活动。国内外对学习共同体的研究成果较为丰富，现介绍如下。

(1) 日本东京大学佐藤学教授将 21 世纪的学校设定为“学习共同体学校”，认为“学校是学生共同学习成长的场所，是教师作为专家相互学习的场所，是家长与市民参与教育实践并进行学习的场所”。这里，教师已不是 teaching professor，而是 learning professor。

(2) 学校班级学习共同体是由学习者（学生）和助学者（教师）共同组成的。他们共同完成学习任务，以促进成员全面成长为目的，强调在学习过程中以相互作用的学习观做指导，是通过人际沟通、交流和分享各种学习资源而相互影响、相互促进的基层学习集体。

(3) 将多门课程融合到一个教学活动程序中的课程设计。

(4) 中央教育科学研究所研究员薛焕玉认为，学习共同体主要是指一个由学习者与助学者（包括教师、专家、辅导者和家长等）共同构成的团体，他们具有共同的目标，经常在一定支撑环境中共同学习，分享各种学习资源，进行相互对话、交流和沟通，分享彼此的情感、体验和观念，共同完成一定的学习任务，通过共同活动形成相互影响、相互促进的人际联系，并对这个团体具有很强的认同感和归属感。

国内学习共同体的研究热点以“学习共同体”为中心，分为“教师专业学习共同体”和“网络学习共同体”两个研究方向。在新媒体背景下，网络学习共同体也是我们研究儿童贯通式学习不能回避的一个研究点。贯通式学习以儿童为主体，基于互联网的学习就为儿童打开了自我学习的道路，也为不同地域的儿童提供了沟通互动的机会。儿童贯通式学习平台的搭建就是要打破线上线下的壁垒，让儿童的学习在线上线下融会贯通。例如，语文学科利用各种网络写作平台，鼓励学生进行线上作文评改。每当完成一篇习作，学生就将习作上传到网络平台上的个人空间内，班级其他学生可以浏览，并且在评论区提出自己的修改建议。在线上互评环节中，鼓励学生在评价完组内同学的习作后，积极欣赏评点班级其他同学的文章，如果可以，更欢迎在欣赏完文章之后，留下自己的“踪迹”——评点（学生的评点“踪迹”将作为评选“优秀评点之星”的重要依据）。在这一过程中，老师亦要参与其中，与学生产生互动评点，同时发动家长也积极参与到孩子的作文互动评点中来。这样就构建了“生生互评、老师评点、家长评点”的多维、立体式作文评改模式。儿童的学习就实现了线上线下的贯通、融合。数学学习也可以借助网络平台，学生通过网络资源解决遇到的数学难题，利用网上人机对话，与其他同学进行交流，共同探讨数学学习过程中遇到的难题，通过讨论解决问题并获取新知；也可以在网上留言，把自己遇到的问题与老师交流和探讨，这不仅有利于解决数学问题，也有助于密切学生和教师的关系，而且学生利用网络自主学习，能够更好更快地掌握新的学习内容，这不仅提高了学生的学习效率，还最大限度地培养了学生自主探究的能力。借助网络平台，不但能弥补课堂教学的不足，而且能实现学生和教师之间的良好互动。网络学习共同体为儿童的学习提供了更多的可能性。

相比传统的班集体，学习共同体中儿童的身份关系更为动态。通过在特定环境与他人交流，基于共同的目标或项目，将各自的经验带到共同体，提出解决方案。在师生关系上，基于问题和争议的互动学习模型脱离了教师的命令和控制，教师从权威地位转变为指导者、参与者和学习者角色，这种转变调整了教室内的权力关系，也改变了更广泛的社交关系。

儿童贯通式学习以儿童的原始经验为起点，以儿童为中心，包含实践、经验和身份三个要素。在这个过程中，儿童始终是在一个个共同体中学习、研究、收获，他们通过共同的学习任务联系彼此，共享学习资源，互相协作交流，共同完成学习任务。在这样一个个学习共同体中儿童能感受到自身价值，在自主实践中，强化了自我认同，获得了自我幸福感和成就感。比如，围绕统编版教科书小学语文三年级上册《铺满金色巴掌的水泥道》开展的贯通式实践教学中，儿童围绕梧桐叶在学习单上写下了心中的一个个疑问，经过问题的整理和归类成立了三个研学小组："诗意梧桐"小组、"科学梧桐"小组、"金陵梧桐"小组，每个小组以学习共同体的方式开展合作学习，各有分工，共享成果。对儿童贯通式学习的研究不仅追求课堂上的共同学习，而且联动不同场域、不同社群，为支持儿童的学习组建一个个更丰富、更深刻的学习共同体。比如，我们倡导家校学习共同体，就是以学校和家庭所有成员共同发展为目标，以共同愿景、平等尊重、自主合作、共学共享为表现形态的一种学习型组织。南京市凤凰花园城小学是一所社区小学，在研究儿童贯通式学习的过程中，倡导学校和社区合作，组建学校—社区联动的学习共同体。

五、学科融合理论（Fusion of Subjects）

学科融合（Fusion of Subjects，简称 FOS）是指在承认学科差异的基础上不断打破学科边界，促进学科间相互渗透、交叉的活动。学科融合既是学科发展的趋势，也是产生创新性成果的重要途径。

学科融合的认识最早可以追溯到杜威在《学校与社会·明日之学校》中的论述。他认为，事实是全息的，而知识是片面的。在认知发展的过程中，这些被人为分离的知识需要重新融合。纵观科学发展的历史进程，所有的学科最初都以混沌不分的形态包含于哲学范畴内。从 20 世纪后半叶开始，一些复杂科学问题开始出现，单一的学科知识已经不足以解决这些复杂性问题，因此研究者需要联合多个学科的知识，学科发展又出现了融合的趋势，传统经典学科间的界限被不断打破，学科边界被重新划分、定义，一些交叉学科大量出现，并且也在学界确立了学科的合法性。学科的发展从“合”到“分”，现在正在走向新一轮的“合”。两个“合”的含义迥然不同，前者是混沌不分；后者是学科融合，即在承认学科差异的基础上不断打破学科边界，促进学科间的相互渗透、交叉。学科融合就是在当前的教育体制下承认学科存在重大差异，但是作为解决具体问题的措施，学科融合又具有必要性，而且在学科融合中往往能够让学生发现创新的机会，实现学生创造性思维的发展，提高学生的综合素质。

学科融合的方式一般有以下六种：

第一，任意学科融合。将不同学科混合起来，不关注这些学科间的联系、合作，这种方式主要是给人们普及常识。

第二，伪学科融合。人们用来观察对象、研究问题的方法和工具并不来源于某一特定学科，所以人们在实践过程中会产生这些拥有相同的方法和工具的不同学科之间有内在联系的想法。

第三，辅助性学科融合。每一门学科都有用于研究本学科特定问题的方法和工具，这些方法和工具如果能被借用研究另一学科的现象和问题，并且能为这一学科提供有用的参考和研究价值，那么这两种学科之间就存在一种辅助性的关系。

第四，综合性学科融合。当一些综合程度高、需要各种学科协调合作才能解决的社会性问题出现时，各个学科可进行综合性融合、高度合作。

第五，增补性学科融合。一般在同一领域，不同学科涉及这个领域的不同方面，将这些方面综合起来才能反映这个领域的科学本质。

第六，合一型学科融合。不同学科在研究各自领域时，其理论和方法往往会越来越表现出一致性，最后发展成密不可分的姊妹学科。

对学科融合理论的研究，使儿童贯通式学习有了进一步的理论支撑。儿童贯通式学习就是要打破不同学科之间的壁垒，让不同学科融会贯通。比如，数学课上的“一千米”就成了一次贯通式课程实践的主角：亲子互动，行走一千米；变革方式，学习一千米；磨炼意志，运动一千米；动听旋律，唱响一千米；五颜六色，手绘一千米；头脑风暴，图说一千米；以文会友，畅聊一千米；兴趣引领，发现一千米……数学、体育、音乐、美术、综合实践等学科融合在一起，既是对数学资源和各要素资源的重构，也是对儿童学习生态的优化。学科融合理论为儿童贯通式学习提供了新思路，一次设计新颖的主题活动就能贯通起不同学科。在儿童贯通式学习的研究中，我们尝试将主题活动与多学科资源有效整合，发挥多学科的综合优势。通过打造多学科知识相互渗透、相互支撑的特色主题活动，将知识与生活经验融合，在活动中促进儿童对所学知识的理解和建构，形成解决问题的技能和自主学习的能力。学科领域的知识在主题活动中延伸、综合、重组和提升，与此同时，活动中发现的问题、获得的技能也可以在各学科领域的学习中得到拓展和加深。

学科融合的观点深入人心，除了融合各个学科，我们也对儿童学习的发生场域进行了融合设计。儿童贯通式学习的发生场域不局限于教室、校内，它还会向外延伸，场域重构不仅改变了教室和学校其他场馆之间的割裂状态，更实现了学校学习场域和校外学习场域之间的联系。南京市凤凰花园城小学的“绿色视野”环保科技馆是儿童学习的第二课堂。《绿色视野》校本课上，儿童学习垃圾应该如何分类，走进环保科技馆，玩一玩垃圾分类小游戏，赛一赛谁的分数高，课本上的知识就这样活了起来。儿童的学习从教室走进校内场馆，又从学校走到了周边社区。学校附近有云锦博物馆、侵华日军南京大屠杀遇难同胞纪念馆等。这样的场馆实际上是一个整体的教育环境，其中涉及的诸多教育元素无法简单地切割和独立展示，我们可以带领儿童通过亲身参观、体验和实践，感受其中蕴含的多种教育元素。当儿童在语文课上知道了“锦缎”这个词语的意思，又在道德与法治课上了解了云锦的制作过程，这时候学习场域就从教室延伸到了云锦博物馆，儿童的学习在一幅幅精美的云锦制品、一台台古老的云锦织机上自然而然地再次生发。融合不同场域，让儿童的视野更加广阔，知识的习得也更加深刻。

六、复杂科学理论（Complexity Science）

儿童的学习主要发生在课堂上，儿童贯通式学习的课堂情景是极为复杂的，从不同的角度透视课堂，课堂实际上展示的是不同的场景。从社会学的角度看，课堂展示的是师生交往、生生交往的人际交往画面，儿童在课堂中学习课程，其实也就是在课堂社会中亲历生活，体验由服从、沉默、反抗、竞争、合作、展示、回避、成功、失败等带来的种种酸甜苦辣、喜怒哀乐；从心理学的角度看，课堂呈现的又是学生与教师心理不断冲突、不断调适的过程，展示了师生之间的种种心理活动；从文化学的角度看，课堂还是以学生文化为代表的儿童文化和以教师为代表的成人文化的沟通、交流、整合的场景。课堂情景不是静态的，而是变动不居的，更是动态生成的，儿童贯通式学习的课堂体现出了更多的复杂性。新课堂的审视和构建离不开复杂科学理论的理论分析和指导。复杂性科学是指以复杂性系统为研究对象，以超越还原论为方法论特征，以揭示和解释复杂系统运行规律为主要任务，以提高人们认识世界、探究世界和改造世界的能力为主要目的的一种“学科互涉(inter-disciplinary)”的新兴科学研究形态。应用复杂科学的理论分析和研究教学系统又离不开管理熵和耗散结构理论。

20 世纪 60 年代末，比利时科学家伊·普里戈金等人提出耗散结构理论，是为熵理论的鼻祖，之后我国著名学者任佩瑜将其引入组织绩效测度中，管理熵理论和耗散结构理论便应运而生。所谓管理熵是指“任何一种管理的组织、制度、政策、方法等，在相对封闭的组织运行过程中，总呈现出有效能量逐渐减少，而无效能量不断增加的一个不可逆的过程”。这种无效能量递增的真实原因是在组织运动过程中，受到许多来自内部的相互关联和不断变化的因素影响，并呈现出具有数学规律的稳定趋势。关于耗散结构，普里戈金认为：“一个远离平衡态的非线性的开放系统（不管是物理的、化学的、生物的乃至社会的、经济的系统）通过不断地与外界交换物质和能量，在系统内部某个参量的变化达到一定的阈值时，通过涨落，系统可能发生突变即非平衡相变，由原来的混沌无序状态转变为一种在时间上、空间上或功能上的有序状态。这种在远离平衡的非线性区形成的新的稳定的宏观有序结构，由于需要不断与外界交换物质或能量才能维持，因此称之为耗散结构。”概括来说，耗散结构就是一个远离平衡态的开放系统通过不断地与外界交换物质和能量，在一定的条件下产生自组织现象，从而由无序变为有序，由较低有序到较高有序并形成新的稳定结构。耗散结构理论指出，系统从无序状态过渡到这种耗散结构有几个必要条件，一是系统必须是开放的，即系统必须与外界进行物质、能量的交换；二是系统必须是远离平衡状态的，系统中物质、能量流和热力学力的关系是非线性的；三是系统内部不同元素之间存在着非线性相互作用，并且需要不断输入能量来维持。

由此可见，基于复杂科学的关于系统的熵和耗散结构，在各种系统中能够调节系统效率。前者能降低效率，后者能增大效率。因此，作为一个优良的系统，必须是开放的、不断修正的、充满活力的，也就是古人所说："问渠那得清如许？为有源头活水来。"

从上述分析可以看出，以复杂科学理论为基础来开发贯通式学习的系统是很有指导意义的，而儿童贯通式学习的重要抓手——课程链也以此作为模式构建的基础之一。第一，儿童贯通式学习的模式构建是一个前延后伸、融通拓展的开放系统。系统中，儿童是核心，儿童的学习是多层、融通的，不同场域之间是联动、融合的，社群之间也是和谐、互动的。因此，该系统始终向外汲取新的营养，不断充实系统内的信息源，从而使系统内保持足够的活力和动力，努力克服管理熵效应的出现。第二，儿童贯通式学习的主体是儿童，以儿童的原始经验为起点，这个起点是由国家课程引发出来的儿童内心对知识的渴求。课程链的发展激励着儿童基于自己的原始经验去探究，一条链就代表着儿童资源的扩大化、儿童任务的丰富化、儿童理解的深刻化。从课程链出发的全方位辐射式的探究，一方面扩大了儿童的知识面，促进了儿童对所学知识的深入理解，另一方面也提升了儿童的探究能力。因为这种不断探究的系统运行机制可以使系统远离平衡态，"只有远离平衡态时，系统处在力和流的非线性区，才有可能演化为有序结构"。"否则，即使系统是开放的，也不一定能形成耗散结构"。第三，贯通式学习就是在对独特个体、多元关系及系统环境的整体把握上，使儿童学习过程中各个要素之间的关系相互耦合、相互影响、相互作用，实现全领域、全学科的融合、贯通。各个要素始终在对话、交流、合作，不断促进新的资源生成，使系统内各子系统产生非线性的相互作用。根据耗散结构理论，非线性的相互作用是形成有序结构的内在原因，这种作用的有效性直接影响儿童最终经验的获得。第四，儿童贯通式学习虽然是以儿童为主体，以儿童的原始经验为起点，但儿童贯通式学习的研究不是要放弃国家课程的落实，而是为了更好地落实国家课程的要求，以及国家对儿童发展要求的基本规定。因此，在这个系统中，我们同样要关注国家课程、学校价值和教师支持，这三者都是儿童贯通式学习中的子系统，这三个子系统的运行质量会影响耗散结构的形成，即影响儿童贯通式学习的整体效益。

第二节　儿童贯通式学习的内涵和现实意义

一、儿童贯通式学习的内涵

儿童贯通式学习是在“儿童绿色学习生态的整体建构”的理念下提出的，在儿童学习生态系统中，包含儿童的个体微观学习生态，个体之间的中观学习生态以及个体与内外环境之间的宏观学习生态。儿童贯通式学习就是将每一个独特个体、个体之间的多元关系及系统环境进行整体把握，通过整合各类学习资源，变革学习方式，实现儿童学习生态系统中各个要素之间的相互耦合、和谐共生，即呈现出相互影响、相互作用、相互关联的样态。以儿童为核心，设计针对每一个独特个体、个体之间多元关系以及系统环境进行整体把握的学习方式；对儿童各具特色的学习场域、丰富的学科教学、多样化的角色关系等学习生态要素进行贯通式整体把握，开发出新型的、富有时代感、有活力的儿童学习的研究。

儿童贯通式学习通过打开儿童的心窗，让儿童的学习更加舒展，让儿童的生命更加灵动。这里的贯通不是一个具体的动作，而是一个方法论，是一种思维方式。核心是经验在生长。校内更多的是经验的准备、激活、碰撞，校外还有激活、碰撞和拓展。人的经验包括实践经验、情感经验、知识经验、技能经验……身份感也是一种经验。

首先，儿童贯通式学习从儿童出发，关注儿童学习方式的变革，让学习成为启发儿童智慧，抒发儿童情感，塑造儿童人格的重要渠道。

现代教育的活动理论认为，学习是一个主动建构的过程，知识是学习者经过同化、顺应机制而建构起来的经验体系，儿童的学习必须成为儿童主动探索、自我思考、观察比较、提问讨论的过程。教师是儿童发展的支持者，其基本任务是促进儿童主动学习、主动参与活动，是儿童发展的源泉和中介，儿童是活动的主体，是学习的主人。

过去的贯通是在儿童非自主的层面上的贯通，单纯的行为参与方式并不能促进学生高层次思维能力的发展，只有以积极的情感体验和深层次的认知参与为核心的学习方式，才能促进学生包括高层次思维在内的全面素质的提高。而我们这里说的贯通是把儿童作为主体。教师不应该成为国家课程机械的传递者，应该是儿童学习的支撑者。贯通就是整个的内容是一以贯之出现的，不断螺旋循环出现的，儿童的思维是不断地往上走的。所以，我们的贯通一定是一个自主的课程链，而且这个课程链在不断地生长，是儿童生命的生长过程。贯通式课程是儿童生长的链条，老师、资源、环境……全部为这个链提供帮助。儿童贯通式学习立足儿童学习的完整生态系统，实现多种要素的整体建构，更具广度，更有深度，更加鲜活且富有生命力。儿童贯通式学习的两个要素：一是实践，一定是要参与到情境中去做；二是身份感，一会儿是小科学家、一会儿是导游……这始终是儿童贯通式学习中两个关键要素。儿童是在一个个共同体中进行学习的，没有身份感就没有意义，一个人的学习实际上是身份和意义同时建构的过程。那是儿童的实践，实践在丰富，引发视野的扩大，引发经验的扩充，然后在实践的过程中需要不断建立起自己的身份感和意义。

其次，儿童贯通式学习摒弃了割裂的、片面的、独立的、单一的学习方式，通过“贯通式”设计，让学习资源更丰富，学习渠道和场域更开放，学习方法更多元。

随着课程改革的深入，发展学生的核心素养、关注学生全面而个性化的发展，成为近十多年来基础教育的新诉求。儿童贯通式学习对学生核心素养的培育与发展具有不可替代的作用。以发展学生的核心素养为宗旨，全力打造“主题整合式”综合实践活动课程，使学生将学科知识融会贯通，在活动中习得方法、获得体验、塑造人格，进而提升自身综合素养，是我们共同努力的目标。儿童贯通式学习需要挖掘本学科的教学元素，立足教学前、教学中、教学后不同学习阶段，沟通课堂内外，联动家、校、社会等场域，带动学生线上线下互动式学习，实现学习生态的整体建构；不局限于单一的学科，打破学科间的壁垒，对不同的课程进行整合、重构、创生，各个课程由此贯通、耦合成一套完整丰满的知识体系。儿童贯通式学习的设计让教师成为课程的设计者、实践者、研究者，实现全领域、全学科的贯通，促进学校、教师和学生的共同发展。

最后，儿童贯通式学习有两个关键词：动态、整体。儿童贯通式学习需要对儿童丰富的学习场域进行重构，打破各个学习场域之间分割的状态，打通场域之间的联系；要打破儿童日常主要的课堂学习场域与社区、社会以及线上场馆学习之间的分割状态，通过知识体系的搭建和学习方式的设计找寻学习场域之间“贯通”的着力点。

儿童贯通式学习可以体现在很多方面。儿童贯通式学习发生在课堂上，儿童带着自己的原始经验来到课堂，与教师、同伴发生互动，在学习过程中生发出新的学习兴趣，产生新的学习任务。儿童的学习场域因此开始延伸，从课堂到校园，从校园到社区，从社区到社会，从社会到世界。延伸的过程中，儿童的学习方式也不再单一，从向老师学习到向同伴学习、向身边人学习、向网络学习。这就是一个贯通的过程，整个过程都围绕着儿童展开，儿童自主生长、自由收获。在儿童贯通式学习过程中主要包含学习内容的贯通、学习方法的贯通、学习场域的贯通、学习符号的贯通。学习内容的贯通是指当儿童发现学习的内容不够时，需要他们自己去寻找资源。特点是学生借助学校知识资源库或者是引导库自主寻找资源。学习方法的贯通不仅仅是单纯的接受式学习，还包括查找资料、实际调查。学习场域的贯通不仅有课堂，还有校园、校外，甚至整个互联网。学习符号的贯通不仅有书面的符号，还有身体的符号、网络符号、意向符号。

总之，每个儿童都是一颗种子，蕴含自己的生命密码，拥有自己的生长节奏。最好的教育应当是：给予儿童自由，让他们能够遵循自己的意愿；给予儿童能力，让他们能够掌控自己的人生；给予儿童实践，让他们能够自然地成长。儿童贯通式学习倡导鼓励优化儿童的观察方式、思维方式、表达方式，让儿童体验真实而生动的学习过程，在学习中获得发展。

二、儿童贯通式学习的现实意义

儿童贯通式学习是在“儿童绿色学习生态的整体建构”理念下提出的，该研究对于促进儿童发展、深化学校办学内涵、推进课程改革等具有深远意义。同时，儿童贯通式学习能够引领学生主动地学习和自我发现，提升儿童的生命质量，具有时代意义。贯通的思想能够改善当代儿童的学习方式，追求豁然的学习境界。在贯通式学习的过程中让儿童体验真实而生动的学习过程，在学习中获得发展。

（一）满足学生的成长需求

皮亚杰认为，在个体从出生到成熟的发展过程中，认知结构在与环境的相互作用中不断重构，他把人的发展分为四个阶段：感知运动阶段、前运算阶段、具体运算阶段、形式运算阶段。小学生的年龄一般为六七岁至十一二岁，这一时期儿童的认知发展以学习知识为基础而展开，其主要特征是思维过程的具体运算性是从形象思维向逻辑思维的过渡，记忆的特点从形象记忆到抽象记忆，逐步发展为方法记忆。儿童贯通式学习遵循了皮亚杰提出的儿童认知发展特点，从儿童的认知、记忆和思维特点出发，分析儿童的认知心理，明晰儿童的学习需求，是一种符合儿童成长规律的学习方式。

儿童贯通式学习倡导鼓励优化儿童的观察方式、思维方式、表达方式，让儿童体验真实而生动的学习过程，在学习中获得发展。每一位儿童都是一个个充满个性的鲜活个体，他们的生活是五彩斑斓的，原始经验又是千差万别的，只有通过接触和细心观察，并抓住他们的需求，尤其是心理需求，才能引导他们健康成长。教育心理学家告诉我们，儿童在健康成长过程中有五需求：需要空间、需要合作、需要成功体验、需要相互沟通、需要肯定彼此。儿童贯通式学习满足学生的成长需求，学校教育要通过改变教育方式，改变教育评价体系，为学生创设一种宽松、和谐的教育环境，满足学生的五需求，使学生健康成长。

学生的健康成长，需要得到众人的关心与帮助，但更需要有一个属于自己的空间。让学生健康成长，我们的教育要从解放学生的空间开始，要从尊重学生开始，要从尊重学生的秘密开始。要通过我们的努力，给学生一个属于自己的空间。教育家苏霍姆林斯基说：“人的心灵深处，有一种根深蒂固的需要，希望自己是个发现者、研究者、探索者……世界上没有才能的人是没有的。问题在于教育者要去发现每一位学生的禀赋、兴趣、爱好和特长，为他们的表现和发展提供充分的条件和正确的引导。”如果学生兴趣广泛，那么他就会心胸开阔，注意力和精神不是在一件事情上打转转，而是对各学科和各项活动都表现出极大兴趣。而且，有了某一方面的才能，他就不会感到自己“不行”，而是期待着“露一手”。根据不同的课型和教学内容，为学生设计多种形式的展示自己的机会，如游戏、比赛、板书解题方法、画图……让孩子都能根据自己的特长有机会在老师和全班学生面前展示自己，获得成功的体验。多种教学活动使学生活泼开朗、思维活跃、兴趣盎然，使他们了解自己、欣赏自己、相信自己，积极投身学习与参与的每一项活动并追求成功。

儿童贯通式学习使学生都有成功的体验。成功的体验对儿童的健康成长至关重要。喊着“我能行”长大的学生，能力肯定远远超过背着“我不行”包袱长大的学生。每一个学生都需要成功的体验，因此，我们的学校教育就要帮助学生们实现他们“我能行”的成功体验，而不是让他们在“我不行”的心态中长大。只有在“我能行”的成功体验中，发现自己的优点，学生才会懂得生活的美好。

儿童贯通式学习满足学生相互沟通的愿望。相互沟通是今天的儿童，特别是独生子女们的特殊精神需求。他们从小生长在成人世界里，是家庭里的个体户，他们渴望被尊重、被理解、被信任，更渴望与父母沟通、与老师沟通，并建立起伙伴关系，能经常倾听他们的声音，理解他们的行为。对此，学校教育要为学生们创设一种相互沟通的氛围，放手让他们做他们喜欢的事情。肯定是学生生命中的阳光，学生的健康成长需要肯定。对此，学校教育必须转变教育观念，在教育过程中变“否定”行为为“肯定”行为，使我们的学生在“肯定”中健康成长。

儿童贯通式学习在主体精神力量的培育上，提出了更加明确的要求。学生是学习的主人，也是学校和家庭的主体力量之一。在班级和学校教育中，通过家庭教育和社区教育的积极配合，贯通学习致力于培养学生的主体精神和主体品质，尤其是树立学无止境、不断进取的志向。研究儿童贯通式学习，要在学习空间上挖潜力、提增量，其中包括“教室”变为“学室”，撤下讲台，抹平台阶，教师不再做讲台圣贤，而是致力于俯身指导、贴心陪伴；专用教室向“学习资源室”和“学习研究室”转化；专用场馆采用了“项目俱乐部制”，学生的学习事务自己学着做主；“线下现场学习”与“线上翻转学习”相结合。研究儿童贯通式学习，要在学习时间上动脑筋减负荷，还要在学习内容上扶放有度，做到单元内有所打通和重组，“学习支持中心”“互助学习中心”“自主学习中心”“在线学习中心”四种强力学习支架确保关注每一个学生的实际发展起点，帮助人人取得实际学习成效，将学生在学习中的注意力、针对性、自信心与满意感提升到新的层次。研究儿童贯通式学习，还要在学习评估上多鼓励、树信心，不搞排队分等，专注拓展学生成长空间和确立成长心态。具体的做法包括免考制、开放性考试、项目学习考评、游戏通关竞赛、展示大会与擂台等。多做评估，少做评价，评估、评价一字之差，反映了育人理念上的蜕变。成功是进步阶梯，受挫是成长良药。平常心、吃得起亏、经受得住磨砺、不轻易言败、咬紧牙关不放弃、提升修复力，这些学习上自我调控、自我激励的品质已经成为学习评价重要的指标。

（二）实现学校办学特色的张扬

南京市凤凰花园城小学自 1999 年 9 月建校以来一直致力于“绿色教育”的研究，经过十多年的努力，学校对绿色教育有了校本化的阐释，教与学的环境发生了很大的变化，形成了学校各项工作协调发展的良好局面。“绿色教育”一路伴随着学校的发展，成就了办学的特色，打造出办学的品牌。“十一五”期间，学校申报了省级规划立项课题“以绿色情境为基调的课例群开发研究”，并顺利结题。“十二五”我们用五年的时间围绕“学习生态”持续进行“绿色教育”研究，以儿童为研究的核心，围绕绿色教育理念开展了丰富的实践研究、作业变革的研究、改善师生关系的研究及丰富的课程设计的研究，等等，提炼出了“绿色师生关系的样态”“绿色课堂的特质”“绿色课堂的评价标准”，汇集了丰富的绿色教育研究成果，在江苏省第四届教育科学优秀成果奖评

比中获得三等奖。“十三五”期间，我们开启了“儿童绿色学习生态的整体建构研究”，以儿童为学习生态的核心，课题研究丰富了学校的文化内涵，促进了学校发展。学校在不断地办学实践中凝练出“尚绿·力学”的办学理念，五年的“十三五”课题研究历程，我们认识到了“儿童既是学习生态的核心，也是学习生态的缔造者”。因此，我们在“尚绿·力学”原有自然教育、环境教育等内涵中增加了促进儿童全面、健康、可持续发展等要义。2017 年 12 月，江苏省推进绿色学校建设现场会在学校召开；2018 年 5 月，全国自然小课堂在学校启动，全面展示了学校“绿色学习生态整体建构”的研究成果；2018 年 6 月，江苏省“全国爱眼日”教育现场会在学校举行，展示了学校为促进儿童健康快乐成长所进行的探索。课题研究变革了学校的办学机制，塑造了师生健康快乐的成长样态。课题研究给学校管理带来了更多的思考，我们认真梳理了学校原有章程和各项管理制度，将不适合教师幸福、自主发展，学生健康、快乐成长的内容和制度剔除，围绕“儿童绿色学习生态的整体建构研究”制定了一系列改善儿童学习生态的条例，建构了引领师生成长的系统机制，师生呈现出蓬勃幸福的成长样态。教师在《教育视界》《江苏教育报》《南京教育》《贵州教育》等报刊发表了《由一道测试题所引发的思考》等多篇与课题研究相关的论文，学生在全国、省、市综合竞赛中也取得了喜人的成绩。

学校通过“场域重构”“社群建设”“平台搭建”三个方面的设计和实践后，将重点研究教师如何引领、组织、辅导儿童的贯通式学习，实现教育教学方式的变革。在基础教育课程改革中，“营造绿色教育”成了我们的教育梦想。我们努力遵循人的成长规律，尊重学生的需要，按照社会的规范和需求来构建绿色生态，让学生在和谐的环境中，获得自主发展。

例如，学校教师和南京师范大学朱赢椿教授共同打造“虫子教室——我们的自然课堂”，以朱教授的《虫子旁》一书为载体，融入儿童贯通式学习研究成果，设计丰富多彩的自然生态课程。该课程主要以认识昆虫、了解自然为主，在这间“虫子教室”里，教师不仅带领孩子认识各种昆虫，还尝试打通自然课程与美术、音乐、体育、语文等多门课程的链接。学校、家庭、社区和社会等校内外场域共同构成了一间巨大的“虫子教室”，到处都有儿童学习、收获的身影。

再如，学校基于儿童贯通式学习的思想，开展“模拟联合国”活动。在活动中，儿童扮演不同国家或其他政治实体的外交代表，参加围绕国际上的热点问题召开的会议。代表们遵循议事规则，在会议主席团的主持下，通过演讲来阐述观点，为了“国家利益”辩论、磋商、游说。他们与友好的国家沟通协作，解决冲突；通过写作决议草案和投票表决来推进国际问题的解决。他们通过亲身经历熟悉联合国等多边议事机构的运作方式、基础国际关系与外交知识，并了解世界发生的大事对他们未来的影响，了解自身在未来可以发挥的作用。“模联”的准备过程实际上是一个多种学科知识整合、多种学习方式融合的过程，教师不再是填鸭式地将所有知识灌输给儿童，而是鼓励儿童将语文、英语、政治、经济、历史和地理知识与大会要讨论的问题紧密结合，自主思考各个要素之间的联系。教师也不再只注重知识的教授，更加注重对学生解决问题能力的培养，以此来支持儿童的贯通式学习。

在“绿色教育”思想的引领下，近年来南京市凤凰花园城小学打开国际视野，与多个国家的教育部门、学校建立友好关系。通过对外交流让老师、学生丰富对教育的理解，在交流中获得成长。学校的研学课程应运而生。在接待远道而来的芬兰、美国、英国客人时，我们的中国传统文化课堂大放异彩。课堂上，外国学生在中国教师的带领下，抖空竹、剪福字、编中国结，文化的交流与碰撞就这样产生。教师的教学不再拘泥于得到一幅漂亮的剪纸作品或是一个完美的中国结，而是更加注重剪纸、制作中国结的过程，教学方式由重视结果转向重视过程，以此来支持儿童的贯通式学习。

这些年来，学校的发展也得到了上级主管部门、家长以及社会公众的认可。儿童贯通式学习的研究是学校“绿色教育”办学追求的实践载体，彰显了学校的办学特色，推动了学校“绿色教育”的发展。

（三）顺应时代的召唤

《国家中长期教育改革和发展规划纲要（2010—2020 年）》强调，“教育要适应国家和社会发展的需要，遵循教育规律和人才成长规律，深化教育教学改革，创新教育教学方法，探索多种培养方式，形成各类人才辈出、拔尖创新人才不断涌现的局面”。中国学生发展核心素养在突出“个人修养、社会关爱、家国情怀”的基础上更加注重儿童自主发展、合作参与、创新实践。

我们常常因单纯强调知识、技能而忽视了学生作为生命个体本身的情感需求；因过于强调学习结果而忽视了教育过程的真实价值；因片面追求机械统一的教学目标而忽视了学生丰富的个体差异。贯通式学习研究以“绿色教育”为背景，通过贯通式学习把“快乐的学习生活”归还给学生，引领学生主动地学习和自我发现，培养儿童的探究意识和创新精神，提升儿童的生命质量，具有时代意义。

国内外关于“贯通”的研究主要是在医学、建设、工程、企业管理等领域，教育领域内与“贯通”相关的研究主要是针对人才的培养，如迟卫建等撰写的《多学科交叉的本硕贯通培养人才模式研究》、张国栋的《贯通式博士生培养模式的研究》、俞俊生的《基于兴趣驱动的贯通式空间人才培养模式初探》，以及吴鹏的《构建全程贯通式的创新人才培养机制——初、高中五年贯通实验班的课程建设与有效管理》等，在这一类文献中，“贯通”指向的是人在不同学业阶段的培养和发展。通过文献查阅，我们发现立足儿童学习领域的“贯通式”研究的文献资料很少，这也意味着“儿童贯通式学习”是一项富有创新意义的项目研究。学校研究“儿童贯通式学习”顺应时代要求，是为了儿童更好地发展。

《习近平新时代中国特色社会主义思想学习纲要》中指出，习近平新时代中国特色社会主义思想贯通马克思主义哲学、政治经济学、科学社会主义，贯通历史、现实和未来，贯通改革发展稳定、内政外交国防、治党治国治军等各领域。融会贯通是一个科学理论体系的标志性特征。只有自身融会贯通，才能做到理解上的通透、理论上的自洽、思想上的彻底，才能博采众长、为我所用，才能真正说服人，才能掌握群众，成为物质的力量，成为强大的思想武器。可见，贯通的思想在现代社会各个方面都有深远的影响。

《国家中长期教育改革和发展规划纲要（2010—2020年）》提出，要“培养造就数以亿计的高素质劳动者、数以千万计的专门人才和一大批拔尖创新人才”。从教育科学的角度，拔尖创新人才所必备的许多重要素质条件，是在基础教育中培养和发展出来的。然而，基础教育对培养拔尖创新人才的重要作用，长期以来未受到重视。其实，在基础教育阶段就应该探索建立培养拔尖创新人才的机制和模式，在小学阶段就应发现、孕育并系统培养人才苗子。基于此，我们研究“儿童贯通式学习”，以构建一个培育和造就拔尖创新人才的、符合人才成长规律的完整的教育链。

成尚荣先生在《儿童立场：教育从这儿出发》一文中指出，“童心意味着创造性，童心意味着独特思维”，“儿童贯通式学习”倡导鼓励优化儿童的观察方式、思维方式、表达方式，让儿童体验真实而生动的学习过程，在学习中获得发展。

儿童贯通式课程的研究是为了更好地落实国家课程要求，更好的落实国家对儿童发展要求的基本规定。贯通式课程的发展有利于教育资源的整合利用，有效的发挥课堂效率，促进教育发展，使得教师的成长得到更大的促进，学生的学习更有效，更直接的实现教育目标，达到教育的效果。

（四）推动文化的传承

我国是文明古国，积淀了丰厚的教育思想。“贯通”一词可追溯到汉代，董仲舒在《春秋繁露·正贯》中写道：“然后援天端，布流物，而贯通其理，则事变散其辞矣。”唐朝韩愈在《顺宗实录三》中说：“荐聪明强记，历代史传，无不贯通，……”田北湖的《论文章源流》提到“及一旦豁然贯通，不拘成格，累牍盈篇，俯拾即是。”《朱子全书·学三》有云：“举一而三反，闻一而知十，乃学者用功之深，穷理之熟，然后能融会贯通，以至于此。”

“贯通”在历史的发展中，已经从处世、作文、治国的行为方式发展成一种思想态度、一种豁达的人生境界。儿童贯通式学习的研究是对教育文化的传承，是对我国古代教育思想研究的新领域的发掘，在“贯通”思想的传承中，改善当代儿童的学习方式，追求“通其理”和“豁然”的学习境界。

习近平总书记提出的四个自信：道路自信、理论自信、制度自信和文化自信，其中最根本的就是文化自信，而文化自信的底气和依据就是中华民族深厚的优秀的文化传统。校园文化根植于中华民族传统文化之中，在校园文化建设中，学校的办学理念、办学思想、办学目标和学校发展的方向，是学校发展的核心内容，把中华传统文化与学校文化有机结合，是贯彻落实立德树人的根本任务，培育青少年学生的社会主义核心价值观，培养未来社会主义建设合格接班人的战略任务。

2017年2月，中共中央办公厅、国务院办公厅印发了《关于实施中华优秀传统文化传承发展工程的意见》，这个文件的独特之处，就是把传统文化的传承发展作为一个大工程。党的十八大以来，以习近平同志为核心的党中央对传统文化非常重视，不仅下发了文件，而且在关于文化建设、思想建设、精神文明建设等文件内容中都广泛涉及传统文化的问题，怎样将中华民族的传统文化与一个学校的文化融合发展，是一个值得探索和研究的重大理论和实践问题。教育是有目的、有计划、有系统地培养人的过程，这一过程离不开确定的教育内容。而确定教育内容的过程，实际上就是选择文化的过程。教育选择文化的标准：统治阶级根据自身需要选择主流文化；根据学生发展的需要选择系统的、科学的、基本的文化。学校开展儿童贯通式课程研究就是在探索如何将贯通的传统文化思想与学校课程相结合，达到更好的教育效果。

在传统文化教育普及中，把知识变成行动，在于学以致道、学以致用。将中华优秀传统文化贯穿国民教育始终，加大宣传教育力度，融入人们的生产生活，无疑要遵循一般的认知规律、教育教学规律和传播规律。贯通式课程文化传承更多是基于生活、生命体验的理解过程。基于生活、生命体验的文化传承必然是情理交融、充满个性的，不同体验情境就会得出不同的理解，难以也不必找到统一的标准答案。

知识的融合，是一种融会贯通，也是一种全新的学习方法。春秋时期的思想家孔子曾提出“举一反三”的说法，宋代朱熹提出融会贯通的思想，这些思想都是说明学习者需汇聚各方面的知识，掌握不同门类甚至是不同领域知识的共通性，从而可以将在一个领域内对知识的理解转移至其他领域当中。

教育文化的传承，核心是学校文化的传承，关键是课程文化的传承。传承文化必须是有积淀的。面对各种文化纷至沓来，对于教育工作者来说，教育文化的传承是对优秀传统文化的坚守，是对民族教育精神的自信，也是建设现代教育文化的自觉。

教育应该是传承中华优秀传统文化的新动力，学校应该是中华优秀传统文化传承与发展的新中心。历史长河越是源远流长，文化在更迭时的断裂与遗失就越严重，优秀传统文化就像一颗又一颗珍珠，遗留在岁月的河底。只有运用教育这根主线，我们才能将打捞起的珍珠重新编织为美丽的项链，成为传承给后人的真正财富。所以，优秀的传统文化教育不是可有可无的问题，而是必须奋起行之的紧迫课题。我们不仅要有匹夫有责的文化自觉，更要有舍我其谁的教育担当。我们相信，中华优秀传统文化能否再度兴盛乃至生生不息，完全有赖于我们今天的努力！作为教育工作者，我们要深刻认识贯通式课程文化的价值，深刻理解教育在其传承中应该承担的特殊使命。

儿童贯通式学习的“贯”，有向往、奔跑、持续的含义；贯通学习的“通”，则有抵达、顺畅、实绩的含义。研究儿童贯通式学习，是提出新愿景、落实新行动、总结新经验、促进新发展，真正花力气打造优质教育、快乐学习的广阔天地。通过儿童贯通式学习的建设与优化，让不同个性特点的学生在校园生活中与美好相遇，最终发现自己并成为最好的自己，才是一所学校给予学生最好的成长礼物。儿童贯通式学习将致力于实现学生个个不一样、人人都成功的全面发展图景，真正做到“一般发展”与“特殊发展”协调，“共同发展”与“差异发展”同举。

第三节　儿童贯通式学习的特征

我们认为贯通式学习既是一种学习方法，又是一种教学理念。提倡从儿童出发，以儿童为核心，关注儿童学习方式的变革，让学习成为启发儿童智慧，抒发儿童情感，塑造儿童人格的重要渠道，摒弃割裂的、片面的、单一的学习方式。学校教师在这一研究的指引下，通过“贯通式”的课程与教学设计，让儿童的学习资源、学习渠道和场域更加开放，学习方法更为多元、学习内容互为整体。该学习方式的目标设计是以课程标准、儿童的知识积累和思维发展需求为依据，明确课程标准中规定的各学科、各学段的目标分类、目标层次，掌握贯通式学习目标表述的正确方法。该学习方式的成功运用，取决于教师对儿童学习活动的有效设计及选择合理的实施策略。我校在设计贯通式学习活动时，首先，最大限度地考虑学生的能动性、主体性、差异性和多样性。在贯通式学习活动实施过程中，教师进行知识的整合，形成线性系统并前后拓展、贯通。其次，教师还将不同的学科知识进行整合，打破学科之间的壁垒，帮助学生更好地建立知识体系。而贯通式学习评价也从参与方式、活动进程、知识掌握、学习评价等维度着手。

一、多层与融通

(一) 儿童思维的多层与融通

贯通式学习长期的目标就是帮助学生超越目前较低的思维能力，获得较高水平的思维能力、学习方式。《国家十二五教育规划发展纲要》的战略主题是："坚持以人为本、全面实施素质教育。以培养德智体美全面发展的社会主义建设者和接班人为目标，坚持德育为先、能力为重、全面发展、面向人人，着力提高学生的社会责任感、创新精神和实践能力，不断满足经济社会发展对人才的需求和全面提高国民素质的要求。坚持能力为重。优化学科专业结构，改革人才培养模式，适应经济社会发展对各种知识能力的要求。建立更加灵活开放的学习制度平台、资源更加丰富的实践育人平台和拔尖创新人才培养平台，着力提高学生学习能力、实践能力、创新能力。"显然，培养学生学习能力、实践能力、创新能力已成为教育教学的主要任务之一。这一学习方式的改革满足经济社会发展对人才的需求和全面提高国民素质的要求。

儿童思维发展是贯通式学习的关键目标所在，如语言、推理、初级科学概念发展等。尽管儿童具备某些学习能力，但是学习某些领域时，需要有专心学习的策略，作为学习者需要计划、监控、修正和反思自已的学习。教育者在这过程中要帮助儿童建立起新情境与熟悉情境之间的联系。引导儿童在集中注意力、经验结构化、支持学习意图以及规定信息的复杂程度和难度等方面来维持儿童的学习力。

以儿童运算技能培养过程中的思维发展为例，高阶思维并非从低阶思维一步一步发展过来的。儿童贯通式学习认为低学段的儿童只专注低层次思维能力的训练，高学段的儿童在低层次思维能力训练的基础上完成高阶思维的训练，这种学习和教学培养理念是存在误区的。学段的低高、知识的易难，不等于思维品质由低阶到高阶，也不等于学习情境由无到有、由简入繁。简而言之，不是小学一二年级只专注于记忆能力的培养，五六年级只专注于理解能力的培养，而是在每个学习阶段，六个思维层次都要关注，教育者实施引导时，这六个思维层次都要出现在目标中。在儿童学习过程中，这六个思维层次是不可分离、不可独立开来的，而是互相作用，彼此影响。在记忆、理解的同时进行分析或创新，将知识的积累和运用有机融会贯通。

（二）学习方式的多层与融通

学习方式在不同时期有不同的界定，最早是由美国学者赫伯特·西伦提出。20 世纪 70 年代以来，西方教育研究者通常用学习方式来解释人们在学习和保持信息或概念过程中使用的不同方式，并因而形成了学习方式的多种界定。陈佑清认为，学习方式是指学习者在学习中所运用的作用于学习内容的学习活动的类型和方式。学习方式是根据学习目标、学习内容和学习者的特点综合确定的，因此，特定的学习方式总是与特定的学习目标（发展目标）、特定的学习内容和特定的学习者相适应的。我校的贯通式学习中的学习方式更倾向于后一种，认为学习方式不仅受学习者个性的影响，还取决于学习的目标和内容以及环境的影响。这种学习方式蕴含着儿童“可学性”“可教性”的人性认识，而这是任何学习和教育的起点。

在贯通式学习过程中，学习方式以多层互融的形态呈现。这里不仅有传统的接受式学习，还有探究性学习、自主性学习、合作性学习、参与性学习、综合性学习等。我们认为学习方式本身没有优劣之分。随着社会文明的进步，儿童的学习方式呈多维、多向、多层次改善。我们并非要否定传统的接受式学习方式，而是要提倡和发展多样化的学习方式，主要依据是是否有利于学生实现多种发展目标，是否有利于发展学生的个性。我校的贯通式学习不是一味追求探究、合作和自主的学习方式而完全摒弃传统接受性的学习方式，将“合作”和“探究”看作“精华”，而将“接受”看作“糟粕”。而是将两者根据儿童在学习过程中的学习目标和内容，进行有机融合，避免重形式轻实质、重表现轻内容的学习方式，寻求儿童自身发展的最佳路径。

在学习生字的过程中，我们将不同的学习方式有机融合。例如，在进行《荷花》这一课的学习时，学习到了“蹈”字。从这个字的字源展开生字词的教学，并带领儿童对学习过的足字旁生字进行了回顾（跑、跳等）。这种学习方式即为接受式学习方式，旨在积累字词。随后教师让儿童进行举例，鼓励他们进一步思考。最后，由学生自主合作进行知识点的总结：足字旁的生字大多和脚的动作相关，如踢足球，这是汉字的一个重要特点。再如，言字旁的生字，通过认知语文的“语”、上课的“课”，就可以发现言字旁的汉字大多和说话有关。在汉语中，这样的生字与偏旁还有很多，如贝字旁的字大多和钱有关，是因为贝壳是最初的货币种类，等等。通过接受式学习和自主性合作学习，把旧知识与新知识相联系，提升了儿童自主学习字词的能力。语文知识的前后贯通不能局限于生字上，可以是多方面的。例如，在学习古诗“劝君更尽一杯酒，西出阳关无故人”时，可以总结之前学到的送别诗中，不同的人对待分别的态度；在讲到《李广射虎》时，可以回忆已经学习过的英雄人物，这样多种方式运用的目的是达到“先学后教，能学不教，以学定教，少教多学”，让学习变得更加高效。

知识整合的过程是学生进行旧知识再加工的过程，也是学生在头脑中建立起知识框架，由易到难的一个推进过程。许多知识的前后联系性非常强，进入智能时代，互联网＋的学习方式使得已有的学习方式得到更新。学习过程中通过不同的学习方式有意识地进行知识的梳理与回顾，进行知识整合，让知识前后贯通，培养出“全面＋特长”“合格＋创新”的新型人才。

（三）实践过程的多层与融通

我校贯通式学习的多层特征还表现在实践探索的过程中，不仅是以课堂为载体，而是儿童个体、多元关系及系统环境相互贯通、耦合的学习方式。

围绕支持儿童贯通式学习，探索场域、社群、关系、平台、制度等要素的重构，实现儿童学习生态的优化。着力在多层次、多角度的思考维度中，调整学生思维方向，改进学生学习行为的学习方式。纵深性启发学生进行再思考与再审视，科学性重构思维品质形成的培养渠道与生成深度，在个性化与层级化的点状系统实验中，助力学生坚定地走向深度学习。

(1) 场域重构。儿童学习生态系统中学习的场域是丰富的，包括学校、家庭、社区、社会和世界，还有虚拟的线上学习场馆等。儿童贯通式学习需要对儿童丰富的学习场域进行重构，打破各个学习场域之间分割的状态，打通场域之间的联系；要打破儿童日常主要的课堂学习场域与社区、社会以及线上场馆学习之间的分割状态，通过知识体系的搭建和学习方式的设计找寻学习场域之间“贯通”的着力点。

(2) 社群建设。学习生态是一个复杂的系统整体。不同的个体在共生与合作中结成生命共同体，以儿童学习为主的各种关系主要包括师生关系、生生关系、亲子关系等，统称为学习生态系统的“社群”。贯通式学习的社群建设主要包括以下几个方面：

① 打造多样化的师生关系。师生关系是学习生态中最重要的一组关系。立足学校师生关系的现状，提倡发展朋友式、导师式等多元化、多样化的师生关系，符合儿童心理发展的需要。

② 构建和谐的生生关系。生生关系直接影响到学生在学校的生活与学习。

贯通式学习应致力于建构和谐的生生关系，具体研究包括班集体建设中生生关系的研究、课堂多元化合作小组的研究、课外社团活动生生交往的研究等。

③ 搭建教师学习共同体。教师是学习生态系统的重要生态因素，教师与教师之间的关系对绿色学习生态的建构起到推动作用。以“搭建教师学习共同体”来实现师师关系重构，提高教学技能，优化教育理念，推进课题研究。

④ 培养乐学共长的亲子关系。提出“乐学共长”的亲子关系，通过家校合力共促教育的发展，研究包括家长权利制度（如知情权、参与权、监督权、评价权）及绿色家庭评比、“今天我当家”系列活动等，努力为儿童构建阳光、温馨、积极向上的家庭学习氛围。

(3) 平台搭建。为顺应时代发展的要求和儿童发展的需求，“儿童贯通式学习”项目研究为儿童的学习搭建平台，开发促进自主学习的线上平台，如“定制化作业平台”、虚拟 VR 场景、“智慧作文平台”、“校园朗读亭”、“网上主题场馆”、电子资源库、工具箱和文件包等，发挥线上平台的自主性、可重复性、开放性和交互性功能，促进儿童自主开展贯通式学习。同时，将各类线上学习平台与线下儿童学习进行“贯通”，提升儿童自主学习和独立学习的能力，促进学生可持续发展。

二、 动态与整体

(一) 过程的动态观和整体观

儿童贯通式学习是多层的、融通的，也是动态的、整体的。我们知道，儿童的生活世界特别是他们的生活经验和学习经验是一种课程资源，这就使校园贯通式学习的动态生成成为可能。生活世界是与科学世界（或书本世界）相对的一个概念。在贯通式学习的整个过程里，儿童是沉浸于学习过程中的。儿童作为“人”的生活意义和生命价值应该被学科结构、概念体系所重视，应该回归于生活世界之中。向儿童生活世界的回归，强调生成性思维方式的形成，它具有“重过程而非本质”“重创造，反预定”“重关系，反实体”“重个性、差异和具体，反中心、同一和抽象”等特征。在这种生成性思维的观照下，长期以来在本质主义思维支配下以线性的、确定性的、控制取向为特征的知识传递过程得以解构，使学习过程成为关注动态生成、注重个体体验的独特性的意义建构过程。

由师生互动、生生互动、亲子互动等形成的课程资源，使得动态生成的教与学过程成为现实。在课程资源观的指导下，大量的素材性课程资源能够及时得以加工、转化，并进入实际的中小学课程之中。“只有当广大师生的生活世界特别是他们的经验、智慧、理解、感受、问题、困惑、情感、价值观等素材性课程资源能够与儿童要获得的书本知识和解题技能等一道进入课程、进入教学过程的时候，教育者和儿童才会真实地感受到教与学的过程是他们的人生过程，是他们生命的有机组成部分，才有可能真正地促进儿童的健康成长和健全发展，才有可能不断提高教育者的专业发展水平，才有可能普遍地恢复它应有的生机和活力。”这种对动态生成性课程资源的重视，使得教学的生成性、过程性、整体性价值得到了应有的关注，使得课堂充满生命活力和激情，真正实现了对“考什么、教什么、学什么”这一传统思维方式的超越。

开放学习过程中，我们应更多地关注学生在学习过程中生成的方法、特点和规律，使课堂教学形态发生巨大的变化，体现朴实、灵活、真实的教学活动，让课堂焕发出新的生命力。从“过程圆满”向“目标达成”转变，从“静态提供”向“动态展现”转变，从“片面着力”向“整体推进”转变，从“偏重解释”向“注重发现”转变。

南京市凤凰花园城小学语文组在校“儿童贯通式学习的新样态研究”总课题研究之下衍生了“让儿童的课外阅读真正‘跃’起来”的微课题。通过研究和实践激发学生课外阅读的兴趣，培养学生自主研读的意识，整个学习引导的过程就是一个动态生成的过程。在儿童阅读过程中或阅读结束，通过绘画和文字将所阅读的内容和感受表达出来，既是对所阅读内容的反刍更是自主创作的过程。以图文结合的方式呈现阅读的效果，图片和文字互相陪衬，使内容丰富多彩。从文学形态上讲，这是文字和美术的相互配合、相互丰富和相互激发。这里图、文不是简单的说明与被说明的关系，而是有机结合的，更突出整体的效果。虽然每个儿童最终所呈现出来的文图构成不同，有的文字少，有的文字多，但优秀的阅读反馈（绘本或思维导图），其文字都考虑了情节、场景、人物的变化，而图画也具有一种动态感和流畅性，使整个画面看起来和谐、完整。

一年级儿童的周末阅读作业，都是以图文结合的形式，画一画、写一写读中、读后的感受，以画为主，文字为辅，极大地激起学生想要去阅读的兴趣。二年级的假期作业是全年级共读一本书，同时以图文结合的方式反映自己阅读的情况。最终以连环画、小绘本的方式呈现出来。运用体验式阅读方式来进行阅读引导，并且把课外阅读与日常学习生活联系起来，这样不仅能激发儿童读书的兴趣，而且能让他们读有所获。首先，让儿童通过阅读在日常生活中积累生活常识。所有的儿童学到的第一类语言都是命名，这些指向具体事物的命名是我们交流的基础，也是儿童思考、提问的基础。读常识类书籍可以高效地学习名词和事实，它能补充日常生活中无法直接看到的或是父母不了解的知识。其次，就是知识的复现，知识的掌握需要重复接触，常识类、礼仪类的书籍刚好构建了一个“虚拟世界”，通过阅读反复的吸收和理解相应的知识，并在不同的知识之间建立联系。

（教导处）

在这个过程中思维得到发展与提升，让儿童有辩证式思考，用思维推动深度理解，形成自己的个性理解和阅读体验。学习是一种自主自觉的活动。虽然课程提供的都是已知的常识，但对学生来说仍是未知领域，需要再现类似创造的思考问题，激发学生主动探索、大胆推理与预测，“清晰地表达自己的想法”的动态整体思维过程，促进学习再造。

（二）课堂呈现的动态与整体

课堂是儿童学习的一个重要场所，故课堂学习中如何有效实施儿童贯通式的学习方式也是我们重点研究的内容。课堂上的学习是一个动态的、不断发展推进的过程，这个过程既有规律可循，又有灵活的生成性和不可预测性。新课程要求我们，在教学中要善于捕捉儿童在课堂活动中的生成性资源，包括学习兴趣、积极性、注意力，学习方法与思维方式，言行能力与质量，发表的意见、建议、观点，提出的问题与争论，乃至错误的回答等。充分挖掘其中的合理成分，正确科学地运用适当的评价进行引导、提炼、概括、升华，促进预设教育目标的高效率完成和新的更高价值目标的生成。

课堂学习的动态生成并不意味着教师信马由缰式地展开教学，而是要求教者有充分的教学方案的预设，并在具体实施过程中，从众多纷繁复杂的信息中经过比较、判断、鉴别，捕捉有价值的信息生成课程资源，关照到学习活动中各要素的整体特点，均衡推进，及时适当调整教学内容或改变课时计划，通过评价引领重组课程资源，不断积累实践智慧，凸显学习的价值。

（1）预案“弹性设计”，创设动态生成条件。学习活动有计划、有目的，但其进行过程的丰富性及动态的相互作用过程，使其具有生成新的、超出原先计划和目的的可能，而且儿童的需求往往是不确定的，存在着不可预设性。所以课前的预案设计中，开放性地纳入弹性灵活的成分，为儿童的主动参与留出足够的时间和空间，为学习过程的动态生成创设必要的条件。

(2) 课堂“板块推进”，有效调控整体生成时空。叶澜说：“课堂应是向未知方向挺进的旅程，随时都有可能发现意外的通道和美丽的图景，而不是一切都必须遵循固定线路而没有激情的行程。”因此，贯通式学习改变传统课堂教学中单维的、严密的、封闭的、主观的线性教学流程，代之以多维的、灵活的、开放的、动态的板块式教学流程，把传统的教学环节设计成相对独立的、并可以移动、可以调整的板块，根据实际需要在教学过程中进行删减或调换。另外，各个大板块中又可以分成许多活动的“小板块”，每个“小板块”代表一条方案，究竟使用哪个“小板块”，要根据儿童的具体“生成”而定，按板块设计所形成的教学程序是一种给予儿童充分的练习与思维活动空间，具有开放性和弹性特点的课堂学习结构，可以说，它已经从“教学程序”转变成了“学习活动程序”，让学生在课堂中习得的知识和能力更为全面，更能突显整体特点。

(3)“提炼动态生成”资源，锤炼评价引领智慧。教师在真情呵护儿童纯真、稚嫩的童心，积极诱导使他们感到自己是个发现者、研究者、探究者的同时，必须准确洞察儿童，敏捷地捕捉、判断、重组儿童在课堂上表现出来的稍纵即逝的信息，加强评价引导，见机而作，及时调控，为“生成性资源”定向导航。即使是儿童的错误也是一种鲜活的课程资源，只要评价引领得当，也能让“错误”服务于儿童发展。

此外，在儿童贯通式学习的目标指引下，教师把这些资源与课外进行有机渗透，拓展延伸，这样不仅可以保护儿童的创造性思维，而且还可以激发延伸和拓展儿童的思维，培育和发展儿童的学习智慧和创新能力。促进学生获得全面、充分的发展，形成生成性、整体性资源发展价值。

(三) 儿童学习生态中的动态与整体

儿童贯通式学习的动态特征是将学习过程视作一个复杂的、动态的、系统的整体。动态系统理论认为儿童学习过程中各因素相互联结、交互变化、动态纷呈，具有全面联结性。基于儿童处于的不同发展状态，若干个子系统间有时相互支持、有时此消彼长。全面联结性也表现在儿童本身、儿童知识系统和多维的环境系统之间的交互关联、通达联动。与传统的输入一输出信息处理框架不同，贯通式学习中的动态系统理论认为，知识的获得是在与环境频繁互动的过程中逐渐浮现的，因此环境并非孤立存在的背景，而与认知融为一体，是知识习得、能力发展的必要条件。这里的环境除了上文的课堂小环境，更包含社会文化的大环境。

儿童个体、多元关系、系统环境多种成分在多个层面上交互变化，某个变量的细微变化可能会引发整个系统的巨大变化，即可理解为“蝴蝶效应”。这种变量之间的复杂互动使学习行为变得不可预测，知识的输入和输出不再具有恒定的比例关系，学习并非单一个体的线性因果过程。换言之，某种教学方法在某次活动中证明有效，但究竟能对学习者的动态、复杂的思维发展过程产生什么样的长期效果未必可知。相反，有些教学方法或许在某次活动中并没有效果，然而该方法的效果或许具有延时性，需要假以时日方能体现。从另一个方面说，儿童学习力的发展并非是单一方向的进展，而是进步与倒退都存在的双向过程。故贯通式的学习不提倡某种单一的教学方法，也不仅只关注单一方向的进步，而是更强调动态的、复杂的、整体的学习能力建构。

儿童之间存在巨大的个体差异，不能用“一本课本、一张试卷”的模式衡量儿童的学习能力。从此点出发，我们试图找到一个能适合所有学生发展的“有效”教学法。我校的贯通式学习的动态和整体特征则认为个体差异是贯通式学习的本质属性之一。荷兰的 Marjolijn Verspoor 教授认为，“教师的任务并不是教学本身，而是在于创造一种有利的环境，使得个体最佳学习路径在这个环境下均得以实现”，场域、社群、关系、平台、制度等都是需要考虑的生态环境问题。儿童贯通式学习一定程度上研究的是儿童学习中多维度生态环境问题。彼此关联，联通互动，形成一个平衡稳定的理想学习环境，给予儿童机会探索不同的学习路径。

儿童贯通式学习在于能够平衡儿童学习的多层次要素从而构建稳定多元的系统环境；在于植根实际环境、基于学生的学习状态采取不同的方法刺激学习系统的重组与发展，从而实现最佳的个体学习路径。

三、集合与分享

（一）学习资源的集合与分享

1. 资源的内在系统性

“系统”一词，源于生物体内多种器官联合组成的结构。这些器官在组织形态上有相似的特征，在机能上完成一种连续性的生理作用。如心脏、动脉、静脉、毛细血管等器官构成一个循环系统，共同完成血液循环的生理机能。一言以概之，系统是指将零散的东西进行有序的整理、编排形成的具有整体性的整体。

《教育部关于全面深化课程改革 落实立德树人根本任务的意见》中明确提出了核心素养体系，核心素养强调跨学科的学习，更加重视学生综合素养的培养。那么，这一体系落实到课程、教学中，就需要关注核心素养和各学科之间的有机结合，注重学科的综合性和系统性。

儿童贯通式学习就需要我们将看似单一独立的学习资源、渠道、方法、关系等形成一个灵活贯通的生态体系，作为儿童学习的引路人，教师需要主动帮助学生寻找其内在的系统性。从某种程度上来说，贯通式学习的进行与完成，需要的不是一位教师，而是整个教师团队；需要的不是一间教室，而是整所学校；需要的不是每一所学校，而是整个社会文化。

以“云锦”课程为例，学校以云锦为贯通点，成立了贯通式备课组，由语文、综合实践、英语、美术四门学科教师进行共同研讨，结合本学科的学习目标，设计相关学习内容。这看似只是一次学科融合的教学，实则要求教师在了解学生学情的基础上，以儿童为中心，以“云锦”为支点，寻找其内在的系统性，实现了学科与学科之间的横向贯通，学校与博物馆之间的学习场域的贯通，生生、师生、学生与社会之间的多重关系的贯通。

在整个学科的贯通式学习过程中，教师要时刻明白儿童的最终所获不只是知识与技能的取得，更重要的是创新精神、实践能力、问题解决能力等一系列综合素养的习得。因此，儿童的学，教师的教，不能局限于各自独立的课堂，要实现贯通式学习，不仅需要完成每一节课程的学习目标，更需要实现课程之间的贯通。在语文课程中，儿童仅仅凭借一篇课文是无法完整地了解云锦的，这就需要他们在学习的过程中敢于提出问题，探究问题。教师对儿童所提出的问题进行归类、分组，寻找其内在的系统性，进而灵活地设计接下来的课程，使他们的每一节课程变为上节课程的遗留问题的期待，从而使得各学科在统一的学习主题下形成一种相互关联、不可分割的系统。

语文课堂中，儿童在生生、师生对话中初步了解了云锦，感受了云锦图案的美。于是，爱好绘画的儿童，便在美术课堂中跃跃欲试，发挥自己丰富的想象，拓展思维，学会了云锦图案的绘制与设计。但他们又好奇云锦复杂而神秘的工艺，于是，他们走进了综合实践课堂，在教师、家长的引领下，走进了云锦博物馆，在学习场域的转换中，了解了云锦的制作过程，在博物馆专业人员的介绍下，他们欣赏了富有魅力的云锦艺术品。在赞叹中，他们对云锦这一世界非物质文化遗产在世界的影响又产生了好奇，于是英语课堂上，儿童在身份、视野、语言的转变中，将云锦带到了世界，体会到一种民族自豪感。

在整个贯通式学习过程中，学习的主体是儿童，学习的兴趣点源于儿童，学科与学科之间，生生、师生、亲子之间，学校与社会之间，看似各自独立，实则因其独特的内在系统，被无形地串联了起来，形成了一个统一的整体。

2. 资源的可贯通性

学习资源又称支持学习的资源，在百度词条上有这样的表述：学习资源包括教学材料、支持系统、学习环境，甚至可以包括能帮助个人有效学习和操作的任何因素。

对学习资源的划分，从属性上来看，又可以分为显性资源和隐性资源。就我校而言，显性资源包括课堂教学资源，如教材、多媒体等，以及课外学习资源，如校内环保科技馆、图书馆、博物馆、网络等。隐性资源包括学科教师、“尚绿·力学”的校园文化、家庭环境，等等。

从这个意义来说，绿色学习生态的三个层次——绿色学习微观生态、中观生态以及宏观生态，都属于儿童的学习资源的范畴。绿色学习微观生态指向儿童的思维品质、学习习惯、学习方法、学习情绪等。绿色学习中观生态需要进一步指向儿童与儿童之间的、儿童与教师之间的、儿童与家长之间的诸多人际交往关系。绿色学习宏观生态指向家庭、社区、学校等内外环境。如若更加细致地区分，这些要素亦属于隐性资源。

研究儿童贯通式学习就需要我们将校内外的显性资源和隐形资源进行贯通式的整合。所谓贯通，是要求全部彻底地了解。那么对于学习资源而言，也不是单指横向或纵向的连接，而是将学习资源进行交融，使得学习资源的作用达到最大化，使得儿童的学习状态、学习效果达到最优化。

以我校校本课程《绿色视野》中的《废物的华丽变身》一课为例，在传统教学中，我们可利用的资源主要为显性的教材资源和隐性的教师资源。在儿童贯通式学习理念的引领下，我们挖掘了更多的学习资源，如网络资源

——《可乐瓶创意广告》，身边的废弃品、环保科技馆、学生对废物利用的学习兴趣、课堂中的师生交流方式、社区居民……如何整合这些学习资源并进行有效合理的利用，成为教师思考的方向。

我们发现，在课程开始之时，儿童凭借已有的生活学习经验、家庭教育，已经清楚地知道了环保意识的重要性。这时，新的学习资源又诞生了，儿童的生活经验、亲子关系中父母的价值观对儿童的影响都成了此时重要的学习资源。因此，再次通过课堂上的师生交流来提升儿童的环保意识已经变得苍白无趣。于是，教师需要创造契机，将儿童学习的场域从课堂中转换出去，让儿童走进学校环保科技馆，体验各种模拟环保新科技；走进社区，了解居民的废物利用率；走进班级小组，与小组成员一起变废为宝；走进家庭，与父母讨论变废为宝的实用性……场域的转换，不仅使学习环境变得多样，更使得儿童在不同的学习环境中与教师、与社会、与同学、与父母的交流变得更加多元。最终，儿童带着自己的所获所思再次回到课堂，展开师生、生生之间的思维碰撞，意识到不是所有的废品都可以变废为宝，缺少实用性的废物利用只能再次成为闲置品，所以变废为宝不仅要勤动脑，还要易操作、讲实用。

在整个学习的过程中，教师在已有学习资源的基础上，结合儿童的具体学情，帮助儿童开发新的学习资源，儿童在学习的过程中又不断衍生出新的学习资源。这些资源既有显性的可直接利用资源，更有隐性的多元关系、系统环境等。

但是这些资源之间的非独立性和内在系统性，无形中促进了它们构成一种交叉贯通。如个体与环境之间的贯通，儿童在已有积淀的基础上，对变废为宝的主题有一定的学习兴趣，这便触动了他们深入班级小组、社区、家庭进行进一步的探究，形成了儿童与班级小组、社区、家庭之间的联结。又如环境与多元关系之间的贯通，班级、社区、家庭等学习环境的变化相对应地伴随着儿童与同伴、老师、父母等之间的交流，这些生生、师生、亲子等关系又促进了多种学习环境之间的关联，可以帮助儿童将在班级、社区、家庭中的交流所获进行有机交融，从而启发儿童的智慧与思维。

（二）多元个体的集合与分享

1. 独特性与非独立性

衍生于“儿童绿色学习生态的整体建构”理念下的儿童贯通式学习，从概念上来说，是以儿童为核心，将每一个独特个体、个体之间的多元关系及系统环境进行整体把握，以实现儿童学习生态系统中各个要素之间的相互耦合、和谐共生。这就说明个体、个体之间的关系以及环境本身都是分散而又独具特点的。

以班级为例，每一个儿童在班集体中是一个独立的存在，但他们并不是单纯的、抽象的学习者，而是有着丰富独特个性的完整的人，他们在兴趣、爱好、动机、气质、性格、智能和特长等方面各不相同。而他们在参与班级的各项活动时，源于兴趣、爱好、性格、特长等方面的相互吸引，每个儿童、儿童与各科教师之间，以及儿童与家长之间、儿童与各种环境间又形成了独特的关系链，促进儿童自身的发展。

但是独特性并不意味着独立存在，在整个学习过程中，个体、个体之间的多元关系以及环境本身的独特性又促成了原本分散的各要素之间的关联。一个班级，可以说是多种特长生的集合处。在班集体中，儿童由于各自的独特性承担着各种不同的作用，每个儿童都有自己的擅长之处，那么他便可以成为这一方面的熟练者，可以以自己的经验来指导他人，共同分享。从这个层面上来说，以小组为单位的合作探究就显得尤为重要。在小组合作探究的过程中，各具特长的儿童组成小组，有领导能力的儿童担任小组组长，其他成员各自承担着不一样的任务。但是这样的学习任务的完成不是单一的、独立的，往往很多重要任务的完成需要的是互相协作。那么，在学习过程中通过多种渠道寻找学习资源，通过多种人际关系寻求指导帮助，通过多种环境进行学习体验就显得至关重要，这时，每一个独特个体、个体之间的多元关系及系统环境就需要形成一条互相贯通的学习链，使得儿童在相互关系中获得学习的成功体验。

2. 个体角色的多样性

贯通式学习倡导鼓励优化儿童的观察方式、思维方式、表达方式，让儿童体验真实而生动的学习过程，在学习中获得发展。在整个学习的过程中，学生是学习的主体，贯通式学习最大限度地允许个体差异的存在，给予每个学生充分展示自我的机会，寻找自我的价值所在，获得学习的成功体验。

1983年，美国教育学家和心理学家加德纳提出了多元智能理论，该理论认为，智能是解决某一问题或创造某种产品的能力，而这一问题或这种产品在某一特定文化或特定环境中是被认为有价值的。就其基本结构来说，智能是多元的，每个人身上至少存在七项智能，即语言智能、数理逻辑智能、音乐智能、空间智能、身体运动智能、人际交往智能、自我认识智能。在一个班集体中，每个学生都有自己的独特之处；每个学生都有一种或数种优势智能，只要教育得法，每个学生都能成为某方面的人才，都有可能获得某方面的专长。以课堂学习场域为例，儿童在班级中可以说是多元智慧的集合。每个儿童个体都会有不同的个性，不一样的智能，不一样的人际关系，存在于不一样的环境，这些“和而不同”的个体在课堂学习场域中便形成了学习共同体。

学习共同体是为完成真实任务或问题，学习者与他人相互依赖、探究、交流和协作的一种学习方式，强调共同信念和愿景，鼓励学习者在学习过程中与同伴开展包括协商、呈现自己的知识、承担责任等多方面的合作性活动。以课堂学习场域中的贯通式学习为例，从某种角度而言，这也是一种合作性活动。在这一学习过程中，每个儿童都是独特个体的存在，教师更加关注儿童以一种自然和谐的状态进行学习，对学习任务的完成，不是借助明确的责任分工，而是各自发挥自己的特长，通过与小组成员进行协同学习，最终实现学习系统的生态优化。

在这一过程中，儿童不仅仅是任务的承担者，也是问题的解决者，更是资源的分享者。这时的儿童从被动的接受状态转变成主动的解决状态。每个儿童在解决问题的过程中，可以根据自己的智能特长，选择能够胜任的部分最优化解决问题。如“云锦”课程中，通晓历史的儿童，可以承担起介绍云锦相关历史的任务；擅长英语的儿童，可以收集云锦在世界文化遗产中的相关信息以及国际印象；有绘画特长的儿童，可以带领大家进行云锦图案甚至是云锦服饰的创作；擅长交际的儿童，可以与云锦博物馆联系，为其他伙伴设计一次云锦博物馆之旅……每个儿童既发挥了自己的智能特长，又分享了自己的优势资源。

当儿童因为自身的独特优势使自己成为问题的解决者时，便自然地获得了自身在资源分享过程中的获得感。但是问题的解决往往不是一蹴而就的，它会有一个爬坡的过程，需要解决者进行自我突破才能完成。而这一自我突破的过程，可能需要解决者再次广泛地与老师、同学甚至家长进行交流、接触，甚至要求解决者主动走出班级，转换学习场域。这一过程的突破，会获得个体人际交往和解决问题等多方面能力的提升。

《国家中长期教育改革和发展规划纲要（2010—2020 年）》强调，“教育要适应国家和社会发展的需要，遵循教育规律和人才成长规律，深化教育教学改革，创新教育教学方法，探索多种培养方式，形成各类人才辈出、拔尖创新人才不断涌现的局面”。从生态的角度来看，贯通式学习关注儿童立场，遵循儿童身心的发展规律，尊重儿童个性差异，发展儿童多元智能，关注每一个儿童，幸福每一个儿童，从而实现绿色学习生态的整体建构。

四、广阔与深刻

儿童贯通式学习是儿童个体、多元关系及系统环境相互贯通、耦合的学习方式，关注各要素之间的相互影响、相互作用，进而促进各要素之间的和谐共生，以获得儿童学习生态的优化。这也使得绿色生态理念下的学习方式、师生关系、系统环境影响、儿童综合素养等变得更加广阔和富有深刻性。

(一) 学习方式的广阔与深刻

贯通式学习特别关注儿童学习方式的变革，注重通过“贯通式”设计，让学习资源更丰富，学习渠道和场域更开放，学习方法更多元。

学习方式是指个体在进行学习活动时所表现出的具有偏好性的行为方式与行为特征。学习方式有多种不同类型：沉思型与冲动型；场独立型与场依存型；平稳型与敏锐型；认知繁化型与认知简化型。不一样的儿童个体，由于自身独特的性格特点，决定了他们有着不一样的学习方式。不一样的个体，不一样的学习方式会产生不一样的学习效果。如场独立型儿童在学习时较少受外界刺激干扰，善于独立学习；场依存型儿童具有明显的依赖性，容易受外界因素干扰，难以独立学习。

“贯通式”设计更加关注挖掘丰富的学习资源，关注多种学习场域之间的关联。这要求教师带领儿童走向校内外，探寻更多的学习场域，整合更多显性或是隐性的学习资源，让儿童的学习不再局限于单一的教材。在此基础上，促进儿童学习方式的转变，注重多元化学习方式的生成，从而达到深度学习。所谓深度学习，应该是学习者实现深度思考、触及事物（学科）本质的学习，应该是学生全身心充分自主参与，深度、全面激活多层神经元的学习，应该是学习者找到“自己”的学习，使人向更高阶、更高层次发展的学习。

以小组合作学习为例，小组合作的目的是通过小组成员之间的优势组合，进行深度学习，进而获得学习效果的最优化。传统的小组合作学习更多的是以前后座位为基础进行划分，完成的是形式上的小组合作，而儿童贯通式学习更加关注在小组合作中每个儿童学习方式的优化。根据学习任务的性质，学习目标的达成等，可以进行不一样的小组划分。

可以根据儿童相同的兴趣爱好、智能特长、能力水平等划分学习小组，这样教师既能对小组成员进行快速准确地评估，又可以高效地因材施教。如以班级或年级为单位的学习小组的划分。可以根据儿童相同的性格特点和学习方式进行划分学习小组，如深思型、场独立型的儿童善于自主、冷静地思考，把他们聚集在一起，可以充分发挥儿童自身的特长，进行一项带有难度的探究型任务，并且获得高度的成功体验；而冲动型与场依存型的儿童往往缺乏深入的思考，存有依赖性，将这类儿童进行组合，教师可以根据其共性问题设计问题情境，进行针对性的思维训练，帮助儿童转变学习方式。还可以根据儿童不同的或者相对立的性格特点和学习方式进行学习小组的划分，如认知繁化型儿童与认知简化型儿童的组合，认知繁化型儿童对问题的认识与思考比较细致，但有时难以抓住重点，而认知简化型儿童能够较快地抓住主要问题，但是缺乏细致深入的思考，这两类儿童在学习方式上存在的是一种优劣交叉，那么作为一个共同学习小组，教师便会促成他们互相取长补短，优势互补，共同提高。

在“贯通式”的小组合作中，教师根据儿童自身的异同，进行各种类型不一、目标不一的小组合作，让儿童在多种学习方式中“扬长避短”。既发挥自己的优势特长，又促进自身学习方式的多元化，能够在多种类型的问题情境中灵活运用恰当的学习方式解决问题，使自己的认知、思维、能力、思想观念等向更高阶段或更高层次发展，从而获得学习过程的最佳体验和学习效果的最优化。

(二) 师生关系的广阔与深刻

师生关系作为儿童贯通式学习研究的要素之一，更加关注其在原有关系的基础上优势突破与生态化重构。师生关系是“绿色学习生态”理念下重要的研究内容，特别注重充满关心和爱的绿色师生关系的建构，关注儿童安全感和幸福感的获得，关注儿童个体的健康成长。

儿童贯通式学习研究提倡发展朋友式、导师式等多元化、多样化的师生关系，打破了传统式课堂师生关系的模式，追求尊重与接纳，共情与帮助，符合儿童心理发展的需要。只有在师生平等基础上的交流与对话，才能够使儿童获得尊重感，愿意以朋友的方式与教师进行心与心的沟通。这也对教师提出了更高的要求，教师需要从观念和行为上改变以往的陈旧观念，敞开胸怀，接纳、拥抱儿童。此外，在儿童心目中，教师是榜样的存在，儿童期望得到教师的关注。然而不一样的儿童所表现出来的方式是各不相同的，这就需要教师运用自己的专业素养和专业技能走近儿童，了解儿童的需求，与儿童产生情感上的共鸣，从而给予儿童一种良好的情感体验。

当前，从国家、学校和社会各个层面都在大力推动信息化教育教学改革，“互联网＋教育”将互联网的技术优势和现代教育发展的思维方式结合起来，促使教育环境、学习方式和师生关系等发生转变。因此，需要教师在发展新型师生关系的同时，更加关注师生学习共同体的构建，在引领、指导儿童学习的过程中，发展同伴式的师生关系，教师需要与儿童一起学习，一起思考，互相启发，形成教师与学生之间的有机连接。

此外，为了推动良好师生关系的建立，构建和谐共进的生生关系，教师学习共同体以及乐学共长的亲子关系等也显得尤为重要。

生生关系直接影响到儿童在学校的生活与学习，而教师需要帮助儿童构建和谐共进的生生关系才能更加促进师生关系的和谐发展。儿童在班级中，既是朋友，又是学习共同体，更是竞争者，他们在不一样的时期扮演着不一样的角色。儿童贯通式学习特别注重创造和谐而又富有竞争力的环境，关注儿童在班集体建设、课堂多元化合作小组、课外社团活动等中的生生交往，既让儿童体验到与伙伴交往、共同学习的快乐，又让儿童在与同伴的竞争中提升自我的各方面素养。

教师是学习生态系统的重要生态因素，儿童贯通式学习指导下的教师关系不仅局限于学科教师之间的互动联系，更关注“搭建教师学习共同体”来实现师师关系重构，提高教学技能，优化教育理念，推进实验项目。教师学习共同体的形成，使得教师在共学互进中可以更加优化地处理师生关系。

“乐学共长”的亲子关系地提出打破了家长与儿童之间的单线联系，重点加入了学校的参与，形成了儿童、家长、教师、学校贯通式的联系，努力促成家校合力共发展。这从某种程度上加强了教师与家长的沟通，加深了教师对儿童的了解，促进了师生关系的优化发展。

（三）关键能力的广阔与深刻

《教育部关于全面深化课程改革　落实立德树人根本任务的意见》提出：各学段学生发展核心素养体系，明确学生应具备的适应终身发展和社会发展需要的必备品格和关键能力，突出强调个人修养、社会关爱、家国情怀，更加注重自主发展、合作参与、创新实践。儿童生来就有一种“内在生命力”，这种生命力是一种积极的、活动的、发展着的存在，具有无穷无尽的潜能。因此，成人应当把儿童看作一个具有旺盛生命力的、主动发展着的、活生生的人。教育者应当热爱儿童、尊重儿童，观察、研究儿童、了解儿童，激发儿童的“内在潜能”，从而促进其身心全面的、自然的、自由的发展。儿童贯通式学习承接了“儿童绿色学习生态的整体建构”的理念，致力于培养全面发展的人，提出了以尊重生命，尊重学生内心发展的要求，顺其自然，因势利导，以儿童为核心的绿色教育理念。注重培养儿童的自主学习和独立学习能力，培养儿童的探究意识和创新精神，关注儿童思维的开放性、深刻性、审辩性、整合性、创新性，让儿童的学习更科学、更生动、更可持续，从而顺应教育部关于发展中国学生核心素养的要求。

钟启泉在《“核心素养”的“核心”在哪里?》一文中提道：联合国教科文组织于2003年强调，核心素养的培育需要终身学习，终身学习也需要核心素养。终身学习的五大支柱即素养彼此关联，同时涉及生命全程与各种生活领域：学会求知，学会做事，学会共处，学会发展，学会改变。这就要求儿童贯通式学习的展开，需要在多学科的融合，多元关系的生成，多种学习场域、环境的转换中，使“教”与“学”产生和谐效应，让儿童的学习从原本的知识与技能的取得转换成儿童多种能力素养的培养与提升。

以语文课程说明文《松鼠》一课的教学为例，本篇课文出自统编版教材五年级上册的习作单元，从教材本身而言，其关注了文本与写作之间的贯通，注重学生表达能力和语言文字应用能力的培养。印象中的说明文语言平淡，表达严谨准确，趣味性不强，但布封的这篇说明文语言活泼生动。在课堂的学习交流中，教师引导儿童探讨：为什么这篇说明文可以不像其他说明文一样单调？儿童在合作探究的过程中，发现课文的学习不仅局限于单一的课文本身，可以结合书本中的其他学习资源进行联合思考，儿童通过与前文《太阳》一课的比较，再借助书后的“交流平台”，了解了原来说明文也有不同的语言风格，在说明一件事物时可以选择不一样的语言风格。紧接着学以致用，试着用说明性的语言来介绍一种事物。

于是，孩子们根据自己的兴趣，分成了小组，进行了学习场域的转换。他们走进了图书馆，翻开了《百科全书》，去了解世间万物；然后，他们又走进了动物园、植物园、科技馆、博物馆……擅长绘画的儿童可以带上画板，擅长摄影的儿童可以捧起相机，喜欢科学的儿童可以采集标本，心思细腻的儿童可以进行数据的收集，敢于探索的儿童可以拿起放大镜……在整个活动的过程中，每个儿童都可以发挥自身的特长，进行资源的分享。在进行学习场域转换过程中，每个学习小组共同明确新的学习场域、制订活动计划、策划出行方式、分配成员任务等，这就需要儿童能够有提出问题、解决问题的能力，独立自主地完成任务的能力，在新的学习场域中与不同社交群体的人际交往能力等多样化的能力。

在进行探究的过程中，儿童可以详细地了解自己想要介绍的事物以及事物的特点，开始着手写作。于是，用什么样的语言风格进行介绍又成了他们探究的新问题。他们再次走进课本，利用互联网，将事物进行归类，经过讨论探究发现，有的说明文是偏向于事物特点的准确性的介绍，如一些建筑物、科技产品；有的说明文是融入了作者的某种情感，如布封笔下的小松鼠；也有的说明文两者兼而有之，这与所介绍的事物自身的特点有密切关联，如鲸。他们再次走进图书馆、书店，进行调查了解，发现不一样的阅读对象，所选择的语言风格也会不一样。如果阅读对象是小学生，那么兴趣便是最重要的，可以选择生动活泼的语言风格；如果阅读对象是成人或者专业人士，那么可以选择偏平实的语言风格。于是，学生们便尝试着同一种说明对象，选择不一样的阅读人群，呈现出两种不一样的语言风格。这个学习过程的发生都是源自儿童自我的认知需求。在这一学习动机的驱使下，自主学习便自然而然的发生了。自主学习的过程必不可少的要素之一就是学习者的自主学习能力。只有具有较高的自主学习能力，学生才能更好地吸收教师传授的知识，进而依靠自己的力量解决学习以及生活中的语文问题，提高学生自身的学习质量。

随后，儿童继续进行了角色身份的转换，做起了小小讲解员。他们将自己探究所得并成文的这篇说明文改编成了讲解词，走进校园，走进小区的绿化带，走进动物园、植物园，走进科技馆，以讲解员或者导游的身份再次详细生动地讲述给更多的人听。这一过程需要儿童再次进行写作方向的转变，重新进行语言文字的编辑和文本体系的重构，进而走进不同的场域进行讲解员和导游的角色体验，这样的体验需要儿童首先了解讲解员和导游的职业特点并习得专业技能，进行多样化的表达。

整个“贯通式”的学习过程，源于教材，在多种学习场域以及多元关系的转换中，促进了儿童探究能力、组织能力、自我管理能力、人际交往能力、自主学习能力等多样化能力的培养和提升。

参考文献：

[1] 单畅. 系统论视阈下传统文化融入高校教育研究 [J]. 法制博览，2020 (18)：36-38.

[2] 钟志贤. 知识建构、学习共同体与互动概念的理解 [J]. 电化教育研究，2005 (11)：20-24，29.

[3] 况姗芸. 网络学习共同体的构建 [J]. 开放教育研究，2005，11 (4)：33-35.

[4] WENGER E. Communities of practice：learning，meaning and identity [M]. Cambridge：Cambridge University Press，1998.

[5] HEAD G，DAKERS J. Vérillon's trio and wenger's community：learning in technology education [J]. International Journal of Technology & Design Education，2005，15 (1)：33-45.

[6] 单志艳. 建设家校学习共同体构建家校合作新形态 [J]. 人民教育，2019 (22)：17-20.

[7] 约翰·杜威. 学校与社会·明日之学校 [M]. 赵祥麟，任钟印，吴志宏，译. 北京：人民教育出版社，2005：147-148.

[8] 范国睿. 复杂科学与教育组织管理研究 [J]. 教育研究，2004，25 (2)：52-58.

[9] 袁运开. 现代自然科学概论 [M]. 上海：华东师范大学出版社，2002：394-396.

[10] 刘勇. 皮亚杰的发生认识论和儿童心理学 [J]. 学习与思考，1983 (3)：80.

[11] 杜殿坤. 瓦·阿·苏霍姆林斯基的德育观点概述 [J]. 外国教育资料，1980 (1)：1-14，31.

[12] 本报理论部. 以习近平新时代中国特色社会主义思想为行动指南 [N]. 巴中日报，2020-07-23 (5).

[13]《国家中长期教育改革和发展规划纲要》通过审议 [J]. 中小学信息技术教育，2010 (7)：74.

[14] 成尚荣. 儿童立场：教育从这儿出发 [J]. 人民教育，2007 (23)：5-9.

[15] 杜鸿林. 杨贤江——一位大写的革命者思想者 [N]. 天津日报，2015-12-07 (11).

[16] 齐振东. 中华优秀传统文化与中国特色社会主义文化建设的结合研究 [J]. 马克思主义文化研究，2018 (2)：150-158.

[17] 李茂森. 课程资源的教学论意义探析 [J]. 教育发展研究，2008，29 (12)：34-37.

[18] 霍华德·加德纳. 多元智能 [M]. 沈致隆，译. 北京：新华出版社，1999：14.

[19] 钟志贤. 多元智能理论与教育技术 [J]. 电化教育研究，2004 (3)：7-11.

[20] 林崇德. 心理学大辞典（上卷）[M]. 上海：上海教育出版社，2003.

[21] 张宏伟. 如何理解学生的深度学习 [N]. 中国教师报，2002-07-15 (004).

[22] 徐晶晶，张虹. "互联网 + 教育"视域下的新型师生关系：内涵、嬗变及形成机制 [J]. 教育理论与实践，2018，38 (35)：29-31.

[23] 索丽珍. 论蒙台梭利儿童观及其渊源 [J]. 长春师范大学学报（自然科学版），2017，36 (1)：104-106.

[24] 唐其婷. 探析小学语文教学中学生自主学习能力的培养策略 [J]. 试题与研究，2020 (20)：100-101.

第四章

儿童贯通式学习的实践路径

第一节　构建儿童贯通式学习的场域

在“儿童绿色学习生态的整体建构”的理念下，围绕儿童贯通式学习的新样态进行探索研究，针对每一个儿童的独特个体、个体之间的多元关系以及儿童各具特色的学习场域、丰富的学科教学、多样化的角色关系等学习生态要素进行贯通把握，紧扣“贯通式学习”内涵，通过学习生态系统下的多元学习场域的主体融合、家校合作、社区联动的儿童绿色学习生态整体系统融通、智慧校园协作共建的线上线下教学资源性平台，实现儿童绿色学习生态整体建构。

根据法国著名社会学家皮埃尔·布迪厄对场域的界定：一个场域可以被定义为在各种位置之间存在的客观关系的一个网络（net-work）或一个构型（configuration），我们分析认为学习场域就是指以文化系统知识的习得与掌握为中心的多元位置之间的多元关系网络，是显性与隐形的整体集合与各种力量的不断重组，是具有学习意义场域的集合。对于学习场域来说，学校场域的实体性构型的存在与否都不影响学习场域的存在与建构。而且在一定意义上，学习场域绝对无须有实体性构型的必要。因为其没有固定的存在实体媒介，或者说相对于时空场域，它更侧重于在意义场域层面上的归属。事实上，儿童学习生态系统中学习的场域是相当丰富的，它包括学校、家庭、社区、社会和世界，还有虚拟的线上学习场馆等。儿童贯通式学习需要对儿童丰富的学习场域进行重构，而重构儿童贯通式学习场域，必须了解场域的运作机制。根据对帕森斯著名的功能主义功能系统——著名的 A-G-I-L 框架的理解和思考，我们在学习场域的运作机制方面进行探究，发现了使学习系统优化的运作模式：博弈—共生（平衡）—异质进入（新力量）—打破平衡—再博弈。根据这一场域运作模式，我们可以适时地根据需要调节场域的运作方式达到预期的运作效果。但是因为场域是具有其相对独立性的，即场域在形成之后，会具有相对的稳定性，而且场域中各个行动者之间的关系结构以及他们自身所具有的习惯都是个人自身一系列历史关系积淀构成的，其表现形式是知觉、判断和行动等身心图式。所以，对于“学习场域”来说，重新建构新的关系结构，需要引入“新力量”，而这个“新力量”我们将其定位于“贯通式学习”。因此，针对基础教育场域，一方面，我们仍旧需要激发学习者的个体化学习模式，通过贯通式学习养成他们进入学习场域所需要的习惯；另一方面，我们也从教育场域的内部入手，打破各个学习场域之间分割的状态，打通场域之间的联系，通过知识体系的搭建和学习方式的设计寻找学习场域之间“贯通”的着力点，从而优化儿童原有学习场域的结构，重构贯通式的学习场域。

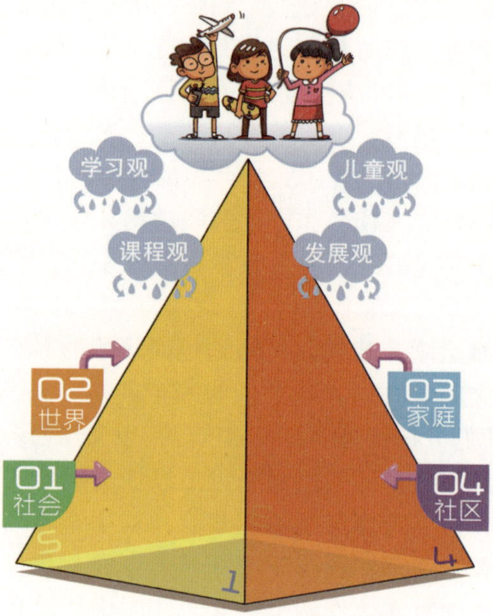

一、构建儿童贯通式学习场域的社会支持体系

目前，在探索儿童贯通式学习的过程中，我们发现存在三大问题：一是绿色学习生态理念的学校文化未必能被所有家长理解和接受；二是全力聚焦儿童本身的学习适应问题，忽视了低年级儿童心理适应、社会适应、文化适应问题，忽视了家庭的社会适应问题；三是绿色学习生态理念指导下的贯通式学习，还没有处于完全融会贯通的状态。要解决贯通式学习场域中的融通问题，关键是从家庭、学校和社会三方面构建“三位一体”的社会支持体系。

为了使学生在各个方面都健康正常的发展，取得最优化的教育效果，学校、家庭、社会，三者应有机融为一体，相互贯通，相互促进，共同提高。我校尝试将教育工作向家庭辐射，向社会延伸，完善家访制度，建立家长委员会，采取多种形式加强学校同家长的联系与沟通，请家长为学校的管理工作献计献策，同时学校增强对家庭教育的指导，实现学校家庭互动。为了保证学校教育与家庭教育的连贯和延续，学校定期召开家长会、家长委员会，举办家庭教育专题讲座，通过各种途径听取家长的意见和建议。

学校教育是主体，是连接家庭和社会的桥梁，我们认为唯有通过对家长的培训，转变家庭教育的方法，提高家庭教育的质量，才能通过家庭去改变社会，为学生健康成长提供一个良好的育人环境，同时社会与家庭又会反过来促进学校办学，促进教师队伍素质的提升，从而促进儿童贯通式学习中的融合。

1. 建构支持儿童社会学习的多元场域

凝聚社会上的有识之士参与到新时期的儿童学习场域建构中来，引导其参与儿童教育生态建设，形成儿童发展的立体内涵认识，促进儿童全面发展、健康成长，形成与社会相适应的知识、技能、价值观。

在对学生的问卷调查中，我们发现儿童对绿色校园的期盼不仅仅局限于校园环境的优美，更有深层次对绿色课程的向往。于是，学校成立核心教师团队编写《绿色视野》校本课程，打造绿色视野科技馆，让学生在科技馆里开展实验、研究，体验科技与自然的神奇。学校还不间断地邀请知名学者来校为全校师生做有关自然、环保、科学的各类讲座，孩子们在参与中有了亲身体验，更加亲近自然，亲近绿色课程。此时他们的学习场域已不再局限于课堂、课内。学校在校园里辟出一方角落，撒下种子，打造属于他们的“百草园”，在百草园里设计了“虫子世界”自然教室。朱赢椿教授也成了我们学校里的特邀自然教师。他定期走进校园、走进“百草园”、走进“虫子世界”为孩子们授课。探寻虫子的课堂里，真实的学习场景让儿童自主、合作、探究的学习方式创生出更多个性化的方式方法，实现了儿童贯通式学习场域的重构。

2. 建构支持儿童社会学习的资源平台

学校建立儿童学习、心理保障平台。开创心理周、心理志愿服务队、心理沙龙等特色活动。积极实践心理课程的同时将心理健康教育与校园文化活动、学科教学、班会活动进行整合，以心理报、心情天气预报、心理班会等教育方式，为学生心育发展注入活力。

打造智慧校园，学校协作共建线上线下的互联网教育资源的互助平台。有效地将教学从课堂内扩展到课堂外，把课内与课外有机结合起来，提高了学生的学习兴趣与学习的自觉性、主动性和创造性。课堂上，教师根据自己的经验与学生特点，将书本知识与互联网的教学资源、传统教学方式和互联网线上线下的教学方式有机结合起来；课后，学生可以利用网络教学平台或互联网与任课老师、班级同学进行学习问题的交流，共同完成老师布置的作业。集教学内容、教学资源、信息技术、教学管理、教学评价等功能于一体的互联网教学平台，满足不同层次学生学习的需要，符合当代学生个性化的学习心理特征。

二、儿童贯通式学习场域的校本建构

“儿童绿色学习生态系统”不仅仅是一种概念，更是一种理念；不仅仅是一种行动，更是一门科学。这体现在主体性联结上。社会适应是个人适应社会环境而产生的行为，只有不同教育阶段相互衔接，不同形态的教育社群贯通培养，不同地域的共性梳理，才能协调学校、社区、家庭的多方合作。系统需要实践性建构，这是对立德树人的阶段回应，要不断发掘新的儿童实践教育渠道。

1. 遵循生命独特性的教育理念

我们对“人”的品格基础培养需要形成自己的定位和理解，把“人”的基础发展分成四个维度。第一维度：独特的生命个体。我们坚信每一个儿童都是独一无二的具有生命个体特征的人。第二维度：新时代的儿童。当代儿童有较强的适应性，他们健康、向上、向善、合群、守约、诚信，要培养其成为适应群体生活规则的新时代的儿童。第三维度：城市文化儿童。城市作为人类适应环境的一种特殊方式，是人类文化的组成部分和独特的文化现象，不同的城市有其不同的城市文化，城市在不断地适应环境的过程中，也在对城市内的个体进行社会化。因此，我们要在不断积淀传统文化基因的同时，把儿童培养成具有身份认同的人。第四维度：社会公民。每一个儿童都要朝着社会人的方向发展，走向社会的现代公民，应具有民族情怀、公民意识和公民品格。

2. 儿童绿色学习生态系统的多元主体融合

一是打破师生之间的壁垒，让师生共同成为目标系统的建构者。儿童的核心素养培养不仅仅是文化的熏染，更需要从人的基本素养入手，从儿童的普遍属性出发，架构儿童核心素养体系。二是打破家校壁垒，让家长成为环境系统的建构者。家长要主动帮助儿童增强社会学习的适应性，以包容和耐心对待儿童在学习适应过程中出现的问题，通过自己的言谈举止对儿童潜移默化地进行教育。三是打破学校与社会的边界，让教师与社会人士成为实践系统的建构者。通过对儿童绿色学习生态系统的研究，落实儿童贯通式学习的实践与探索。四是打破不同学段间儿童的壁垒，让儿童成为朋辈系统的建构者。通过让不同年龄段儿童彼此交往、互相影响，在角色体验中、在甄别不同的同伴群体中，优化学习方式，实现儿童贯通式学习的重构。

3. 建构支持儿童贯通式学习的学校生态系统

"场域"的范畴不只是简单的空间领域或环境，而是"由社会成员按照特定的逻辑要求共同建设、提供给个体参与社会活动的主要场所"。构建有效的"学习场域"离不开与儿童绿色学习生态系统相适应的学校生态系统，就是要让教师身处教学实景之中，在反思、研究、解析中获得更深的感悟，诱发思考的嬗变，从而推进课堂教学的变革，丰厚教育教学的底蕴。从学习、交往、家庭、社区、心理等要素方面建构，建立互助的学习系统、自信的心理场域、共生的和谐家庭、交往的实践情境、朋辈的社区群落，并实现这五个子系统之间循环融合，彼此融通。

我们关注学校子系统内各要素与整体的相互联系，系统中的每个部分都能成为一个网结点，每个网结点都可以向周围其他网结点延伸或收回，形成一个循环流动的通道。系统中每个层次的变化都可以通向这个通道，流向其他层次，引发整体性变化，这就是我们所说的贯通。学校与社会，学校与教师，学校与学生之间，教师、学生、课程之间以及教师与学生之间，通过整体贯通，保持内部的相对稳定，加强了它们之间的普遍联系，也造就了学校与系统外部进行的广泛联系，形成一种开放的姿态，吸收外部输入的能量，保证能量的交换与流动，从而建构起儿童绿色学习生态系统。

4. 打通与儿童学习相联通的家庭场域

学校策划举办由家庭共同参加的亲子交流、亲子对话、亲子娱乐等活动项目。开展"上书房"家庭行动，通过家庭阅读计划，让每个家庭每天都能有一起陪孩子阅读的时间，使阅读成为儿童生活的一部分。儿童在坚持日常读书习惯的同时，相约父母一起走进书的世界，对特别有价值的书，全家一起做批注，写读书笔记。亲子阅读活动的开展，让阅读不仅成为儿童自我提升的途径，也成为家庭的好习惯。

针对目前人们对手机的过度依赖现象，学校号召每个家庭共同设计制作"养机场"，并商定每天同一时段全部将手机放进"养机场"，手机存放期间，父母专心陪伴孩子，亲子之间可以完成许多有趣且有意义的事。一个小小的“养机场”，不仅解决了对手机的过度依赖，也体现了家庭共生场行动对亲子关系的增进与不断优化。

学校倡议食育，以食为媒，了解食物的来源，全家人一起做饭，一起用餐，养成健康的饮食方式，增进家人间的沟通理解，培养良好的家庭关系。一道简单的菜可以让儿童感受到亲情的温暖，可以体会到一日三餐的辛劳，更能寻找到劳动的快乐！厨房的味道，才是幸福家庭的模样。此外，学校还常常开展家庭互助行动，让不同家庭之间形成结对关系，在生活、工作、文化与育人理念上相互关照、相互影响，促进融合。

我们主张生活德育不说教、重行动，通过行动后的体验，获得生活上的更大变化。家庭共生场行动，将教育的理念渗透到每一个家庭之中，引导家庭生活向着更健康、有品质的方向发展。

5. 搭建与儿童学习相联通的社会场域

在社区学习场域，组建学习共同体，在学习共同体的组建中，注重物理空间与心理空间上的重构：学习组的串联、班际间的并联、小助教的合联，通过学习组构建起特有的“朋辈关系”，支持与理解、尊重与信任等情感在学习共同体中得以更好地满足。

学校与生态环境部宣教中心、南京市环保局、南京市环境宣传教育中心、南京生态文明教育馆联合承办自然小课堂全国观摩活动，组织带领不同年级的学生组成学习共同体在腾讯大苏网直播中分享自然探索故事；学校与南京市环保局、市台办、市文明办、市教育局、市城管局联合主办“南京·新北环保小局长快乐成长营”活动，同学们变身环保小局长与来自不同地区、不同学校、不同年级的小伙伴相互牵手、共话环保、建立友情；学校与南京生态环境保护宣传教育中心、中国科举博物馆共同协办生态文明公益快闪活动，带领不同年级的学生通过绘画、舞蹈、说唱向社会宣传“生态环保人人有责，绿色南京你我共建”；学校组织学生参加“长江大保护·绿色共成长”活动，同学们在专业人员的指导下，在江边采集空气、土壤、江水检测样本，开展生态环境科普互动交流，用绿色行动讲述保护长江的故事；学校还组织教师和学生开展阳光助学活动，教师走进贫困

偏远地区小学支教、援教的同时，也让具有教学资源优势的在校学生与手拉手山区学校的儿童共享学校线上线下教学资源，互相体验不一样的学习与生活，帮助他们发展自身的优秀品质，促进其社会交往与社会参与，在学习共同体中找到自己的好朋友，助人自助、接纳尊重，引导儿童自我改变、自我发展。

6. 开拓走向世界交往的儿童学习活动

学校以绿色教育为指导，积极整合各种资源，开拓国际教育交流渠道，开展高品位、高频次的国际交流，从而提升学生的跨文化意识，培养学生的国际化视野。中新合作项目中，我们开展师生书信交流。友好学校师生间互相结对，每月互写一份书信，介绍彼此的学校、家庭、所在的城市……书信在提高我校学生英语写作水平的同时，也激发了国外友人学习汉语的热情。中美、中芬、中英合作项目中，师生开展QQ视频、微信和电子邮件交流，互相交流彼此的学习生活情况。交流访问期间，进行中英数学对抗赛、中美艺术展和中芬体育表演。

儿童是世界的，儿童是未来的。为儿童打开一扇窗，提供一个舞台，他们就能放飞无限梦想。我们努力构建儿童绿色学习生态，转化童年视域和状态，形成平等、开放、互助、对话的生态化学习关系，重构“贯通式”课程文化学习场域。依托多年对外交流的经验，学校在校园内举办“模联”国际文化节，通过国际文化节促进基础教育国际化，培养学生多元智力，提高跨文化传播水平，创造中外文化和谐共生的氛围，并进一步探索如何在全球文明的视野下将学生精神和多元文化结合，建设开放、多元、国际化的校园环境。

为了在全球化的进程中维护我国的民族个性与传统文化。学校将推广宣传中国传统文化与互访交流结合起来。国际友好学校来访期间，组织体育教师带领同学们表演抖空竹、花样跳绳、踢毽子、滚铁环，邀请外国学生一起加入民间传统体育课程的学习；美术教师教学手绘南京云锦、剪纸和水墨画；数学教师教学珠心算等极具中国传统文化特色的课程。此外，组织中外结对伙伴一起制作青花瓷；欣赏茶艺表演，在茶香里感受中华“茶文化”。

走向世界的游学行动，让我校在结对学校彼此之间共同开展各种教育教学活动中实现共建。增强儿童的自信，拓宽视野，激发出他们的进取精神，让儿童的学习过程处于和谐、平衡的状态，实现儿童全面、健康、可持续性发展。

学习场域的概念是从社会学中“场域”的语义演化而来的，鉴于儿童贯通式学习的场域形态特征的社会适应性，紧密联系我校前瞻性教学改革项目

“儿童贯通式学习的新样态研究”的成果，来深入揭示贯通式课程的内涵，在此提出儿童贯通式学习场域相应的重构方式，主要表现为：建构与儿童学习场域社会适应的多元化主体、构建儿童绿色学习生态系统相适应的基本资源平台以及学校生态系统优化整合。然而，要做到真正的贯通，教师首先必须要尊重儿童、研究儿童；要以儿童现有的经验为起点，以儿童为中心，敏锐地捕捉并帮助儿童确定学习的兴趣点。同时，贯通式课程的设计与实施，也对教师提出了更高的要求，需要教师关注学习生态，不断思考，不断探索。贯通式课程设计来源于儿童学习经验的激活，顺应教育的自然与生态，顺应新时代儿童教育科学新理念的召唤，尊重并支持儿童对课程的选择，为他们营造和谐、快乐、自然的校内学习场域，让儿童立于学习的中央，使其学习更舒展、生命更灵动。这也是重构学习场域的意义所在。

第二节 开发儿童贯通式学习的社群

学习生态是一个复杂的系统整体，不同的个体在共生与合作中结成生命共同体，以儿童学习为主的关系主要包括师生关系、生生关系、亲子关系等，统称为学习生态系统的“社群”。贯通式学习的社群建设主要包括以下几个方面。

一、打造多元共存的师生关系

随着新课程改革的深入，师生关系有了新的定位，不再是原来简单的“教”与“学”或“管理者”和“被管理者”的关系，而是一种多元的多角色的关系。在儿童贯通式学习的社群建设中，学校也倡导建立多元共存的师生关系。多元的师生关系不仅影响教学效果，影响学生的成绩发展，甚至影响学生的未来成长。作为教师，可以从以下方面努力：

第一，教师对待学生要像对待朋友一般。在平时生活中，我们真诚宽容地对待我们的朋友，那么教师对待学生也应该宽容而且真诚。小学生的心理年龄和生理年龄偏小，因此当他们做错事、说错话时，教师要宽容地去理解他们，但同时也要教育他们认识到自己的错误并及时改正。谈及真诚，作为教师不只是做一些表面工作，而是真心诚意地对学生好，真心实意地为学生着想。

第二，教师要有扎实的专业知识和广博的课外知识，以赢得学生的信任和崇拜。为人师者，教师要赢得学生的彻底信任并不容易。现在是一个知识型的社会，教师要恪守己行，努力提高自身的修养和素质，赢得学生的信任和崇拜。与此同时，教师也要时刻记得对学生所做的承诺，并努力去实现，要让学生认为教师可信，并引以为傲。教师要用自身的修养去赢得学生的尊重。

第三，教师不仅要做学生的朋友，更要做学生的家长。对待学生，教师不仅要像对待朋友那样亲切、友善、平等，更要像家长对待孩子那样严格。如果只做学生的朋友，对他们只有鼓励和偏袒，显然不行。对待学生，还需要有父母式的引导、监督、管教。比起父母，教师更容易接近学生，也更加了解学生。因此，对待学生，教师要适度地鼓励与批评。我们常对学生这样说："在课堂上我们是朋友，课后我们是朋友。"教师与学生的关系或许更应表述为："课堂上是师生关系，课后是朋友也是父母与孩子的关系。"因此，教师是一个有着特殊身份的多重角色的扮演者：像老师那样教育孩子，赢得学生的尊重；像朋友那样鼓励学生，赢得学生的信任；像父母那样管教学生，赢得学生的爱戴。

第四，教师要恪尽职守，提高自身素质。教师要不断提高自身素质，扮演好教师的角色，使自己不愧"人类灵魂的工程师"的称号，因此，教师要有终身学习的思想和行动。在新课程改革中，不断地学习，不断地进步，不断地提高自己，以适应新课程改革的需要。同时，教师也要不断地接受新思想、新事物，这样才能和学生保持共同的话题。教师的角色由"教"转化为"导"，这是对教师本身业务水平的一种更高要求，教师要努力去践行它。

第五，教师要和学生保持一致的奋斗目标。学生的奋斗目标也是教师的奋斗目标，学生的未来也是教师的未来。教师要引导、鼓励、帮助学生朝着大家共同的既定的目标不断地努力奋斗。

总之，多元化的师生关系在教学过程中起着至关重要的作用，扮演着举足轻重的角色，教师应该着眼新课程改革，按照新课程改革中的要求改变现有的单一的师生关系，形成并建立一种多维度多角色的新型的师生关系，推进新课程改革，为学生的未来而努力奋斗。

二、建构和谐的生生关系

生生关系直接影响到学生在学校的生活与学习，贯通式学习应致力于建构和谐的生生关系，具体研究包括班集体建设中生生关系的研究、课堂多元合作小组的研究、课外社团活动生生交往的研究等。

1. 班集体建设

(1) 民主协商，共同制定。

没有好的班规就不能形成好的班集体，为班级制定班规是班级管理的良好开端。然而，班规的制定一定是从学生中来，到学生中去，并做到全班认可。新学期伊始，班主任急于管理，想方设法地为学生定规矩。可刚开学并不是制定班规的好时机，应该给孩子们一定的时间去相互认识与建立友谊。一周后，同学间彼此熟悉了，也适应了新环境，再开始制定班规。首先，为了班集体榜样的树立，班主任要在班会上重点表扬开学来表现不错的学生，并在潜移默化中让学生明确班规制定的必要性。其次，引导学生去发现开学以来班里存在的问题，针对学习、纪律、卫生等方面存在的问题提出改进办法。无论是核心规定还是常规程序的制定，都是越明确具体，收到的效果越好。最后，通过举手表决的方式形成班规。这样的班规已经不是冷冰冰的文字，而是深入人心，有生命的约定。

(2) 团结协作，人人参与。

心理学家罗杰斯十分重视班级氛围对学生的影响，认为儿童在相互理解与支持的环境里能够从容地学习。构建良好的人际关系既能为学生的有效学习提供安全的心理环境，又能营造和谐的班集体氛围。具体而言，一是人人都要有主人翁意识。主人翁意识是化解群众学生与班干部群体矛盾的心理基础，班级里的每一位同学都可以对照班规认领一份职务，职务无大小之分，人人参与管理，既获得尊重，体现价值，又通过与人合作，管理好共同的家。只要人人有事做，事事有人做，学生们的积极性、主动性被调动起来，学生群体间的互相排斥现象就会得到解决。二是发挥各类学生群体的优势。班主任要公正地对待各种学生群体，充分发挥各个群体的优势，班主任可任用非正式群体中有威信、有能力的成员担当适当职务，取长补短，使非正式群体的奋斗目标与班集体的目标一致，达到各学生群体之间互相帮助、团结一致的目的。

(3) 高度重视，价值引领。

班集体文化是一个班级精神的集中体现，是一个班级的灵魂所在。所谓班级文化外显层是指那些以精神的物化产品和行为表现出来的人们能直观感受到的内容，它包括班级的标志、教室环境布置、班级规章和班级成员的行为等；班级文化内隐层是指班级文化的根本，包括班级的价值观念、道德规范、班风等。班集体文化建设不仅要重视物质文化建设，做到既整洁有序又新颖活泼，更要重视精神文化建设。班集体价值观不仅具有舆论导向的作用，也使面向全体学生的教育有了“根”。

2. 课堂多元合作小组

基于“培养学生自主合作探究的学习方式，促使学生多元智能发展”，老师们尝试了“多元小组合作学习”课堂教学模式。以语文老师的课堂教学为例：

(1) 确定提纲，自主预习。

自主学习是小组合作的基础，课堂上小组合作讨论之前，教师必须留给学生自主预习的时间和空间。只有这样，才能使每个学生都胸有成竹地参与到合作学习中来，把自己掌握的信息共享给其他组员，帮助他人释疑解难；把自己无法解决的问题通过集体来解决，真正体现合作学习的力量。这样才能使学生的人际关系智能、自我智能得到充分的展示和发展。

(2) 明确目标，有的放矢。

教师对学生的态度和教学的态度很大程度会影响到教学的效果，著名的皮格马利翁效应就是最好的证明。所有的学生都是不同的，他们是独特的、丰富的、具体的。基于个人智力的差异和发展空间，使学生在教学中都呈现出动态发展的状态，教师给予学生展示长处的机会，增强他们的自信心和自尊心，以关注鼓励增强学生上进和追求的动力，激发学生自主学习的兴趣，进一步引导学生明确合作学习的目标。

(3) 合作探究，释疑解难。

尽管大部分学生对很多话题都有一些有意义的见解，但却缺乏同等的展示或发展他们特有能力的机会。小组合作学习避免了这一弊端，使学生能够根据自身的兴趣和需要学习，展示分享不同领域的成果，实现其全面发展。

（4）真实评价，激励学习。

科学合理的评价和奖励机制是小组合作学习成功的重要因素之一。德国教育家第斯多惠说过："教育的艺术不在于传授本领，而在于激励、唤醒与鼓舞。"在合作学习的课堂教学实践中，教师应及时多样地对学生或小组的活动予以认可或奖励，这是小组合作学习课堂教学的中心环节。

加德纳提出了建立"个人为本"的真实评价的设想。扩大考评的维度，以充分的考虑、合理的设计考查学生对课程的掌握。所以，课堂评价中应关注教学的过程、学生的差异、实际的应用，应注意从每个教学环节，捕捉学生整个学习过程，对学生成长的轨迹和进步的方式客观公正的评价并记录入档，以此来激发他们自由探索情趣。

（5）巩固总结、检测拓展。

学生回顾学习过程，归纳学习要点，整理学习笔记，说出自己本节课的学习收获，教师点评总结；还可以小组成员之间进行检测，相互检查学习目标完成情况；教师还可根据教学目标对学生的学习效果进行课堂检测（如背诵、默写、提问、答题等），以确定学习目标的达成情况，要求学生当堂巩固；或组织一些以小组为单位的智力竞赛，等等。

多元智能理论为教学提供了方向，多元小组合作学习能面向全体学生，让学生在交流中互相学习、在实践中共同探讨，是促进学生发展的有效方式；也是培养学生创新精神、探究意识和合作能力的重要学习形式，还是促进学生学会学习、学会交往等多种智能发展的重要形式。

3. *在课外实践中构建和谐的生生关系*

培养学生社会实践能力，其中一个重要的能力，就是培养学生的人际交往能力。社会实践活动倡导以小组活动的形式进行。在小组活动中，小组成员之间具有更多和更深层次的交往，如情感的交流、思想的交流、方法的交流、问题的讨论等。如何交流才能取得更好的效果，是学生要面对的问题，这在实践受挫折中能得到逐步改进。因此，通过各种丰富的课外实践，生生关系会得以和谐发展。

案例：二年级的"赏秋节"

秋天到了，聚泽园校区的百米操场边，高大挺立的银杏树，被大自然染成了金黄。在蓝天白云的衬托下，犹如矗立在天地间的金色盆景，一阵微风吹来，金黄的叶子欢快飞舞，仿佛是成千上万的蝴蝶在此嬉戏。砖红色的跑道上婆娑摇曳着片片金叶，仿佛被金色溪流洗涤过一般，此时美景怎能辜负？"赏秋节"由此而生！

跟随二年级孩子的脚步，在银杏树下，着汉服，在美景、美食、历史中穿越。一起吟诗、作画、对弈、跃动、品美食……聆听树叶舞蹈的声音，记录它们优美的身姿，欣赏这独具特色的校园美景！

（德育处）

教育不仅是一种求知活动，而且也是一种陶冶活动，一种融知、情、意、行为一体的活动。和谐融洽的人际关系，会促进群体意识有一个明确的统一的教育目标，促进学生焦虑情绪的转化，创造民主平等、协调、和谐的心理环境。“赏秋节”活动让孩子们走出教室，走近自然，自己结成小组，以诗词、歌曲、绘画、美食等丰富的形式表达情感，孩子们之间形成团结互助、积极进取的氛围，心情舒畅，精神焕发，大家互相学习，取长补短，满足彼此的需要，在多维立体的交流中，使整体效能得到提升。

人际交往能力的培养不但要在课上进行训练，还应该引导学生走出课堂，进行开放式教学，让学生在大环境中强化人际交往的能力。

案例：两元钱里的汗水与成长

沐浴着五月的春风，南京市凤凰花园城小学的同学们即将迎来10岁成长礼，老师和家长为孩子们精心设计了一次成长实践活动：利用周末时间，自己动手挣取两元钱。

活动号召一发出，孩子们立刻沸腾起来，有的商量办法，有的摩拳擦掌，恨不得马上大显身手。

周末，尽管天气炎热，但是挡不住孩子们挣钱的决心。有的孩子抓住“商机”，在旅游景点卖水给过往游客；在苏宁广场上，有的孩子拿出自己的宝贝“冲锋枪”，摆出两元打10发“子弹”的招牌，吸引了好多顾客；有的孩子去废品收购站卖家中积攒已久的废弃物品；还有的直接摆摊，拿出自己“压箱底”的宝贝，做起了向往已久的“生意人”……

孩子们在烈日下体会着生活的艰辛，认识到付出才有回报。在这个属于他们自己的节日里，学会担当，茁壮成长。

（德育处）

得法于课内，得益于课外。学生将课堂上所学习的人际交往知识和参与的人际交往，在日常生活中实践，才能开阔眼界、丰富知识、拓展思维，形成灵活机智的听说能力、应变能力和待人处事能力，换言之也就是形成了真实的人际交往能力。

三、搭建教师学习共同体

教师是学习生态系统的重要生态因素，教师成长，是学校教育教学发展的重要议题。学习共同体，是学校教师基于个人发展需要、自愿参与、协同进步、共同促进的团体组织。学习共同体活动的开展可以从读书学习、名师课例赏析、集智备课、专业写作四个方面展开，以促进教师的专业发展。

1. 阅读分享，互相启迪

教师可以找到一群志同道合的人，每天利用一节课的时间，开展阅读活动，形成学习共同体。初期，教师可以根据自己的喜好，选择自己喜欢的专业书籍。在阅读的过程中，采取无负担的阅读形式，教师可以根据自身需要，选择是否做读书笔记。当教师对阅读专业书籍产生了一定兴趣，形成阅读习惯之后，引导团队教师共同开展研究性阅读。研究性阅读是一种深层次阅读，有助于教师对教育教学中遇到的问题进行深入思考，通过阅读大量的文章及书籍，寻找问题解决路径，提高自己的专业素养。以几周或一个月不等的时间为一个周期，团队教师根据教学中遇到的某一个问题，开展主题性的研究性阅读。通过查阅相关资料及书籍，共同研究解决问题的办法。结合自己的教学实践，分享交流彼此的想法。在后期，通过建立读书 QQ 群或微信群的形式，交流分享自己的读书心得。结合自己的实践，针对阅读过程中的一些思考，共同交流自己的想法。同时，提出相关问题，为今后的读书学习找到新的方向。

读书是教师最好的修行。教师学习共同体能够团结大部分教师加入学习队伍，促进教师的专业成长，使教师的教育教学水平得以不断提升。

2. 课例赏析，提升教艺

赏析名师课例，有助于教师学习和借鉴名师在课堂教学中的先进理念和科学方法，从而改进自己的教学，提高课堂教学质量；名师课例，往往代表着课堂教学改革的风向标，对于教师成长而言意义非凡。赏析名师课例，可以从以下几个方面进行。

一是对某个名师课例进行专题研究。在研究开展前，教师学习共同体的团队成员可以互相商定，依据不同名师的教学风格，最终确定以哪个名师课例作为研究对象。首先，学习共同体成员共同观摩某一名师课例，观摩结束后展开研讨，共同分享自己的观课心得。其次，所有成员共同收集不同专家及教师对名师课例的评析，结合评析进一步深入的思考。所有成员共同研读该名师的专著及相关文章，结合其教育思想，对该名师课堂教学进一步地深入研究，从而使所有成员真正明白名师课例设计的理论依据，有效地改进自己的课堂教学设计。

二是围绕同一教学问题，对不同名师课例展开研究。对于一线教师而言，在实际教学中，会遇到许多不同的问题。然而，很多名师在课堂教学中都能够较好地化解这些问题，足见名师高超的教学艺术。教师学习共同体的全体成员可以进行共同交流，分享课堂教学中常见问题，结合这些问题，对名师课例进行赏析。如课堂导入问题，不同的名师有不同的导入方法，团队成员可以收集相关名师课例，对名师课堂导入环节进行研究，得出课堂导入的不同方法，结合自己的教学风格，在教学中设计适合的课堂导入。

三是针对某一主题，对不同名师课例进行专项研究。无论哪一个学科，教学内容都是分为不同主题、不同板块的。以语文学科为例，语文教材中所有的文章都具有各自的文体特点，分为诗歌、散文、小说等。教师在教学时，只要抓住了文体特点，就能够较好地把握语文课堂教学的内容。基于此，教师学习共同体成员可以按照不同体裁文章的教学形式，对不同名师课例展开研究。如同是一篇散文，欣赏三个甚至更多名师的课例，从不同的名师课例中找到教学的相同点，从而归纳散文教学设计的要素，有助于教师真正懂得在教学时如何科学设计。

赏析名师课例，最关键的是要懂得名师课例真正好在哪里。唯有如此，才能真正提升教师自身的课堂教学质量。

3. 集智备课，教法切磋

备课，一直都是困扰着一线教师的一个重要问题。在实际教学中，大部分老师在备课过程中都是采取抄袭现有教学参考书的教学设计方式。这样的备课形式，既浪费了大量时间，又缺乏教师的独立思考，极不利于教师的专业成长。

通过教师学习共同体，团队成员可以采取集智备课的形式，团结协作，设计出最佳方案。首先，团体成员围绕某一个教学内容展开集体研讨，确定

教学目标。其次，由某一位老师依据团队成员集体讨论的成果展开备课，完成教学设计。团队成员根据已完成的教学设计再次研讨，发现其中问题，改进教学设计。再次，由一位团队成员根据教学设计展开教学，组织其他成员听课。在听课的过程中，发现教学设计中存在的相关问题，从而进一步地改进教学设计，使教学设计达到最优化。最后，团队成员利用已完成的教学设计，开展课堂教学。

集智备课，是将教师学习共同体中所有成员的智慧进行集体众筹的一种重要形式。这样的备课形式，不仅有利于提高教师课堂教学设计的能力，还有利于从根本上提高课堂教学效率。

4. 勤于写作，助力专业

我写故我在。专业写作，是促进教师专业能力提升，提高教师话语权的重要途径。善于写作的老师，是一个善于思考的教师，是一个善于学习的教师。教师只有迈入专业写作的路途中，个人能力才能得以真正提升。

基于教师学习共同体，提升教师的写作能力，可以采用以下几种有效途径。一是专业引领。提起专业写作，大部分教师都“闻风丧胆”。为了引导教师动笔，学校采取了专家引领的措施，邀请一线教学名师和相关期刊编辑到校讲座，使所有教师认识到写作对教师专业成长的重要性。同时，让教师深刻地认识到，开展教育研究，进行专业写作并没有那么难。在教育教学中，每天发生的有意义的事情都值得动笔写。二是专业研究。写作的目的除了表达自己的思考之外，更重要的是为了发表。文章发表，能够进一步激发教师的写作欲望。然而，教师的文章想要得以发表是有一定难度的。只有对不同期刊的文章风格进行研究，才有助于提高文章发表的概率。因此，学习共同体的成员相互合作，共同研究不同期刊的选文风格，在互帮互助中，逐步找到了专业写作的秘诀。随着教师文章的不断发表，教师参与研究的积极性进一步提高，教育教学质量也得以有效提升。

教师学习共同体的开展，使学校全体教师逐步形成了热爱学习的氛围，教师的专业能力得以不断提升，教师职业倦怠感不断降低，促进了学校教育教学质量的稳步提升。

四、培养乐学共长的亲子关系

亲子关系是所有关系中最重要的关系，直接影响个体、家庭乃至社会的发展与稳定。近年来，为适应基础教育改革发展形势和小学亲子教育活动的需要，结合家校实际，我校组织开展了一系列亲子实践活动，取得了较好的效果。

1. 亲子阅读

儿童是国家未来的主人翁，他们身处在信息满溢的现代社会中，到处充满着新知，除了亲身体会外，亦可经由阅读学习到知识。家长是孩子的第一任老师，家长陪着孩子一起读书，不管是各读各的书，还是共看一本书，都会让孩子体会到“我和爸爸妈妈正在共同做一件很重要的事情”，久而久之，孩子自会把读书当成重要的事情看待，并且乐在其中，亲子的感情将因共同回忆而更加密切。

我们也以班级、年级、学校为单位，在贯通式学习理念的指导下，发起过各式各样的亲子阅读活动。

寒假来临，南京市凤凰花园城小学二年级的小朋友接到了一份与众不同的阅读作业：思考哲学问题“自由是什么?”

一开始，孩子们说：“自由就是想去哪儿玩就去哪儿玩。”“自由就是可以不写作业，不看书。”“自由就是想吃就吃，想玩就玩，没人管。”“自由就是每天过年。”……

趁着过年，阖家团圆，问问大人，大人们说：“自由就是有花不完的钱。”“自由就是可以周游世界。”“自由就是睡觉睡到自然醒，数钱数到手抽筋。”也有大人说：“选择一项让生活更有意义的工作就是自由。”“把你们送进大学就是自由。”“自律也是自由。”……

孩子们又通过看书，有的看老师推荐的书《自由是什么》《假话国历险记》《借我一个爸爸》等，有的是通过看其他自己喜欢的书，再次思考，想法发生了一些改变。“有自己的想法和目标，并且坚持下去，就有了属于自己的自由。”“学会共处，学会倾听，才能在生活中获得自由。”“把该做的事做完，再做喜欢的事，就是自由。”“遵守规则，才能获得自由。”……

孩子们把一个个有趣的、真实的、有哲理的想法图文并茂地写出来、画出来，变成一本哲学书，瞧!

（李凡）

亲子阅读对于每一个家庭而言都益处良多：可以让孩子增加语言能力及知识、提升写作及独立思考的能力，达成感情交流、经验传承……而这一切都远胜于家长枯燥的说教。

2. 亲子运动

小学生大量时间穿梭于教室和补习班之间，身心发展受到制约。学校适时组织开展的户外亲子运动，让学生和家长一起感受体育竞技的快乐与活力。家长与孩子之间的沟通加强，融和畅意的亲子关系得以建立。

我校作为足球特色学校，每年会定期开展亲子足球赛。

这是一年级的小朋友以及他们的爸爸们在球场上挥洒汗水的场面。赛前，大队员们、小队员们相互提醒比赛安全很重要，友好地肩并肩步入比赛场地中；比赛时，带球过人、传球、抢球……考验的是个人的反应敏捷，考验的是大家的互相配合。无论战果如何，场下看球的观众们都欢呼声不断，啦啦队员们卖力地为两队助威。

（体育组）

丰富的亲子运动，进一步加强了学校和家长之间的沟通与交流，丰富了孩子的业余生活，给每一位学生展现自我才能的机会，使学生在学习之余也能好好锻炼身体；同时，家长也能发现孩子的另一面，看到孩子的闪光点。

3. 亲子劳动

日前，中共中央、国务院印发《关于全面加强新时代大中小学劳动教育的意见》，指出家庭要发挥在劳动教育中的基础作用。

在居家抗疫期间，《人民日报》对我校的陈隽妍小朋友和家人的劳动实践成果进行了报道：

读一年级以后，家里的小书柜就不够用了。2月23日，和妈妈在网上挑选的组合书柜终于到货，可是安装师傅不能进来。爸爸本想替我安装，听说我也要参加，还有点小看我，问我："你不是来帮倒忙的吧？"这倒激起了我的干劲："我也是劳动小能手呢。"

连续两个晚上，每天从7点到10点，我在爸爸的指导下，从看安装说明书学起。第一步是将不同形状的板子分类摆放，然后两两安装成一个个小部件，最后再拼装到一起。书柜由3个小书架组成，第一天晚上爸爸带着我安装，第二天晚上就主要是我自己动手了。

最难的是区分木板。有一次，我已经安装好了小部件，却在拼装的时候发现左右搞反了，只好重新再来一遍。之后，我就更加仔细地对照说明书，查看木板上小孔的位置和安装方向。我力气小，拧螺丝容易对不齐缝隙，需要爸爸帮忙扶着，再帮我拧到最紧，在质量上把把关。

新书柜安装好之后，我擦拭了好几遍，放上了《中华上下五千年》《福尔摩斯》等最喜欢的书。我数了数，足足有五六十本。

平时我在家里的劳动，主要是扫地、择菜、收拾垃圾等，这段时间，我还学会了包饺子。安装书柜是这里面最难的。我觉得，自己还能再多学一些。

（陈隽妍）

劳动是人的本能，更是人类的独特优势。孩子从小是喜欢劳动的，他们的好奇心很强，乐于体验和探究。如果父母因势利导、循循善诱，激发孩子的劳动兴趣和内因，他们就会在积极而有成就感的劳动体验中成为劳动者和生活的创造者。

第三节　搭建儿童贯通式学习的平台

一、信息化学习平台发展的现状与趋势

数字技术的普及，改变了人类赖以生存的社会环境，人类的生活及工作环境也具备了更多的数字化特征。近年来，线上教育以不可忽视的“姿态”，大步迈进人们的生活中。中国互联网络信息中心的数据显示，截至2019年上半年，我国在线教育用户规模达2.32亿，与上一年相比增长了3122万，占网民整体的27.20%，全年在线教育用户规模预计将达2.59亿人。

在网络普及的大背景下，“数字化校园平台”的概念也应运而生。“数字化校园平台”是以校园网为背景，集教学、管理、娱乐为一体的新型数字化的工作、学习、生活环境。“数字化校园平台”以互联网信息及技术为依托，把各种应用系统、数据资源和互联网资源统一集成到学校门户之下，形成学校统一的信息入口，通过数据与应用的集成及个性化页面定制，为教委、校领导、教师、学生、家长等提供全面的学校信息和应用，最终实现教育信息化、决策科学化、管理规范化。

1990年，美国克莱蒙特大学教授凯尼斯·格林发起并主持了一项大型科研项目“信息化校园计划”（The Campus Computing Project），“数字化校园”概念应运而生。20世纪末，教育部根据中国教育信息化标准化“九五”规划和2010年远景目标发展纲要，提出了我国教育系统信息化建设的指导方针和发展战略。20世纪90年代初期，国内大学建成校园网并通过CERNET与国际互联网连接的大学不过10所左右，仅短短几年时间，到1999年，已经有500余所大学建成了结构先进、功能完备的校园网络并通过CERNET接入国际互联网。2002年，国内1071所各类型全日制高校基本建成校园网络并与国际互联网相连。

近年来，随着在线学习平台的不断发展，内容丰富、体验感强的校园平台如雨后春笋般脱颖而出。校园平台上丰富的教育资源和新颖多样的学习方式，极大地拓展了学生学习的场域，丰富了知识的疆域，给予了学生

更多的选择。这也使得校园平台的普及率逐年锐增。新一代信息技术与教育教学深度融合创新发展，人工智能技术驱动和赋能的教育变革和课堂革命，正在由内向外重构教育的形态和模式，重建课堂的生态和场景，重设学习的环境和空间。教育信息化 2.0 时代的新教育形态——智慧教育已喷薄而出。

新冠疫情期间，南京市教育局搭建了“名师空中课堂·金陵微校”这一学习平台，为南京市中小学生提供免费优质的在线教育、答疑辅导等教育服务。鼓楼区以微信平台为依托，建立了“鼓楼 e 学校”，为中小学生们提供了“停课不停学”的在线课堂。在线学习平台实现了教师和学生在时间、空间上分离的教学活动，打破了传统教育的空间壁垒、内容局限，让包括农村及边远乡村在内的全市各年龄段的中小学生实现同步共享。

校园网络平台的发展，不仅为学科教学提供了便利，同时也大大丰富了学生的校园生活。以我校为例，校园网络平台曾开展“法制教育”“禁毒教育”“校园心理课”等在线学习活动，向全校师生直播“红军奶奶的革命故事”“大队委竞选”等丰富多彩的校园活动。学习平台将传统教学的优势和互联网教学的优势结合起来，既发挥了教师的启发、引导作用，又调动了学生的积极性、主动性和创造性。

二、儿童贯通式学习平台的搭建

1. 搭建儿童贯通式学习平台的理论支持

(1) 建构主义学习理论。

建构主义学习理论认为学习是引导学生从原有经验出发，生长（建构）起新的经验。因此，学习不是教师将知识传递给学生，而是学生自主构建、再次生长的过程。学生从已有的经验出发，通过与教师、同学、学习资料等多种因素之间的碰撞和互动，实现对新知识的意义建构。建构主义学习理论认为，“情境”“协作”“会话”和“意义建构”是学生发生自主建构所需要的四大要素，学习者必须在有意义的情境中，通过与资源、同伴以及教师之间的协作、对话、交流，完成对知识的深层次理解，获得高阶思维的发展。学习平台能够创建丰富的学习情境，让学生在有意义的情境中与更多的对象实现会话，通过更多的资料储备，实现个人知识体系的建构。

（2）多元智能理论。

多元智能理论认为人类思维和认识的方式是多元的。智能是“在一定社会文化背景下，个体用以解决自己面临的真正难题和生产及创造出社会所需要的有效产品的能力”。智力不是一种能力而是一组能力，智力不是以整合的方式存在而是以相互独立的方式存在的。就其基本结构来说，智能是多元的，每个人身上至少存在七项智能，即语言智能、数理逻辑智能、音乐智能、空间智能、身体运动智能、人际交往智能、自我认识智能。智能的分类不仅局限于这七项，随着研究的深入，会鉴别出更多的智能类型或者对原有智能分类加以修改，如加德纳于 1996 年就提出了第八种智能——认识自然的智能。每个人都有不同的智能类型，各项智能以相互独立、平等的方式存在。

贯通式学习平台的建立，亦体现了对多元智能理论的支持。当面对学习平台上多样的学习内容时，学生会运用自身的智能优势创造性地解决自己在学习中所遇到个性化问题。教师则能够借助多元的学习平台综合各种“教”与“学”的策略，帮助学生开发各自的智能。同时，学习平台上的有效学习资源因其丰富性、多元性和逻辑性，能够兼顾知识和实际生活的结合，能帮助学生将学习变成生活的一部分，也让学习的过程更具有生活的实践感受。

（3）学习型组织理论。

学习共同体是由学习者（学生）和助学者（教师）共同组成的，以完成共同的学习任务为载体，以促进成员全面成长为目的。学习共同体强调在学习过程中以相互作用式的学习观做指导，通过人际沟通、交流和分享各种学习资源而相互影响、相互促进的基层学习集体。学习共同体强调人际心理相容与沟通，在学习中发挥群体动力作用。日本学者佐藤学曾经用“三位一体”的关系来界定学习共同体中的学习。贯通式学习平台为学习共同体的构成、为学习共同体构建稳健的关系，提供有力的支持。学生在贯通式学习平台中探究学习的过程，涵盖了观察、分析、评价、反馈等多个步骤。这些步骤相互作用形成一个螺旋式的循环过程。学生在平台活动的探究中巩固了观察、分析、融合的能力，发展了学生的信息素养，培养学生收集、整理、利用信息的能力。同时，学生在平台创建下的师生、生生交往合作的情境中，平等协商、沟通交流、合作互助，发展了社会能力。

2. 搭建贯通式学习平台的路径思考

智慧教育催生智慧课堂、个性化教学和个性化学习，同时也为课程平台的搭建创设了良好的孕育氛围。在校园学习平台上开展个性化教学，其实质是实现学生的个性化学习和个性化发展，根本目标是培养学生的创新思维和创新能力。如何基于贯通式的学习模式开发设计出科学的个性化的学习平台，是贯通式学习模式落地和实现个性化学习的关键。

用好线上教学资源，深度调研是前提，摸清现状是关键。我校筹建的贯通式校园平台对学习资源使用、学生学习效果这两方面进行了调研。针对贯通式学习平台，深入了解教师筛选、获取、使用教学资源的途径和方式。学生居家在线学习的软硬件条件、学习环境、操作能力等内容都是不可忽略的前提。

贯通式学习平台将各种生态要素进行贯通式的把握，其中就包含多样化的角色关系。教师与学生、学生与学生、教师与家长、家长与学生能否在平台上实现顺畅的交流沟通，是前期调研的重要内容。

在线学习平台使用效果受诸多因素影响。其中关键因素有三方面：一是学习者的参与热情，二是搭建者的重视与投入支持，三是学习平台所提供的教学资源的质量。基于以上三方面的考虑，结合国内现有的平台搭建的具体实践和我校贯通式学习的具体特点，我们设想从学习设计、学习者的引导以及氛围营造等方面入手，打出一套构建贯通式学习平台的“组合拳”，以此来提高在线学习平台的使用效果。

(1) 开发自有内容。

尽管一些外部学习平台提供的课程内容设计精良、体系完备，但通用的内容无论如何也不可能做到很有针对性。贯通式学习平台的开发，必须紧密结合学校、生活等场域的贯通特点，直接对应每一位特定学习者的具体问题、需求和应用场景。

为了提高课程的针对性，提高教师和学生的参与性和使用黏性。近年来，我校积极开展内部课程开发。聘请外部专家协助进行精品课程开发的同时，在内部挖掘自有教学资源，发展优质教师队伍，进行贯通式课程的资源和课件开发，如微课制作比赛、青年教师微课赛课等。在线学习平台并不是一个孤立的平台，而是要与教师的培训体系有机地整合起来。事实上，只有把在线学习平台嵌入或整合到教师的培训体系中，才能获得持续的生命力。如果缺乏整合，在线学习平台只是一个孤立的学习平台，其受重视的程度和活力就会大打折扣。新一代的教师群体比较喜欢新鲜和变化，他们的学习能力更强，尤其擅长与技术、社交化、团队相关的学习方式。为此，我校专门对几款常见的平台软件进行了普及性和针对性的培训和考核，以及技术疑难的解决，为后续自有内容的开发提供了很大的便利。

(2) 增强互动性。

在线学习方式一般分为同步学习和异步学习两大类。目前，现有的大多数在线学习平台应用仍以异步学习为主，但同步学习所占的比例正在迅速扩大。而利用同步课堂进行实时同步学习所占的比例，虽然连续三年处于增长状态，但在整体学习方式中所占比例仍不够大。同步学习平台将更好地调动互动者的积极性，为互动双方提供及时反馈，让体验感更加强烈。比如，在学科教师的直播课程中，学生呈现出浓厚的学习兴趣，互动性也有所增强，参与感有了很大的提升。

贯通式学习平台交流的形式也呈现多样化，既包括学生与学习资源之间的互动，也包括学生的组内交流、组间交流以及师生交流。在交流的内容上，根据线上线下的特点各有侧重，线上主要针对项目活动进展的过程进行随时沟通与交流。如平台的交互性能更好地展现学生的风采。在大队委竞选活动中，候选人可以通过平台与全体师生交流，学生也可以在平台中查看候选人过往的荣誉或是才艺特长。

不同的校本研究，对于学习平台的应用情况会有差异，因此，需要选择或定制适合贯通式学习自身实际的策略，寻找属于自己的“最佳实践”，才能充分发挥在线学习系统的价值与功效。

3. 贯通式学习平台的搭建过程

(1) 确定贯通式学习平台的搭建主题。

前期准备是否充分决定着贯通式平台能否顺利而有效地开展后续的教学活动。内容选择与主题确定则直接影响学习平台是否能真正构建一种能实现学生多元探索与活动的学习环境，能否提供促进学生多方面素质领域得以发展的学习机会。贯通式学习的美好愿景是打开心窗，让学习更舒服，让生命更灵动。学校及教师群体根据贯通式学习的具体要求，以及各课程的教学目标与教学内容，努力构建能促进儿童自主学习的线上平台，利用平台的自主性、可重复性、开放性和交互性功能，促使儿童自主地进行“贯通式学习”。

我校在构建贯通式学习平台时，不是简单地从内容分类，而是从学段、学科、兴趣爱好等多个维度出发，形成“纵横交错”的学习平台。

(2) 贯通式学习平台的结构设计。

贯通式学习平台充分选择和利用学校线上平台已有的功能模块进行设计，围绕课程设计实用、有效的平台功能模块。

丰富资源模块内容，保证学生可以随时随地获取与课程内容相关的教学课件、教学资源以及拓展资源，如电子资源库、工具箱、文件包等。

开放课程通知模块，学生可在线查看教师发布的各项通知，如课程、主题活动、个人信息更新（借阅权限、选课情况）等。

开通交互路径，加强师生的交流，如定制化作业平台，学生可及时上传或下载与主题活动相关的资料，更新活动状态，便于教师了解学生的学习进度，并给予及时有效的指导。学生可以在解答疑难模块提出问题，教师们随时关注动态，其他学生也可对感兴趣的问题参与讨论和答复，实现课外、课堂的互动。

(3) 贯通式学习平台的体验流程。

平台所提供的数字化学习模式虽然强调学生的自主学习，但教师的作用仍不可忽视，教师是整个项目展开过程中的指导者和帮助者。贯通式学习平台正是为贯通式学习方式提供了师生跨越时空对话和交流的条件，才使线上学习突破传统教学条件的制约，成为信息时代一种重要的学习模式。

贯通式学习平台尤其强调师生的“教”与“学”体验，譬如教师可根据各学科、各年龄段学生学习的需求发布主题，学生根据自己的兴趣自主讨论、选择项目。以我校“课本剧展演”为例，年级组会首先在平台上发布备选剧本，由学生票选参演剧本。之后由相关班级在平台上申报，学生也可在平台上进行分工。在筹备阶段，学生可以通过平台与学科老师进行交流，老师也可在平台上对学生进行指导。比如，语文老师可以指导学生改写剧本，音乐老师指导学生选取适合情节的背景音乐，美术老师给予服装、道具等方面的意见，信息技术老师可以为孩子们提供演出大屏、音乐制作的技术支持。活动结束后，观演学生可以参与网络投票，选出最佳作品，也可以在网络上留言，和主创人员进行“对话”。

在活动的过程中，学生将理论知识与实践运用相结合，有利于深化学生对知识的理解，提高学生学习的积极性和主动性。

4. 线上线下平台的互通

儿童贯通式学习平台努力优化在线教育资源建设，在贯通式的学习平台上，资源为王，创新是魂。培养卓越教师是构建贯通式学习平台的必要举措，通过培训与时俱进地更新教师的教育理念，提升教师的信息技术应用能力，在5G移动网络和智能化时代的背景下，教师能轻松实现网上教学资源搜集、整理、分析、应用。教师通过分析线上线下的互动答疑、学习行为、学习进度、测试成绩等数据，了解学习者的知识掌握、能力提升和情绪态度等深层次信息，给予学生个性化精准指导，帮助学生个性化问题解决和个性化成长发展。比如，教师从学科课程标准、目标的深度解读和准确把握开始，准备各种教学资源，建立自己的网络教学资源库。在具体的应用设计时，教师可根据学习内容和学习进度匹配导入学习资源和引入智能辅助系统。以语文学科为例，我校建立了“好书推荐共享盘”“教学经典案例共享盘”“试题库共享盘”等资源共享平台，语文老师可以在校内学习平台及时下载相关的教学资源，依照学生的学情进行修改使用。在平台上的学习实践中，教师应始终坚持为学生自主创新学习和个性化学习搭建与提供各种学习支架，满足个性化教学设计的目标追求。平台上的智能辅助系统也可以为学生提供个性化学情分析、学习目标与任务确定、学习诊断和精准指导。

（1）提供“资源支架”。

在个性化教学中，教师将学习目标和与任务相关的文本、图像、音频、视频素材，网络学习资源和智能辅助系统进行有机整合，以学习者为中心来设计、安排、组织与引导学生的个性化学习，从而为学习提供网络化、数字化、智能化的多元化学习资源选择，以满足学习者个性化和多样化的学习需求，帮助学习者获得完美的学习体验，并高效优质地完成学习目标和任务，实现学生的个性化发展。同时，在进行个性化教学设计时，教师也可以灵活应用合作学习策略、分层指导策略，以及基于数据的精准评估策略等常用的一般教学策略，为贯通式课堂的个性化学习开发和设计提供最优化的教学方案。

（2）提供“互动支架”。

在个性化教学中，为完成学习任务，教师可在平台上设计、组织开展师生之间、生生之间、人机之间的有效交流、对话与互动。智慧教学目标的实现和个性化学习任务的完成，皆离不开合理设计的有效交互活动，互动能够促进师生情感交流、提高人机协作感知和对话效率，还能促成学生自主建构知识体系、深度参与合作学习，最终实现向高阶学习和深度学习的转进。课堂上，教师可以设计和组织小组合作、分组讨论，学习平台上教师与学生利用弹幕、抢答器等工具来加强互动，这些互动设计在提高教学交互效率，促进师生之间、生生之间、人机之间深度交流互动的同时，也为高质量达成学习目标奠定了基础。

（3）提供“数据支架”。

这是指学生在完成知识或技能学习任务时，学习平台提供必要的学习辅助与支持。学习平台呈现精准化的大数据，这些数据汇总成支持个性化学习和个性化发展的大数据库。大数据将学科知识体系逻辑切割、改造和制作成碎片化学习资源，建成个性化云课程资源体系，便于学习者利用碎片化时间完成跨平台学习，促成智慧教室和云课程一体化学习评测体系，实现规模化学习与个性化学习的完美结合。在平台大数据库的支持下，学生更易实现高质量的学习任务。学生不仅掌握了新知和技能，更将新知和技能与自己的生活经验、活动体验和问题解决等实践操作相结合，实现对学生动手操作和创新能力的培养。

我国儿童在线学习的发展，不仅代表了信息通信技术在基础教育中的应用，也能体现基础教育信息化的发展和创新。因此，在搭建交互式学习平台的同时，我校还将努力与其他学校或机构达成合作，为儿童在线学习的发展提供持续性的支持和保障。

第四节　构建儿童贯通式学习的课程链

《辞海》中对“链”的解释：① 用金属环连接而成的长条，如表链、锁链。② 航海中计量较短距离的长度单位。一链等于 0.1 海里。用符号“Cab”表示。中国采用 185.2 米为一链。③ 舰炮对海射击的计量单位。1 炮链等于 182.87 米。本书里的“链”是指基于儿童发展的连续的序列，由多个相互关联的学习环节构成，每个环节以儿童为中心，包含实践、经验和身份三个要素。

课程链是指课程与课程之间不断的融合与链接，以某一项目或核心能力为实践主题，具有逻辑相关序列、有层次的三个或三个以上的一系列课程的串联组合。

构建儿童贯通式学习的课程链，即构建以儿童为核心，通过整合各类学习资源，打破学科间壁垒，变革学习方式，实现儿童学习生态系统中各个要素之间的相互耦合、和谐共生，即呈现出相互影响、相互作用、相互关联的样态，使儿童的学习不断发生，不断获得新的经验和多元化的成长。

一、课程链建设的要求及目标指向

构建儿童贯通式学习的课程链是针对学校办学理念和办学特色以及教学工作的实际问题提出的，它为儿童的学习开创新样态，基于教情、学情、校情，凝练学校教育哲学，落实学校发展规划，促进学校整体发展。

1. 构建儿童贯通式学习课程链的要求

(1) 坚守儿童立场。

《国家中长期教育改革和发展纲要（2010—2020年）》明确指出，“把促进学生健康成长作为学校一切工作的出发点和落脚点”，这就明确了构建儿童贯通式学习的课程链的建设准则：把儿童的健康、快乐、完整、和谐、创造放在核心位置，把儿童的全面发展作为贯通式学习的课程链建设的追求，把儿童发展的规律作为课程教育的根本方针。

儿童文化研究应位于教育理论研究最前沿，这是正确的、最重要的，是永远的追求。让儿童自己去探索发现，是对儿童最大、最深的爱。陶行知曾经说过：“我们要知道儿童的能力需要，必须走进小孩的队伍里去体验而后才能为小孩除苦造福。”“作为教师的儿童”，我们要善于保留一颗童心，认识和发现儿童，不断地挖掘和保护儿童的想象力和创造力，继而与儿童一起，用儿童的眼睛去观察，用儿童的行为去探究。

（2）关注学科整合。

联合国教科文组织（UNESCO）宣扬的终身学习的五大支柱是学会认知、学会做事、学会共处、学会生存、学会改变。那么未来，我们拼什么？答曰：整、借、学、变，即资源整合、造船过河、赢在学习、改变脑袋。所以，要实现儿童贯通式学习的目标，最先要实现的就是课程链间各种资源的整合。这样的整合不是简单的删删减减、拼拼凑凑，更不是随意的堆砌，而是教育思想和教育方式的统一，实现 1+1>2 的最优整合效益。

首先，教师是儿童贯通式学习的课程链的设计者、实践者和研究者。因此，在构建儿童贯通式学习的课程链时，教师的“课程链”意识要被唤醒。无论是课程链完整体系的设计开发，还是某门课程的具体实施，其实效性都是因时、因地、因人而异的，只有教师把自己作为真正的课程建设的主体，才能实现学校课程建设效益的最大化。儿童贯通式学习的课程链的设计、实践和研究让教师成为实现全领域、全学科的贯通，促进学校、教师和学生的共同发展。

其次，要关注到各学科之间的相互融合与贯通，可以从两方面进行着手：先是要深刻挖掘本学科的教学元素，立足教学前、教学中、教学后不同学习阶段，联通课内外、校内外各种资源及学习场域，带动学生线上线下互动式学习，实现儿童贯通式学习课程链的整体建构；二是不局限于单一的学科，打破学科间的壁垒，对不同的课程进行整合、重构、创生，各个课程由此贯通、耦合成一套完整丰满的知识体系，使得儿童的学习更加顺畅，更具广度，也更有深度。

（3）明确儿童的主体地位。

在构建儿童贯通式学习课程链时，我们要清晰地认识到，教师是学习的主导，学生是学习的主体，教育教学活动是一个由师生共同构成的双边活动，二者缺一不可，是一个有机共存的整体。在儿童贯通式学习目标的引导下，师生共同遵守教育规律进行教学活动：教师指导儿童独立学习，或协助儿童伴随学习，无论是哪一种学习方式，无论是课内还是课外，作为教师，需要发挥陪伴、指导作用，角色不同，位置也可以不同，但始终都应与儿童在一起，做好开展儿童贯通式学习的合伙人与引路人。儿童在这一学习过程中，要掌握多元的学习方式，使原本天然的个性逐步适应社会的需求和发展，获得终身学习的动力。而教师所缺的就是所罗门的智慧、弗洛伊德的观察、爱因斯坦的知识，还有弗洛伦斯·南丁格尔的奉献精神。因此，教师要努力成为儿童童心的守护者、儿童学习的激励者与合作者，更要成为儿童视野的拓宽者，让儿童拥有自由舒展的生命样态，具备主动探究的学习能力，最终呈现“可持续发展”的学习姿态。

2. 构建儿童贯通式学习课程链的目标取向

（1）满足儿童生命个体本身的情感需求。

教学活动不是孤立的个体认识活动，它离不开师生、生生之间的交往、互动，而单纯的知识、技能输出是一种相对静态的课程模式，往往忽视了儿童现实的兴趣与情感需求，容易与儿童的生活与经验脱节，使儿童处于被动、消极的状态。杜威认为：“学校科目相互联系的真正中心不是科学，不是文学，不是历史，不是地理，而是儿童本身的社会活动。”这说明，儿童在学习及活动的过程中，首先是具有一定社会性的。因此，儿童贯通式学习的课程链的开发，目的是让儿童能够在学习的过程中，学会交往、合作、成长，调动提高儿童处理各种实际问题和适应社会生活的能力与完善品德修养，以满足其社会性的情感需求，让学习成为启发儿童智慧、抒发儿童情感、塑造儿童人格的重要渠道。

（2）重视教育过程的真实价值。

我国教育目的的价值取向与出发点、归宿点在于：培养德、智、体、美、劳、行全面发展的具有创新精神、实践能力和独立个性的社会主义现代化需要的各级各类人才。所以，我们不能过于强调学习结果而忽视了教育过程的真实价值。教育的过程是一个特殊的认识过程，这个过程涉及经验传递、社会交往、使年轻一代成为社会进步的能动力量。这种传递依靠年长者把工作、思考和情感的习惯传递给年轻人。换言之，在儿童贯通式学习的过程中，教师引导学生学习知识、开展交往、认识与作用世界，进行多方面的演练与实践，其实都是为了促进学生的身心发展，以追求与实现使他们成人、成才的价值增殖目标。所以，从这方面来看，教育的过程就是一个促进学生身心发展及实现教育目标的过程。这就要求在规划儿童贯通式学习的课程链时必须以儿童身心发展的特点、规律及需求为培养准则，来规范、充实、指导教学过程，以滋养儿童生命的成长，陪伴儿童童年的生活。

（3）关注儿童个体的差异性。

学生之间的差异是客观存在的，而我们常常因片面追求机械统一的教学目标而忽视了学生丰富的个体差异。儿童由于生活经历、文化水平、艺术修养、学习能力等不同，形成的已有知识也各有不同，所以存在着能力的丰富与贫瘠、深刻与浅薄等差异。因此，在整体规划课程链设置时，迫切需要重视儿童个体之间的差异，树立差异教学的思想理念，形成分层教学的实施理念。

除了要关注儿童个体之间的差异性，还要关注儿童个体内部也存在着差异性：同一儿童对不同阶段学习内容的掌握水平不一定是同步的，因此，同一儿童由于各种因素的相互作用，认知发展也存在着明显的阶段性。所以，在贯通式学习的过程中，既要充分考虑儿童现有的发展水平，也要根据儿童的最近发展区给儿童提出更高的发展要求。

在贯通式教育教学工作中，要把全面发展与因材施教结合起来，找寻适合他们的最近发展区，使学生既有较完善的基本素质，又能充分展其所长，形成丰富而独特的个性，最大限度地促进每个儿童的认知发展。

二、儿童贯通式学习课程链的实践路径

正如成尚荣先生所说："课程是一个世界，课程世界应当是平的，也就是各种学科课程应当打开自己的边界，牵起手来，互相对话。"而儿童贯通式学

习的课程链的构建正是起到各学科之间“牵起手，互相对话”的作用。

要以怎样的方式构建课程链，才能使贯通式学习课程立足儿童学习的完整生态系统，实现多种要素的整体建构，有序开展，更具广度，更有深度，更加鲜活富有生命力。我校进行了初步的课程链构建方式探究和实践。

1. 确立课程链的主线“标的”

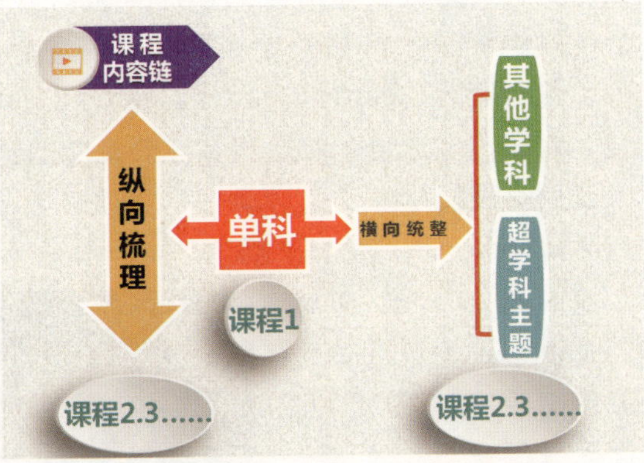

建构以核心素养为课程链的主线统领，确立课程链的主线“标的”，意味着学科教学首先考虑的不再是学科知识本身，而是学生作为人的发展的核心素养。也就是说，以核心素养为主线，让课程真正回归儿童本位，回归发展本位。这一主线统领绝不是单纯的课程加减，也不是单一的教与学方式的改变，是实现学科内整合、学科间整合以及课内外、校内外的整合，从而形成学校多方面育人的合力，构建学校育人新生态，促进学生学习方式的根本性改变。

我校根据尊重生命、尊重学生内心发展的要求，顺其自然，因势利导，以儿童为核心的绿色教育理念正体现了“学生发展核心素养”的精神。儿童贯通式学习课程链链接国家基础教育课程标准的整体解读，全面把握课程改革的理念，以立德树人为核心，以核心素养培育为重点，根据学生的认知规律和德智体美各领域的阶段性发展特点，形成各学段互为联系的系统培养目标链和具体化的目标设计，体现学段之间的内在逻辑联系与依次递进原则以及育人的针对性。

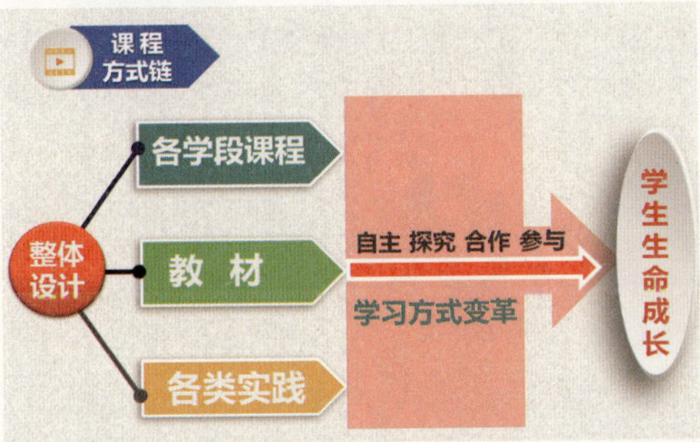

以核心素养为主线统领，课程链的主线“标的”的确立，让课程链构建的指向和目标更加明确，坚定不移地统领主线上实施的课程（点）围绕学生生命发展这一核心素养培养，课程链的“魂”才不会飘逸，以致乱了方向。

2. 建构课程内容和方式链

通过加强儿童贯通式学习课程总体目标的建设，充分把握学校的文化积淀、地域文化特质和社会经济发展特点，根据学生的成长需求、认知规律和情感特点以及社会对人才的要求，结合不同年龄段学生的兴趣、爱好和生活经验差异，将国家、地方和校本三级课程内容予以统筹整合。通过单科内容的纵向梳理，到跨学科内容的横向统整，甚至超学科的主题统筹等，整体设计各学段课程、教材和各类实践活动。各学段一以贯之地推行自主、探究、合作、参与等活动性的学习方式，重点引导学生的学习兴趣和关注体验的深刻性，有序实现学生全面发展和优势智能的链接培养。

案例：校园传统文化活动——“百草千花节”贯通式德育课程例谈

• 探究

花朝节，也称花神节，是中华民族传统节日——民间岁时八节之一。中国自古便有十二花神之说，更有诗云：“十二花神次第来，人间月月花儿开，花团锦簇彤彤日，笑逐颜开喜心怀。”可见给百花庆生的花朝节是象征着生命和希望的。在这个万物复苏的季节，每年花潮来时，凤凰园里百草千花竞相开放，2021 年凤凰园的孩子们也迎来了属于他们自己的“花朝节”——第三届“百草千花节”。

一直以来，我们学校的德育活动以中国传统文化节日为特色载体，研发了一系列“我们的节日”活动课程。此次课程活动是以具有南京市凤凰花园城小学特色的“绿色教育”课程体系为依托，将中华民族的传统节日教育、节日文化和学校特色文化紧密结合在一起，培养学生的民族自信心和自豪感最好不过的时机。

学习是不限时间的，感悟是不分场地的，教室的空间有限，但学习的场域无边。真正的学习应发生在更广阔的天地里，活动给孩子们带去的收获应该在一生中受用。我们打破了一节队会课的壁垒，把活动的触角延伸进了不同的课堂……

• 语文课：“吟诗飞花令”活动

语文课上，孩子们在老师的带领下猜花谜、飞花令、品读关于花朵的儿童诗，彼此分享关于春天、关于花朵的词语和诗句。“一张张粉嘟嘟的小脸纷纷探出枝头好奇地打量这个新鲜的世界。”孩子们正是这一朵朵充满生机、充满好奇的小花，老师们带着他们好好地观察、了解、发现这个世界的美，同时也感受古人吟诗作对的乐趣。

• 数学课：“数花学珠算”活动

数学课上，孩子们积极开动脑筋、放飞思绪，从美丽的花瓣和花蕊上认识形状、初识数列，学习用珠算“数花”活动，为孩子们开辟了新的数学天地。让孩子们了解到，原来一朵小小的花也隐藏着大大的知识，古代的珠算计算方法那样神奇，激发了孩子们学习数学的兴趣。

• 美术课：“画花制汉服”活动

美术课上，孩子们在家长的帮助下，共同查找、准备丰富的制作汉服的布料，绘画的颜料、画笔，孩子们纷纷动手画春花、绘春景、配春诗、制汉服，每一位同学手下的春花、春景、春诗、汉服都是独一无二的，孩子们自己选色配色，自己剪裁、打褶、做系带、上系带……。在实践中创作，在创作中学习植物的绘画方法，学习绘制春景图，为春诗配图，感受古人诗配画的优雅。学习汉服制作方法，了解汉服的历史，欣赏汉服的美。

• 音乐课：“欢歌唱春曲”活动

音乐课上，学生在老师创设的轻松愉快的游戏活动中，模仿春天的声音，通过听、拍、说、创、敲、演等一系列活动，引领着学生探索和体验大自然中的各种有趣的声音，一步步走进春意盎然的音乐世界，感悟春天、探索春天、体验春天、表现春天、走进春天，开拓了学生的音乐视野，激发了学生学习的自觉性和创造性，充分感受古人在春天里放声欢歌的生活情趣。

• 体育课：“竞技赛蹴鞠”活动

体育课上，老师们带领着听完赛蹴鞠的规则后，就跃跃欲试、摩拳擦掌想立刻小试身手的孩子们，开始了蹴鞠游戏。在竞逐的过程中，孩子们你踢我挡，在你来我往间感受古人的竞技乐趣，享受着运动带来的酣畅淋漓。同时，也让孩子们理解，没有什么是可以一蹴而就的道理。培养孩子们的规则意识、团队合作意识以及身体的协调反应能力。

• 科学课："动手播春种"活动

科学课上，老师带着孩子们走进了"凤凰种植园"，孩子们兴奋而激动地手捧着各自准备的菜种、花种，聆听老师对"播春种"的讲解后，小心翼翼地将种子栽种到"种植园"中。不时有孩子问老师，自己的种子什么时候能发芽、开花、结果……那一个个充满期待的眼神闪着亮光。在动手实践的过程中，孩子们不仅学习了种植方法，感受春种秋收的乐趣，对生命的珍爱之情也随之油然而生。

• 德育课程："午后游园会"活动

1. 学古人礼仪

这一天，凤凰园的孩子、老师和家长们穿着华丽的汉服在升旗仪式上集体学习汉族礼仪。中国素有"礼仪之邦"之称，礼仪更渗透于人们日常生活中的点点滴滴。学古人的礼仪，感受汉服的美，学习汉服的悠久历史，体验古人的日常生活，也是对学生德行气质的一种熏陶。学生在学习的过程中，感受古人的儒雅之风，培养彬彬有礼的君子之风。

2. 享古代游戏

在校园中赏春花、看春景，感受春的勃勃生机，了解古人对大自然的敬畏之情。

(1) 赏春花：游览校园春色，春花树下拍照。学生在赏春花活动中了解了校园内的花花草草，学生的笑容、汉服的美与大自然的美融为一体，学生对校园的热爱之情此后愈加深厚。

(2) 食花糕：品尝用花朵制作的糕点。学生了解到中国糕点花样繁多，营养丰富，色、香、味、形俱全。感受祖国美食的博大精深。

(3) 飞花令：抽取花签，说出与花签上的字有关的成语或诗词。学生熟悉了古人的文字游戏，感受古人的诗词之趣。

(4) 品茶香：学生在看家长的茶道表演、品尝中国茶味中了解茶的历史，感受茶道中的“礼”。

(5) 赛棋艺：学生两两自由组合比赛，在活动中了解围棋中蕴含的中华文化内涵，感受古人黑白对弈间的奥妙。

(6) 赏红：学生将祝福语写在五彩绸带并系在花枝上，模仿古人祈愿的做法，感受古人护花祈愿的心情。

(7) 投壶：学生立于规定起点处把箭投向壶里，命中者为胜。在一次次投射中，感受古人进行投掷游戏时的乐趣。

(8) 放花灯：学生将准备好的花灯放入喷泉池中，感受古人放灯祈福的意义。

(9) 簪花：爱美的女生们选择自己喜欢的花朵戴于头上，感受古人爱美、爱花的心情。

案例分析：本案例是以学校德育活动传统文化系列的主题活动开展的贯通式学习课程，在此活动中，学科教学不再是学科知识本身，而是学生作为人的发展的核心素养。让课程真正回归儿童本位，回归发展本位。这一德育校本体验活动主线统领绝不是单纯的课程加减，也不是单一的教与学的方式的改变，它是很多的点串成线、连成面，将德育校本体验活动与各学科的教学内容相互结合，寓教于乐，让学生学以致用，用丰富且新颖的方式带领孩子们感受中国传统文化之美。构建学校育人新生态，促进学生学习方式的根本性改变。

（德育处）

案例：校园节日主题活动——“你好，小老师”贯通式德育课程例谈

• 探究

教师在学生的心目中很“威风”，老师上课很“权威”，事实上，老师要做些什么，才能上好一节课呢？在 2020 年，学校以第 36 个“教师节”作为向学生进行尊师教育的重要契机，组织学生开展了主题为“我的教师梦——你好，小老师”一系列的节日主题的德育贯通式课程活动。活动中，老师让位学生，学生走上讲台，彼此换位，让学生在这种体验式活动中，体会老师的辛苦，同时获得为人师表的感受，明白爱师敬师的道理，学会自主学习的自我管理。

课堂只有四十分钟，但学习是不限时的；教室的空间是有限的，但学习

的场域是无边的，真正的学习应发生在更广阔的天地里。围绕着活动目标，各有侧重地制定不同场域活动方案，统筹兼顾、合理衔接，从而连续性、一体化地解决学生的知、情、意、行问题。

• 招募阶段

在学校德育处确定“我的教师梦——你好，小老师”主题的活动方案后，各学科老师利用自己的课进行了“学科小老师”的招募工作，向学生介绍上课内容，确定人选并进行教学内容的分工。要知道，每一门学科都有它的魅力所在，每个孩子对各门学科都有自己的偏爱，在招募过程中，任课老师们感受到积极参与的孩子们那一份来自对学科的热爱和大胆展示的自信，是那样阳光、向上，学习中的孩子不就应该这样吗？同时，孩子们参与的热情也感染着各学科的老师们，顿时心中的职业价值感倍增，为人师的幸福感如此强烈。

• 备课阶段

确定好上课的学科和内容，就直接跟着感觉走，模仿一下老师就可以了吗？当然还不够啦！需要老师带领“小老师”们一起备课，各人负责教学的哪个环节，这个环节需要教学的内容，达到什么要求，要准备哪些资料、教具，如何提问，如果没有答到点子上，如何评价、如何引导……一系列的“专业问题”真实地摆在眼前，“小老师”们心中不禁对老师的教学教育工作肃然起敬。原来，老师的一节课需要准备这么多，真是不容易，自己更应该上好每节课了。“小老师”们为了自己的精彩呈现，在课前准备工作中忙得不可开交，请教父母、老师，充分地收集资料、整理资料、教学示范练习等，还利用课余时间和同学、老师认真地交流。课后，一位学生感受颇深：“本以为当老师是件很简单的事，但自己当了一回‘小老师’以后才发现，原来当老师并不是一件简单的事，通过知识的搜集、整理，在当‘小老师’这个过程中我还学到了不少知识呢！”

• 上课阶段

教师节当天，一位位“小老师”正式上岗实践。瞧！“小老师”们信心满满地走上讲台，课堂驾驭游刃有余。

语文“小老师”：手拿教杆，指着文中精彩片段，引领着同学们边读边想象人物的动作、表情，感受人物的情感……

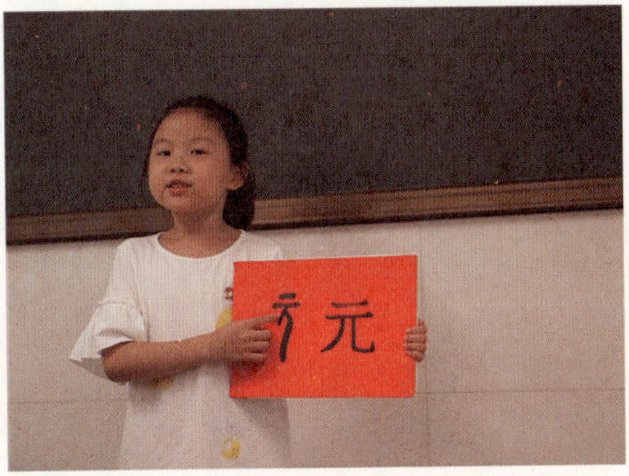

数学“小老师”：正给大家讲解算式的关键步骤，不时地提问：“这一步我们要注意什么呢?”俨然一个资深教师，一旁的数学老师喜笑颜开，不时点点头，嗯！这神态、这语气跟我很像呀！不愧是我的弟子。

英语“小老师”：标准的口语发音吸引着台下的学生，个个听得仔细，念得大声，比起平时更带劲。

音乐“小老师”：时而优雅、时而有力地指挥着，尽全力让同学们注意到歌曲中节拍的变化。一旁的音乐老师也不禁跟着唱起来……

体育“小老师”：正带领着学生们做准备活动，每一个动作都是那样标准，忽然停下来，走到一位学生的旁边指导起来：“高抬腿，腿要抬平才有效，我们再来一次。”有错必纠，是个严格且严谨的老师。有个“调皮的学生”依然我行我素，“小老师”走到跟前轻声说：“准备活动很重要，这是后面课堂运动中身体安全的有效保障，你要爱护自己的身体……”这位“调皮的学生”调整了一下，呵，动作认真到位了。其他同学看到这位严格的“小老师”也不敢怠慢，一个个动作标准地跟着“小老师”继续做起来。

美术“小老师”：画画得不错，可平时表达能力不是很强。刚开始上课就涨红着脸，老师走到她身边鼓励她：“你的课前准备做得很充分，放松心情，相信自己，把自己所知道的、了解到的知识讲给同学们听吧。”在老师的示意下，全班一起给“小老师”掌声鼓励，大家的鼓励让“小老师”渐渐放松心情，最终有条不紊地把课讲完。课后“小老师”兴奋地跟老师说，希望以后多给她走上讲台当“小老师”的机会，再次站上讲台会更有经验、更有自信，会上得更好……

科学“小老师”：手拿着瘪了的乒乓球，神秘地对台下的学生说：“大家有什么办法把这个乒乓球还原吗?”话音刚落，台下一只只小手举得高高的，“我来，我来!”可一个一个都败兴而归，“小老师”顺势拿出烧杯，小心翼翼地倒满热水，提醒了一句：“同学们，仔细看!”随着放入烧杯中的乒乓球一点一点地还原，一张张小嘴越张越大，一双双眼睛越瞪越大，一个个越站越高，“太神奇了！哇……”惊叹声此起彼伏。“知道吗？这就叫‘热胀冷缩’!”瞧！科学“小老师”多得意!

充分的课前准备、精美的课件，课讲得落落大方、有模有样，台下的同学积极配合、及时互动，让教师节这一天的课堂充满了别样的精彩！而大多数没有上讲台的学生，提高了学习的自觉性，激发了兴趣，增强了信心。无论是上课的“小老师”，还是听课的“学生”，他们一起共同协作、互动，所生成的一个个真实、灵动的瞬间，都被任课老师用一张张相片记录下来，这是孩子们成长的足迹，多么宝贵。

作为教师，在这一天发挥着陪伴、指导作用，角色不同，位置不同，但始终都与儿童在一起，成为开展儿童贯通式学习的合伙人与引路人。老师惊喜地看到孩子的成长，孩子深刻体会到老师的辛苦。这一份特殊的教师节礼物，让凤凰园里的师生们共同度过了一个难忘的教师节。

• 总结阶段

“小老师”教学结束后，任课教师进行点评补充和总结。组织学生自我评价、互相评价，让学生人人当“小老师”，评评自己、评评别人这节课的表现。我帮别人提建议，别人帮我出主意。老师当好“观众”，在适当的时候再对学生进行点拨和引导。在这样的评价方式中，我们看到了学生的个性和能力在平等、开放、互助、对话的生态化学习环境中得到了锻炼和提高。贯通式课程文化学习场域更加的丰富充实。

• 表彰阶段

“小老师”授课活动结束后，各任课老师将参与的“小老师”名单和一句话评价汇总给班主任。在班队课上，班主任统一为“小老师”颁发证书，并将任课老师的一句话点评作为颁奖词。上台领奖的那一刻，是“小老师”们的高光时刻，在镜头前，那一张张稚嫩的小脸更加自信、阳光了。

• 感言阶段

活动虽然结束了，但在“小老师”们和其他同学们的心中埋下了一颗爱师、敬师的种子。学生们纷纷用周记的形式记录下自己参与活动的真实感受，回味着一路走来的不易，实践中的紧张、激动、尴尬、兴奋、柳暗花明……每位学生都对尊重老师、珍惜课堂、自觉学习有了深刻领会。

（德育处）

案例分析：在围绕德育主题活动——“你好，小老师”中，让学生换位老师的角色进行体验，开展的贯通学习活动不只是一节体验课、一次简单的说教，不是一个点，它是很多的点，串成线，连成面，在这样一系列的活动设计中，我们打通了学科的壁垒，将德育活动与各学科课堂进行贯通，构建儿童绿色学习生态，转化童年视域和状态，形成平等、开放、互助、对话的生态化学习关系，重构“贯通式”课程文化学习场域，充分发挥自身的实践性、体验性和丰富性。通过学生的自我实践，获得道德的体验和最终形成道德的内化过程。

“你好，小老师”贯通式德育课程，把全面发展与因材施教结合起来，找寻到适合儿童的最近发展区，使学生既有较完善的基本素质，又能充分展其所长，形成丰富而独特的个性，最大限度地促进每个儿童的认知发展。让学生真正走近了老师，了解了老师，理解了老师，体验到教师工作的辛劳，缩短了师生之间的距离，融洽了师生关系。不仅如此，相信“尊师”已经在学生心中生根、发芽，它将伴随学生走过以后的每一个教师节、生活中的每一天。

通过以学科课程和活动课程为核心进行课程链构建的实施，儿童能够在学习的过程中，学会交往、合作、成长，提高儿童处理各种实际问题和适应社会生活的能力，完善品德修养，以满足其社会性的情感需求，让学习成为启发儿童智慧、抒发儿童情感、塑造儿童人格的重要渠道。

德育课程链主要依靠教师自主开发完成，但在此过程中学校需要提供必要的支持与帮助。首先，引导教师认真学习和研究德育课程链的理论实质、主要特点和实施形式。其次，帮助教师选定科目，确定拓展的内容，明确德育的目标。最后，在教师编制德育课程链的课程方案时，要及时给予专业上的指点。不同于其他单门课程的开发，德育课程链在方案设计时就必须注重在课堂教学科目和社团活动的基础上，充分发挥自身的实践性、体验性和丰富性，通过学生的自我实践，获得道德的体验和最终形成道德的内化。

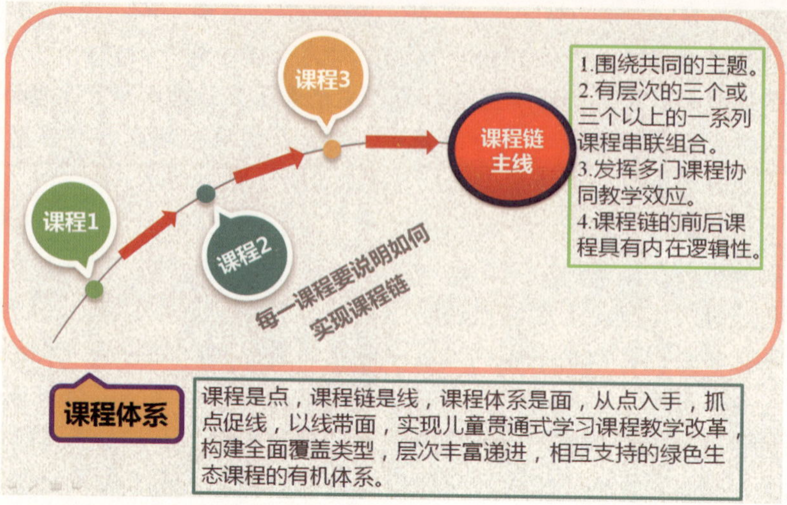

三、课程链的意义呈现

构建儿童贯通式学习的课程链的意义主要有以下两个方面。

1. 有助于儿童生命成长

儿童是自由者，自由是儿童的天性，课程应顺应和发展儿童的自由天性，但这种自由主要是思想的自由，通过思维的挑战去促进思想的开放和多元，倡导儿童有自己的见解。儿童是探索者，课程要为儿童的探索提供条件和机遇，鼓励和指导儿童伴随着知识和道德，发现问题、研究和解决问题。

儿童贯通式学习遵循了皮亚杰提出的儿童认知发展特点，从儿童的认知、记忆和思维特点出发，分析儿童的认知心理，明晰儿童的学习需求，是一种符合儿童成长规律的学习方式。课程链的构建恰恰是把儿童的健康、快乐、完整、和谐、创造放在核心位置，把儿童的全面发展作为贯通式学习的课程链建设的追求，把儿童发展的规律作为课程教育的根本方针，尊重儿童、从儿童出发。

课程链的构建，使学生自然、有序、自主、充分地进行实践活动，不断拓宽儿童的视野，发展智慧，增长才干，丰富情感，磨炼意志，从而转化为个体的素质和能力。正如成尚荣先生在《儿童立场：教育从这儿出发》中所说的，"童心意味着创造性，童心意味着独特思维"。课程链的构建，优化了儿童的观察方式、思维方式、表达方式，让儿童体验真实而生动的学习过程，在学习实践中获得发展。

课程链一系列的课程活动，从学生的经验出发，重新组织教材，沟通课堂内外，联动家、校、社会等场域，使学习内容变为学生现在所做的、所想的和所经受的一部分。儿童贯通式学习通过课程链的构建，以儿童为中心的课程尊重儿童的生活和世界，尊重儿童的兴趣和需要，构建儿童各具特色的学习场域，让儿童按照他们的本性自然生长。儿童的生长表现为经验的生长，经验是儿童与环境之间交互作用的过程与结果。经验的过程就是生长的过程、生活的过程、主动活动的过程。以儿童为中心的课程链围绕儿童已有的经验、儿童的生活，结合儿童的兴趣和需要，帮助儿童实现经验的深化与拓展。

每一个儿童都期待在学校生活中实现自己的成长和进步，这些成长和进步不应该被详细划分等级。儿童作为学校教育中的主体之一，其身份具有特殊性。伴随着社会的进步与发展，儿童这一特殊群体的身份也受到多重因素的影响，儿童的学生身份也由单纯被迫变得更加复杂化，在教育活动中产生了异化。中共中央、国务院《关于深化教育改革，全面推进素质教育的决定》中明确要求，教育必须优化育人环境，构建生态环境，促进每个学生全面发展，做到身心健康、人格健全、主动发展、个性和谐、享有完整愉悦的人生。由此可见，实施生态教育是学校教育的价值取向。课程链的构建，遵循我校“绿色教育”理念，尊重生命、尊重学生内心发展的要求，顺其自然，因势利导，以儿童为核心，从学生的个性和内在需要出发，将时间、空间归还给学生，把“快乐的学习生活”归还给学生，引领学生主动地学习和自我发现、改善儿童的生存质量和生命样态，提升儿童生命质量，促进儿童个体、多元关系及系统环境相互贯通、耦合的学习方式的形成，围绕支持儿童贯通式学习，探索场域、社群、关系、平台、制度等要素的重构，实现儿童学习生态的优化，让学校生活真正成为一种成长的体验，促进教育对学生个体性和社会性的和谐发展。

2. 有助于提高教师课程建设能力

儿童贯通式学习的指导离不开教师教学方式的变革，需要依靠教师进行领导、组织，带领儿童开展贯通式学习。课程链的基础是学科类课程，教师要根据自己学科的特点并协同其他学科一起围绕课程链主题来设计、实践、研究，实现全领域、全学科的贯通，使课程链前后的课程具有逻辑性。在整个贯通式学习的课程链开发的过程中，教师是“指导者”，是儿童学习的“关怀者”，教师可以根据儿童的认知心理、学习需求情况开展有针对性的课程活动，为优化儿童学习生态贡献自己的力量。

儿童贯通式学习的课程链的开发和实施，也为教师提高自身的课程研究水平创造了机会。学科知识的传授是任科教师的强项，但如何无痕化地挖掘课程内容、整体性地构思贯通式学习的课程链，则是对他们的挑战。在儿童贯通式学习的课程链的开发中，教师首先要选择和组织课程内容，挖掘学科中丰富的教学元素，然后将这些内容采用恰当的方法教授给学生；在课堂教学的基础上，沟通课堂内外，联动家、校、社会等场域，带动学生线上线下学习，引领学生主动学习和自我发现，提升儿童的生命质量，这一过程离不开反思和总结。伴随着课程链的开发与实施，广大科任教师的研究能力必然会随着实践的深入而提高。为保障教学任务在有限的课时内高质量地完成，为专注学生自我学习、自我发展能力的培养；真正做到优化教学过程，尊重学生发展，培养学生的核心素养，提升教学质量；使得整合后的课程体系更关注学生发展，为学生成长完美助力。

课程链的构建从根本上构建起适合学生成长、着眼社会需求的梯度合理、层级分明的课程，用课程的变革改进学习的方式、丰富学习的内容、推动课堂的变革，呈现出相互影响、相互作用、相互关联的样态。立足儿童学习的完整生态系统，实现多种要素的整体建构，打开学生心窗，让学习更舒展，让生命更灵动，更具广度，更有深度，更加鲜活且富有生命力。

参考文献：

[1] 皮埃尔·布尔迪厄，华康德．实践与反思——反思社会学导引［M］．李猛，李康，译．北京：中央编译出版社，1998：133-134.

[2] 塔尔科特·帕森斯．社会行动的结构［M］．张明德，夏遇南，彭刚，译．北京：译林出版社，2012：411-412.

[3] 辞海编辑委员会．辞海［Z］．上海：上海辞书出版社，2009：1374.

[4] 孙宽宁，徐继存，张莉．论基于现实问题的学校课程建设［J］．课程·教材·教法，2017，37（7）：11-17.

[5] 海姆·G．吉特诺．老师怎样和学生说话［M］．冯杨，周呈奇，译．海口：海南出版社，三环出版社，2003．12.

[6] 约翰·杜威．学校与社会·明日之学校［M］．赵祥麟，任钟印，吴志宏，译．北京：人民教育出版社，2005：9-10.

[7] 王道俊，郭文安．教育学［M］．北京：人民教育出版社，2009：101.

[8] 约翰·杜威．民主主义与教育［M］．王承绪，译．北京：人民教育出版社，2001：8.

[9] 吴波，周庭艳，黄海深，等．以微课资源库开发为基础的《数学物理方法》翻转课堂教学模式改革及实践［J］．遵义师范学院学报，2019，21（5）：124-128.

第五章

儿童贯通式学习的实践案例

第一节　儿童贯通式学习案例——课内教学

《基础教育课程改革纲要（试行）》明确要求，课程设置必须“体现课程结构的均衡性、综合性和选择性”。我们首先要承认每门课程的独特性和独特价值；其次要承认每门课程的特殊性和局限性，没有一门课程能够包打天下，实现所有的课程目标；最后要承认课程之间在教学任务上有轻重之分。就一门学科而言，要注重联系儿童经验和生活实际；就不同学科而言，要提倡和追求彼此关联，相互补充。新课程结构重视了学科知识、社会生活和学生经验的整合，加强了学科间的相互渗透，改变了现行课程过分强调学科本位的现象。

儿童贯通式学习涉及本学科内、不同学科，以及学科学习的不同阶段、不同地点等之间的贯通。本章案例正是南京市凤凰花园城小学的老师们在自己教授的学科之内的贯通，有不同学习阶段接触的内容的贯通，如语文中不同阶段可能要接触的学习方法之间的贯通；有同一阶段不同学科之间的贯通，如语文和美术之间的联系与融合，音乐在各个学科中的体现等；也有不同的学习方式、方法在同一节课上的贯通，如科学和数学中相同的结论是通过做实验或者观察得出的。老师们巧妙地结合自身学科的特点，联系生活、联系不同学科间的奇妙的共通点，带领孩子们用他们更感兴趣的方式自主探究学习。

一、课内教学——学习层次升级

儿童在学习中是循序渐进的，随着学习难度的不断提高，儿童通过对原有基础知识不断复习归纳，给学习新的更有难度的知识提供帮助，这是旧知识和新知识之间的贯通。教师有意识的引导，让儿童在已有基础上通过对知识点的重新加工归纳思辨，产生新旧知识的链接贯通，重新组合，并做出判断，从而获得提高。

案例1：　“贯通”式课堂，激发小古文教学的情趣意境——翟羽佳

板块一：读准字音

请同学们大声朗读课文，不会读或者读不懂的地方用笔画下来。结合学

生的汇报，相机出示。

(1) 出示：知之为知之，不知为不知，是知也。这句话中有五个“知”，意义却不都相同，谁能读读这句话，并说说自己的理解。

小结：“是知也”中的“知”是个通假字，注意读音，同“智”。通假字都会有注释的，凡是特殊的字在课本上都会注明，没有注释的和今天的读音一样。

(设计意图：借助这句话，初步帮助学生认识“通假字”这一概念，同时也提示学生学习小古文的方法——结合注释理解、结合语境理解。)

(2)“论语”中的“论”的读音。“论”读二声，“论”是“编撰”的意思。第一则中的话都是孔子说的，有的书上也会加上“子曰”，子曰就是孔子说。

(3)“识”字的两个读音。默而识之：识，zhì，记住；第二要有识：识，shí，见识。

出示：默而识之，学而不厌，诲人不倦。盖士人读书，第一要有志，第二要有识，第三要有恒。

板块二：读准停顿

这些课文与以前学过的其他课文有些不同？是古文，也就是我们所说的文言文。经过几百年甚至上千年的流传，不光汉字的读音和现在的不一样，句子的节奏停顿也和现在不一样。朗读的时候，除了要读好句中标点的停顿，还有一些需要关注的地方，请同学们读读老师的小提示，自由地读读文中的句子。你能根据提示读好这几句话吗？

(1) 句首“余、盖”等虚词后需要停顿。(回顾语文园地六中“日积月累”所学。)

出示：余/尝谓读书有三到，谓心到、眼到、口到。(这里“余”的意思是“我”；尝，曾经。) 盖/士人读书，第一要有志，第二要有识，第三要有恒。（“盖”没有意思，就是一个放在句子开头的发语词。）

(2) 句中连词“而、亦”之前、“则”之后需要停顿。

出示：敏/而好学，不耻下问。默而知之，学/而不厌，诲人不倦。心不在此，则/眼不看仔细，心眼既不专一，却只漫浪诵读，决不能记，记/亦不能久也。有志/则/断不甘为下流；有识/则/知学问无尽。有恒者/则/断无不成之事。

板块三：读准语气

古人著文是没有标点的，书上所有的标点都是今人为了方便理解而后加的。那么，他们怎么来表示语气呢？（语气词）文中有一句问句，在这句话中哪个字表示疑问呢？

出示：“心既到矣，眼口岂不到乎?”“乎”表示疑问，“岂不到乎”构成反问。谁能读好这句话？像“乎”这类句末的语气词，他们往往没什么实际的意义，跟在句末只提示读时的语气。文中还有这样的句末语气词吗？试着找一找。还有“矣、也”，（“矣”和“也”都表示陈述性的语气，当作一般的陈述句来读就可以了。）带到句子里我们一起读一读。

出示：知之为知之，不知为不知，是知也。心不在此，则眼不看仔细，心眼既不专一，却只漫浪诵读，决不能记，记亦不能久也。有识则知学问无尽，不敢以一得自足，如河伯之观海，如井蛙之窥天，皆无识也；心既到矣，眼口岂不到乎？

板块四：读出理解

要读好文言文，就得基本理解文章的意思。

学习活动：结合课文注释，试着理解句子的意思。先在小组内分工自学，随后在小组里交流学习所得。

任务分配：1号同学自学《论语》选段；2号同学自学第二则；3号同学自学第三则；4号同学专注读书本上的注释，在交流时负责记录大家的疑惑。

(1) 你是借助什么来理解意思的？（板书：借助注释。）

第一则的注释很多，降低了我们理解的难度。第二、三则的注释都不多，理解的时候有不懂的地方，我们也可以试着猜一猜。谁能用自己的话说说古文的意思。

(2) 第二则中“心眼既不专一，却只漫浪诵读……”“心眼”你是怎么理解的？为什么会有这样的理解？（根据上下文进行猜测。——板书：结合上下文。）

指读：这是个古今异义词，文中指的是心和眼两个器官；而现在是一个词，如在“心眼儿很坏”中指心肠、心地；在“他心眼很小”中是表示气度、度量；“缺心眼”是有点傻的意思。因此，朗读时要注意“心眼”中间的停顿。

(3) 汇报第三则：

① 有志/则/断不甘为下流。“下流”这个词也是古今异义词。本意是水的下游。今天我们说的意思是人的品质低劣；文中的意思是劣等、下等人。

② 得一以自足。“一”的理解，因片面的收获而满足。

③ 河伯观海——自大的河伯看到了大海才知道自己有多么的渺小。

④ 井蛙窥天——用青蛙来讽刺眼界狭窄或者学识肤浅的人。教学“窥”字，生结合图意说意思。穴字头表示小洞，从小洞向外看，能看得清全貌吗？

小结：曾国藩在文中利用“河伯观海”“井蛙窥天”两个小典故来佐证自己的观点，学习古文时我们常常会遇到这样“引经据典”的情况，如果你遇到了你会怎么办？（板书：利用工具书、向别人求教。）

点评：部编版五年级上册第八单元《古人谈读书》中三篇文言文，布局严谨、行文简洁、气韵生动，蕴含了深厚的哲理。教学中，小古文的学习对儿童而言有一定的难度，在预习和学习阶段都产生了一定的畏难情绪。翟老师将诵读小古文的方法融入本课教学中，并与优秀的书法作品相结合，从读、思、赏等多个方面创设课题情境。

翟老师借助“是知也”帮助儿童认识通假字，提示儿童结合注释理解和语境理解来学习小古文。以“读”为线索，贯通小古文知识，以朗读促理解，再以理解帮助朗读。通过变换排版的方式，给予儿童视觉上的“冲击”，调动儿童的好奇心，还原古时候的样貌，让枯燥的古文朗读更有趣味。将小古文和朗读相互贯通，课堂更富有古朴韵味，让儿童在不知不觉中把学习古文的枯燥乏味抛诸脑后，读完后仍意犹未尽。将古文学习和朗读融会贯通，打通各学段的阻隔，以保持教育的一致性与联系性。

案例 2：《快乐跳绳》教案设计——李永清

本课主题	快乐跳绳	授课对象	二年级学生
教学内容	学习双人交叉合作跳、复习单人跳		
教学目的	1. 引导学生乐于参与到跳绳活动中，学习双人交叉合作跳绳的动作技术，掌握两人的配合技术 2. 激发学生学习跳绳的兴趣，发展学生的力量、协调、灵敏等身体素质 3. 通过学习，培养学生的探究意识及勇敢、果断、团结合作的优良品质		
教学重点	两人间的同步协作能力		
教学难点	合作跳绳、跳绳的节奏		

续表

教学顺序	教学内容	组织、教法、学法与要求			运动量	
		教师活动	学生活动	组织形式	次数	时间
准备部分 激发兴趣阶段	一、课堂常规 1. 体委整队、报人数、师生问好。检查服装、安排见习 2. 教师宣布本次课的内容、要求 二、准备活动：韵律徒手操 三、复习单人花样跳 1. 游戏：音乐的节奏 2. 比赛：一分钟跳绳	教师宣布本次课的内容、要求 教师引导学生进行简单的徒手操练习 教师引导学生根据音乐的节奏进行跳绳练习 教师引导学生进行速度跳比赛，并评出优胜者	学生练习队形、队列动作，要正确到位；四列横队站立，认真听讲 学生积极参与 学生积极练习 学生认真比赛，积极参与	××××××× ××××××× ××××××× ××××××× △		2分钟 5分钟 10分钟
保持兴趣阶段	四、学习双人交叉跳跳绳 1. 学习双人交叉跳动作方法 2. 小组学练 3. 小组展示 4. 欣赏评比	教师示范讲解 教师引导学生在小组长的带领下进行练习 引导小组进行展示，并做出评价 引导学生进行两人交叉跳练习，提示学生如何进行欣赏、评比	学生认真听，并能够模仿动作 学生积极练习 学生勇于展示 学生积极参与展示，并能够对动作进行简单评价	× △ △ ××		15分钟

续表

教学顺序	教学内容	组织、教法、学法与要求			运动量	
		教师活动	学生活动	组织形式	次数	时间
每课一练	柔韧性组合练习	教师引导学生利用手中的跳绳进行柔韧性练习	学生认真模仿练习	× △		5 分钟
结束部分	放松身心；总结本课内容，表扬与鼓励学生	教师指导学生进行简单放松，并对本课做出总结评价	学生跟随教师进行放松	×××××× ×××××× ×××××× ××××××		3 分钟
场地设计	田径场跳绳 40 个		教学回顾			

点评：本课依据《义务教育体育与健康课程标准（2011 年版）》，以跳绳为主教材，让儿童在掌握单人跳绳方法的基础上，进一步学习双人跳绳方法，这是单人跳绳技能和合作跳绳技能的贯通。

双人跳绳可以在促进儿童合作的基础上达到健身的效果，多样的跳法激发了儿童练习与学习的兴趣，使跳绳教学更加生动有趣。让儿童根据已有的跳法进行自由创编，培养儿童的创新能力；将自己的跳法大胆地向其他人展示，增强其自信心，获得成功的喜悦。通过游戏、比赛的形式培养儿童良好的团结合作能力，并提高健康意识。

针对儿童的心理特点，让儿童在轻松、愉快的环境下进行自主性学习，使儿童在不知不觉中主动掌握技能，达到“玩中练、玩中学、玩中乐、玩中悟”的教学目标，“练、学、乐、悟”相互贯通，激发儿童的学习兴趣和热情。

二、 课内教学——线上线下课程

受新冠疫情影响，全国多地延迟开学，为积极响应“停课不停学，停课不停教”的政策，利用线上资源结合线下的混合教学模式显得尤为重要。通过该教学模式在课程中的实践应用，不仅能够为教学质量和教学进度提供良好的保障，同时也引发广大教师对教学模式的再思考。这是线上教学与线下教学之间的贯通。平板电脑等多媒体教学已经进入教学日常，为教学注入新的元素。新课标提出时代发展对儿童能力培养的重要性，它促进了教育的改革，更促进了教育教学模式的推陈出新。

案例1：　手指间的音乐课堂——吴言

一、案例描述

为了孩子们在疫情期间“停课不停学”，学校和教育局开设了精彩纷呈的学科课程，满足了互联网时代的“家校联动”，然而，屏幕前的孩子们是怎样体验音乐课堂的呢？

我有幸参加了“鼓楼e课堂”音乐微课堂的录制。一节《编花篮》，一个人的课堂，面对数以十万计的鼓楼区的三年级孩子们，我不断地调整教学步骤，减少了需要配合的教学环节。但是一个人的独角戏，总是有自问自答和预设成功的尴尬，远在镜头前的我无法真实了解孩子们音乐技能的掌握情况，所以，在网络授课上，身为一线教师的我们还需要新的突破。

针对本校学生的学情，我选择了《彼得与狼》作为第一周音乐微课堂的教学内容。为了避免孩子们长时间聚焦电子屏幕，我们不能占用过多的时长，所以课程内容要更精简、更有趣味。《彼得与狼》是一个经典的童话故事，作曲家利用各种乐器不同的音色特征表现了不同动物和人物的性格，相互交织着进行童话讲述。其中有部分乐器在上学期的课堂上进行了详尽介绍，所以我的作业布置分成两组方案进行。第一组，请根据图片和上学期的印象选择你最想深入了解的乐器，观看视频讲解介绍。我选择的视频是“可汗学院公开课”的全英文视频，在传统教学中一般不会涉及，但是每一件乐器都由专业交响乐首席进行轻松愉悦地详细介绍，并且通过代表性作品了解音色。轻轻一点，四年级的孩子完全可以自行消化。第二组同学需要借用iPad设备，打开苹果自带的“库乐队”App，里面有通过电子合成乐器录入的大量交响乐队的音乐。手指轻轻一点，乐音就从听筒中传出，请他们用自己的语言总结不同乐器的音色特点。两组方案任选一组完成。没想到一天以后我收到了很多同学家长传来的私信，很多同学都对第二组学习方法产生了浓厚的兴趣，同时心里也有很多问号，这个App怎样才能玩出新花样呢？

二、案例分析

其实孩子们选择第二种学习方案是情理之中的，第一种方案是单方向的传授式教学，孩子们只是换了一位老师，他们的学生本位没有任何改变，除了可以开阔眼界、增长部分音乐知识外，大部分教学讲述过多。而第二种学习方法则不同，iPad作为现在孩子们“人手一个”的学习工具，里面不仅有各种游戏，还有多样的学习软件，能让他们通过指尖和触屏接触世界。“库乐队”软件除了可以聆听、对比不同乐器的音色，还可以自己进行创作。对于未知领域的探索，孩子们充满好奇，仿佛打开了小小的窗口来看外面精彩的世界，但是他们需要学习一定的专业技能以便更好地欣赏“风景”。

点评：为了更有针对性的面对儿童，吴言老师选择了《彼得与狼》这一音乐欣赏课作为第一周音乐微课堂的教学内容。

课后，吴老师将作业布置分成两组方案进行。第一组，让学生根据图片和上学期的印象选择最想深入了解的乐器，并观看视频讲解。第二组借用iPad设备里的“库乐队”App，让学生欣赏里面不同乐器的音色并进行总结。第二组方案因为其特殊性受到了大多数儿童的关注。

贯通式学习的教育来自新型的教学思路与方法，需要打破人为的界限，将不同方面的共通之处有效地展示出来。首先是现代与古典的贯通，继而就是思想与审美的贯通。以小组形式开展的贯通式微作业整合立足于课内，却拓展于课外。儿童在课内掌握的知识是最基础的基建层，如何添砖加瓦、粉饰装修需要更多儿童的加入。这种作业形式加深了小组成员间的合作，通过网络传递，能在各自家中实现音频传输与沟通，和父母一起交流、学习也会帮助同学们营造更好的家庭音乐氛围，从而相互促进，掌握新的学习方法。

案例2：　奇妙的声音王国——高雪莹

小学四年级科学课有个单元叫作《奇妙的声音王国》，在这个板块，学生要学习声音的产生、传播等。这一单元可以很好地体现贯通式教学。在课程开始之前，简单向学生介绍这节课的内容，然后让学生选择自己喜欢的项目进行分组。

小小收音师

这一组的学生可用自己身边能录音的工具，收集周围的声音，以每个人为单位经过一周左右的收音工作后，小组成员在一起筛选大家比较满意而且常见的声音，将声音进行汇总。在这个活动中，学生要尝试进行简单的收音工作，而且还要用到音频剪辑，不仅是对生活的观察，也对工程技能进行了一定的训练。

小小演出家

要求这一组同学有一定的乐器知识，可以用乐器演奏音乐，尽量选择方便携带的弦乐器，在经过简单地练习之后可以一起表演一首起伏明显的曲子。我特意向音乐老师借了鼓加入演奏，在整个表演过程中只有鼓是没有音调变化的，只有音量的变化，可以帮助学生区分什么是音量，什么是音调。在这一组中，科学学科和音乐学科进行了很好地学科融合，学生在学习科学知识的同时，也进行了展示，遵从了对学生进行全方面培养的要求。

小小资料员

这组的学生要进行文字资料的收集，收集各种声音的资料，同时还要整理收音师发过来的音频资料。他们要拿出大量的时间阅读书籍、查找视频资料等，并进行整理归纳，最后可以清晰、明确地表达出所负责的内容。

小小发明家

“小小发明家”们要用生活中常见的东西做出一个可以简单演奏乐曲的乐器，可以是水杯，也可以是吸管，还可以是橡皮筋加纸巾盒，这些物品组合起来可以演奏美妙的音乐，在激发学生创造力的同时运用科学知识。

四个小组分工不同，责任不同，在所有学生的共同努力下完成了这一单元的教学。

点评：科学本身就包含数学、物理、化学、生物、地理等学科的内容，所以就科学而言，贯通式学习无疑是最好的一种方式。高雪莹老师把学生分成四个学习小组，分别为小小收音师、小小演出家、小小资料员和小小发明家，四个小组分工不同，责任不同，大家共同努力完成这一单元的教学。这个教学设计看似复杂，但仅用两节课就能完成一个单元的教学内容，主要是课前准备比较充分，且不会对儿童造成负担，还可以丰富儿童的课余生活，在学习之余就可以完成这些内容。这一单元的设计完全体现了 STEM 和学科融合的优势，不仅课堂形式丰富，融合了音乐、数学、综合实践和信息课程，而且给儿童充分的展现机会，表现不同的自己，让儿童发现不一样的课堂，充分利用贯通式学习的特点，让儿童自主探究学习，培养独立解决问题和团队协作的能力。

三、课内教学——联系生活的课堂

随着学习方式的多元化，“绿色课堂”也呈现出愈加开放的特征，课堂教学突破了传统的学科束缚，更加具有生活气息。数学老师的“一分钟”能涉及生活的方方面面，英语老师也会眉飞色舞地讲起当下的热门游戏。让学科与生活相互贯通，既能展示教师的课堂魅力，又能紧抓儿童的注意力，提升儿童的听课效率，使儿童在学习生活中学以致用，成为懂生活、会生活的人，这也符合南京市凤凰花园城小学“绿色育人”的理念。

案例1：　奇妙的1分钟——张丽娟

一、制作钟表

我们二年级数学组在上学期课程结束后精心准备了寒假作业，力求减轻学生和家长的负担，以综合实践作业为主。考虑到二下需要认识钟表，认识钟表又是认识时间的基础。于是，我们布置了一项作业，让学生观察家里的钟表，并亲自动手制作一个。这样学生就能在观察中得出，钟表上有哪些重要组成部分以及它们是怎样分布的。孩子们会在钟面上观察到数字1～12，短而粗的时针，细而长的分针以及刻度线。动手制作钟表的这一实践活动，让孩子对钟表的结构认识更加深刻，不像以前看到钟表只是停留于眼睛的观察，体会不深。

二、感受1分钟有多长

首先我将抛出问题：小朋友，你们觉得1分钟长还是短？有的说长，有的说短，小朋友们争论不休。接着，我让孩子看着钟面数数1、2、3……，体会秒针走的速度，并通过观察得出1分＝60秒。接着准备几个小活动，让孩子感受1分钟的长短。

1. 静坐1分钟。
2. 画画1分钟。
3. 读课文1分钟。
4. 口算1分钟。
5. 写字1分钟。

通过活动，孩子们都有了自己的体会，发现做的事情不同、心情不同，对于1分钟长短的感受就不同。这样的体验活动越多越丰富，孩子们对1分钟长短的体会就会更深刻。

三、1分钟能干什么

1. 日常生活中的1分钟

让学生在平时锻炼的时候有意识地加强对1分钟的感受和体验，如1分钟能跳多少个绳？1分钟能做多少个仰卧起坐？1分钟能跑多远？1分钟能拍多少次球？还可以在教授一些生活小知识的时候加强对1分钟的感知，如让学生测试自己的脉搏1分钟能跳动多少下？通过实践不仅把抽象的时间概念变成学生看得见、摸得着的东西，而且能使学生体验时间的长短，体会到1分钟能做很多事情，感受到时间的价值。

2. 危急时刻的1分钟

带孩子们观看地震救援相关视频，在进行地震逃生演练的时候也要加强孩子对于时间的认识。看看全部学生逃离到安全区域花了多少分钟；告诉孩子在危机来临的时候，1分钟是很宝贵的逃生时间，同时也是救援人员很宝贵的救援时间。让学生体会时间的价值。

3. 中国的1分钟

让孩子们自己在网络上收集"中国1分钟能发生什么"的资料并记录下来，集体分享讨论。比如，1分钟有33个新生儿诞生；1分钟有20个新家庭组建；1分钟有35217名旅客出行；1分钟网上商品的销售额达1043万元；1分钟快递小哥收发7.6万件快递；1分钟"蛟龙号"最大能下潜50米；1分钟"复兴号"能前进5833米；1分钟能生产汽车55辆；1分钟能生产粮食1176吨。从互联网上收集到的这些信息能让孩子体会到中国成就源自每一分钟，感受祖国的强大，增强对祖国的自豪和热爱之情。

四、制作一份自己的作息时间表

制作一份作息时间表也是孩子们的寒假作业之一，主要是为了让孩子们通过制作作息时间表来合理规划自己的假期生活。开学后将进行小组讨论，比较各自的时间表，看看谁的时间表最合理。在制作时间表的时候，孩子们自然会接触到时间的表示方法，有的学生会用24时计时法，有的学生会用普通计时法，这都可以。在这次实践活动中孩子们更能体会到合理安排时间能让生活更高效。

五、珍惜时间，做有意义的事

1分钟在人生的长河里实在太短，可在这1分钟里，我们却能做许多有意义的事：给亲人打一个电话或是发一个短信，哪怕只是一句真情的问候；给妈妈捶捶背或是揉揉肩；给同学、好友一句祝福；给小花浇点水、给小苗松松土或是背几个单词、朗读一小段美文，相信，这一切我们都能在1分钟内轻松完成。同学们要珍惜时间，做有意义的事。

点评：儿童在日常生活中或多或少地都会接触一些与时间有关的问题，已经积累了一些认钟表的生活经验，而这些经验正是他们学习时间的重要基础。但是时间单位不像长度、质量单位那样容易表现出来，比较抽象，儿童不容易接受。所以，张丽娟老师在教学时特别注重创设与儿童生活密切相关的情景和活动，让儿童认识时间、体验时间。结合综合实践课程与贯通式学习，让儿童更真切地掌握时间长短的概念。

案例2：　译林版英语五年级下册 Unit 3《Asking the way》Cartoon time &Culture time——孙娜

教学过程：

Step 1　Warming up and revision

1. Play a game: Kill Zombies

T: Hello, boys and girls! At first, let's play a game "Kill Zombies". Pay attention to the rules. Read the words and phrases quickly, and put them in order. Then, you can kill a zombie. Are you clear? OK. Let's go!

2. Revision

(1) T: Just now we use these sentences. Look, there are two teams, Team 1 and Team 2. "Go along this street." is in Team 2. "How do I get to the zoo?" is in Team 1. How about the others?

(2) T: You know, a hot film *Cinderella* is showing now. I have a ticket of SFG International Cinema. The cinema is in New City Mall, on the third floor.

T: Look at this map. I live near Zhonghua Gate. I can go to the cinema by bus or by taxi. How do I get to the cinema? Can you tell me the way? Please choose one way and discuss in pairs. Pay attention to these key words and useful phrases, they can help you.

(3) Ticking time 1:

T: Now, can you ask the way or tell the way? How many stars can you get?

Step 2 Cartoon time

1. T: Look, Bobby and Tina are looking at a map. They want to see a new film too. Read after me, film, see a film(带读两遍). Do you have any questions?

S1: What film do they want to see?

S2: Where do they want to go?

S3: How do they go to the cinema?

S4: Do they see the film at last?

T: Good questions! I have two questions:

(1) Where do they want to go?

(2) How do they go to the cinema?

Let's watch the cartoon and answer the questions.

2. T: I have more questions:

(1) Why don't they take the bus?

(2) Do they take the taxi to the cinema? Why?

(3) Do they see the film? Why?

Please read the story by yourself and circle the answers.

(学生自读课文后逐一回答问题，教师借机教生词 full、traffic jam、over)

3. Read the story after the computer.

4. Read in group of four.

5. Act in group of four. One is Bobby, one is Tina, two are narrators.

6. T: You did a very good job! I think you can remember the story well. Close your book, let's retell the story. You can discuss in pairs.

7. T: We know they are late because of traffic jam. I hate traffic jam. How about you? What can we do to stop it? Discuss in pairs and choose the right ones.

8. T: Now, can you tell me"How do I get to the cinema?"Can you give me some advice? By bus or by taxi?

Ss: By bus!

Step 3　Culture time

1. T: It takes Bobby a lot of time to go to the cinema. Now he's not fine. He wants to go to the toilet. How can Bobby ask the way?

S1: Excuse me, where's the ...?

S2: How do I get to the ...?

S3: Can you show me the way to ...?

T: In the UK, we often ask"Where's the toilet?"; In the US, we often ask "Where's the restroom?".

(带读 restroom)

2. Let's know more. Read by yourself.

3. Ticking time 2

T: Can you act Cartoon time? Do you know different ways to call toilet? How many stars can you get?

4. T: Do you know more? Let's play a game, put the words or phrases into right group.

Step 4　Task

T: Boys and girls, do you want to see a new film *Cinderella* with your classmates at weekends? How do you get to the nearest cinema from our school? How many ways can you get there? Draw a map and make a dialogue in group of four.

Step 5　Homework

1. Discussion: There is often a traffic jam in rush hours. Then how will you come to school tomorrow?

2. Try to draw the way from your home to our school. Try to tell the way to school in English.

点评：贯通式学习下的生态课堂强调儿童是学习的主人。在上课伊始，孙娜老师通过一个有趣且有意义的游戏活动，复习了本单元第二课时 Grammar time 中的句子："Turn left at the traffic lights.""You can see the cinema on your left.""How do I get to the zoo?""Get on the metro at Park Station.""Go along this street."等，这些也是本单元话题——问路和指路的主要句型。"植物大战僵尸"是一款很流行的益智类游戏，以这种形式来复习句型很容易调动儿童的积极性并活跃课堂气氛。接着将游戏环节涉及的句子进行归类，明确句子的用途，为下面环节的对话活动提供语言材料，并且启发儿童说出更多关于问路的句子，丰富语言输入。

贯通式学习强调联系儿童的生活实际来促进课堂生成。本环节创设了教师去观看热门电影、选择去电影院的交通方式这一情境，请儿童帮助解决生活中的实际问题。同时，看电影的情境与本节课 Cartoon time 板块的情境一致，可以让课堂教学更连贯、不杂乱。贯通式学习的核心指向是学生的生命成长，儿童是学习的主人，因此本环节教师启发儿童观察图片、提出问题，了解儿童关注什么、想知道什么，使其带着问题去主动探究。贯通式教学的理念强调让儿童成长、让生活更美好，学完故事后，向儿童宣传保护环境、绿色出行的思想和理念，这是课堂学习与环境保护直接的贯通；教师拓展英语国家的“厕所文化”，这是不同地域文化间的贯通；通过归类游戏，对学习过的英语国家的文化知识进行复习和拓展，这是课堂学习与游戏间的有效贯通；请儿童画出从学校去最近的电影院的路线，并用英语问路，这是理论和实践生活的贯通。本案例的贯通式设计培养了儿童在真实的情境中灵活使用语言的能力。

四、 课内教学——学科间内容、方法融合

在现在的教育环境下，学科之间交叉融合的地方越来越多，如教学方法除了讲解还有动手实践，而动手实践不再是美术、科学等学科的专项，在数学课堂上，也会让儿童通过动手实践来学习数学知识。同样，语文的科普文即是与科学的相通，美术对于四季的表达又可以应用到语文中美丽的诗词学习中……学科间的贯通能够帮助儿童提高对知识的掌握度与应用能力。

案例1：　春夏秋冬——李男

一、导入

1. 请同学有感情地朗读：麦苗儿青，菜花儿黄，小燕子迎来春姑娘。柳树冒出新芽芽，大地换上新衣裳。

2. 这段话描绘的主人公是谁呢？(春天)

3. 你眼中的春天是什么样的？有哪些特点和颜色？跟大家说一说。

(板书：春天的色彩)

二、感知

1. 农民伯伯说："春雨贵如油。"爸爸说："春光明媚。"老师说："一年之计在于春。"你能用自己的发现来描述春天吗？

2. 你知道哪些关于春天的词语？成语？诗句？(不知细叶谁裁出，二月春风似剪刀。/几处早莺争暖树，谁家新燕啄春泥？/乱花渐欲迷人眼，浅草才能没马蹄。/春暖花开/春意盎然/鸟语花香/春回大地/百花齐放/姹紫嫣红/生机勃勃/百花争艳)

3. 图片欣赏与抢答游戏：你在哪里找到了春姑娘呢？(弯弯的柳条上、盛开的桃花上、飞翔的燕子上、忙碌的蝴蝶上、嫩绿的草芽上、明媚的阳光上、飞舞的风筝上……)

三、新授

1. 脑海中有这么多关于春天的物象，那你会用什么颜色来表现春天呢？(黄、绿、粉、红……)

2. 在这么美妙的春天，你会做些什么呢？(春游、赏花……)

四、欣赏

1. 春天景色的照片。

2. 大师作品。

3. 学生作品。

五、示范

撕纸贴画、油画棒绘画。

六、作业要求

用自己喜欢的方式描绘心中的春天。

七、展示评价

1. 他评：说说你喜欢谁的春天，为什么？

2. 自评：你的画能让人感觉到描绘的是春天吗？如果不是，找找原因。

3. 师评：从物象、人物活动、色彩搭配和意境来评价。

八、拓展

朱自清的散文《春》：小草偷偷地从土里钻出来，嫩嫩的，绿绿的。园子里，田野里，瞧着一大片一大片满是的。坐着，躺着，打两个滚，踢几脚球，赛几趟跑，捉几回迷藏。风轻悄悄的，草软绵绵的。

点评：苏少版美术一年级上册第一课《走进大自然》、第十课《秋天来了》，一年级下册第一课《雪》、第六课《春天的色彩》，二年级上册第一课《难忘夏天》与语文一年级下册第一课《春夏秋冬》都有所联系，通过观察语文上课的思路和过程，发现美术和语文有异曲同工之处，如果将语文中的话语美、情景美加入美术教学中，会让孩子更加融入课堂、融入画面。

李男老师在原先教案的基础上，增加了描绘春天的诗句、成语、短句、散文等，从语言、想象、视觉、听觉上让孩子们体悟春天的物象、活动以及色彩，增加了美术课堂语言的优美性，让儿童像听故事一样沉浸其中。打破了美术课堂拘泥于模仿作品或是描绘具体物象的传统印象，更加注重画面中儿童每一笔落下的原因，从画中更能感知他们脑海中的真实情感。让儿童去感受春风吹，夏雨落，秋霜降，冬雪飘，四时四季各不相同的独特的美。

案例 2：　“动手操作”搭建学生的浅理解与深理解——以“认识平均分”同课异构为例——洪靖雯

案例节选

片段一：

创设情境：今天，小猴盼盼摘了 6 个桃子，想把它们分成 2 堆分给朋友们，你能帮帮它吗？

左边放几个？右边放几个？请你用圆片代替，动手帮它分一分，好吗？

看谁最聪明，分的办法最多！（学生操作图）

预设：6 个桃分成 2 堆，一堆 2 个，一堆 4 个。

6 个桃分成 2 堆，一堆 1 个，一堆 5 个。

6 个桃分成 2 堆，两堆都是 3 个。（板贴）

提问：观察一下，第 3 种分法和另外 2 种有什么不一样？（两边同样多）

揭示：是呀！把 6 个桃分成 2 堆，每堆的个数可以相同也可以不同。

在数学上，我们把每份分的同样多，叫作“平均分”。

片段二：

把6个桃分一分，可以怎样分？

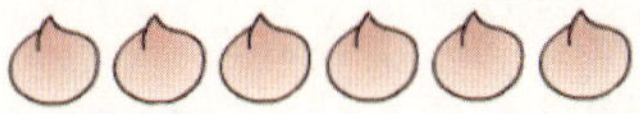

创设情境：小朋友们喜欢看《西游记》吗？里面有个很厉害的人物，看，是谁呀？（孙悟空）今天，悟空摘了一些桃准备分给小猴们，数一数，一共有几个桃？（6 个桃）

提问：这 6 个桃你想怎么分呢？请你用 6 个圆片代替帮他分一分。看谁分的办法多。（预设 10 种，展示 5～6 种）

展示：你是怎么分的？

观察黑板上这些分法，你能根据每份的个数把它们分类吗？

追问：你为什么这样分？

明确：在数学上，我们把每份分的同样多，叫作“平均分”。

片段三：

谈话：刚才我们一起认识了平均分，猴爸爸也想把桃子分给他的孩子们，不过在分法上有一个要求，是什么呢？（生读：每只小猴分 2 个桃）

提问：也就是每几个一份？（演示：可以像这样每 2 个圈一份）可以分给几只小猴呢？请大家翻开书，自己圈一圈。

反馈：让学生边演示边交流分的过程和结果。

追问：这样分是平均分吗？为什么？

明确：像这样把一些物体按每几个一份来分，每份分的同样多，也是“平均分”。

片段四：

有8个桃，每只小猴分2个，可以分给几只小猴呢？
你能用圆片先摆一摆吗？

谈话：悟空见大家认识了平均分，还想考考大家，他吹了一口气，数一数，现在有几个桃？他想怎么分呢？（生读：每只小猴分 2 个桃）

提问：也就是每几个一份？你能用圆片摆一摆吗？

反馈：让学生边演示边交流分的过程和结果。

提问：如果没有圆片，怎样能清楚地表示出“每 2 个一份”？（每 2 个一圈）学生一边圈一边说说是怎么分的。

追问：悟空这次分桃是平均分吗？

明确：像这样把一些物体按每几个一份来分，每份分的同样多，也是

“平均分”。(板书：每几个一份)

片段五：

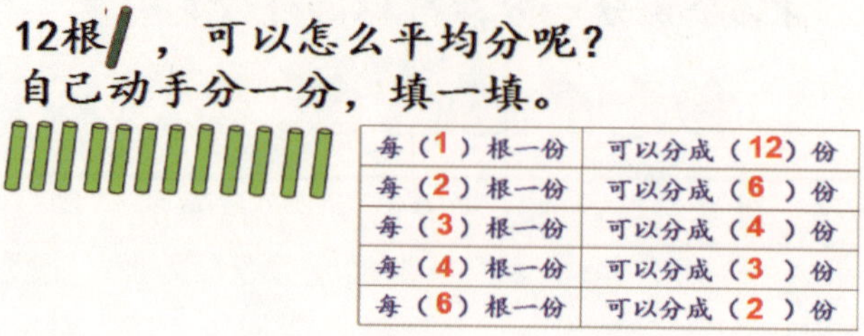

请大家用12根小棒，试着分一分。

每1根一份，可以分成几份？

每2根一份，每3根一份呢？

请你用小棒一边分，一边填在学习单上。如果你有更多的分法，可以接着往下填。

展示交流：仔细观察这5种分法，你有什么发现？

预设：每份分的同样多，都是平均分；

每份分的根数越少，份数越多；

每份分的根数越多，份数越少；

……

片段六：

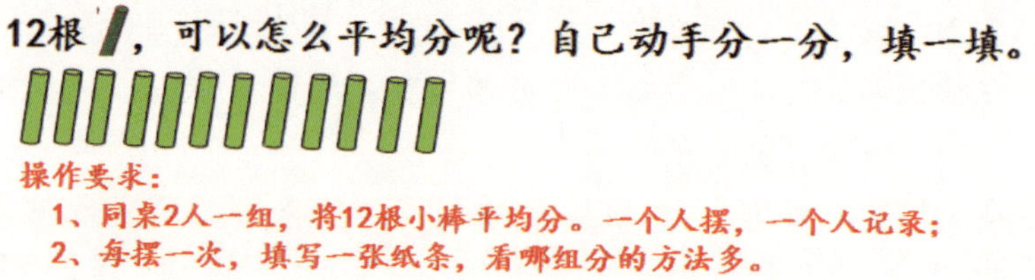

12根小棒可以怎样平均分？

操作要求：

同桌2人一组，将12根小棒平均分。一个人摆，一个人记录；

每摆一次，填写一张纸条，看哪组分的方法多。

展示交流：(鼓励有序思考的孩子) 仔细观察这5种分法，你有什么发现？

预设：每份都是分的同样多，都是平均分；

每份分的根数越少，份数越多；

每份分的根数越多，份数越少。

点评：洪静雯老师用同课异构的方式展示出在小学数学课堂中，“动手操作”的重要性。从中可以发现，同样的问题，用了不同的学习方法，将儿童生活实际中的理解贯通到数学课堂中，比较课堂中怎样动手操作、是否要动手操作、动手操作怎样呈现，逐一体现课堂的衔接和儿童的理解层次。

美国教育家布鲁纳曾经说过："数学不能是讲解式的，不能使儿童处于接受知识的状态，而应该是假设式的，应尽可能让学生保留一些令人兴奋的观念，引导儿童自己去发现，使之成为科学知识的发现者。"因此，课堂中动手操作的环节被洪老师充分利用起来，通过知识与实践的结合帮助儿童将抽象的知识更加具体形象化，使儿童对数学知识的浅理解得到提升，感受学习数学的乐趣。

第二节　儿童贯通式学习案例——课外教学

儿童贯通式学习从两个层面着眼，一是本学科内，不同学习阶段、课堂内外不同场域、线上线下教学方式的贯通；二是学科之间的贯通。两者不约而同都涉及了课本教材之外的知识学习。

课外活动区别于课堂教学的特点使它在教育上的影响广泛而深刻，作为教学途径中非常重要的一条，它对于学生的身心都是意义重大的。

小学课外活动的显著特点是学生自主性以及形式和内容上的灵活性。学生的自主性通常与其兴趣挂钩，一般课外活动的主题也都是从学生的兴趣入手，这样可以大大调动学生的积极性，增加参与度，学生能够主动学习，学习效果也更佳。而形式和内容上的灵活性同样是为了提高学生的兴趣。不同于千篇一律地坐在课堂中，老师们面对面教授知识，在课外活动中，同学们能够走出课堂，来到他们所熟悉或陌生的各个地方，与伙伴们共同完成一项任务或是展开一场调查……因此，获得的成就感将不是课堂上能够体验到的。同样，老师也能够利用这样的灵活性展开设计，将一些课堂上无法完成的教学环节设计成有趣的小任务布置给学生们，在课堂之外研究完成。其实，在小学阶段，我们需要教给学生们的不仅仅是课本上的知识，与同学间的合作、对朋友的信任、动手实践的能力、解决实际问题的能力……这些与知识同等重要。老师们可以利用多种多样的课外活动，帮助学生学习、体验、掌握这些必不可少的能力。

本节的案例正是老师们灵活运用身边的资源从课堂之外的环境（如家庭、户外场馆等）中挖掘出学习材料，或是与课本联系，或是独立设计成一课……巧妙结合各种学科，带领同学从各种各样趣味十足的课外活动中获得知识，做到真正的"贯通式学习"。

一、课外教学——对外交流

除了课堂以外，儿童很多知识来源于生活，而又应用于生活。“学以致用”也是南京市凤凰花园城小学“绿色教育”理念下重要的目标之一，以往的学习多侧重于课堂知识讲解和习题练习，而绿色教育更加侧重应用和实践。通过书信往来与实践相结合，提升儿童的全面素养。将课堂与课外生活融通作为传统教学的有效补充，在课外生活中儿童能收获更多的体验，反过来又巩固了课堂教学内容。

案例：　见字如面，笔友你好！——张静

在南京市凤凰花园城小学，时光慢下来了。每一届五年级的孩子不仅坚持手写书信，还通过书信结交了一群远在新加坡的笔友。从学生到笔友，转变身份、体验课程、传递情感、交流文化，国际研学和手写书信的碰撞就发生在这里……

一年好景，橙黄橘绿。清早，办公室的桌子上悄然躺着一张“从‘新’出发——凤凰花园城小学新加坡研学之旅”策划单，一年一度的新加坡研学活动又要开启了。凤凰园的孩子喜欢国际研学，他们用脚步丈量世界，新加坡、日本、美国、英国、澳大利亚、芬兰……在研学活动中，他们认识不同的文化背景，体验不同的风土人情，走得越来越远。可是要问他们最喜爱的研学国家是哪一个，他们大都会提名新加坡，问及理由，便是能与新加坡的笔友通信。

因此，2020 年的通信活动也备受孩子们期待。周三下午的班会课，年级统一主题：“见字如面，笔友你好！”四人一个小组，孩子们凭着他们对新加坡的初始印象进行头脑风暴、思维碰撞，稀奇古怪的 idea 一个接着一个。办公室里，老师们的思维也在碰撞，怎样更好地通过这封信贯通起中新两国的文化交流、传递好两个民族的情感沟通呢？为了在书信中更好地展示南京文化、中国文化，孩子们利用周末的时间在爸爸妈妈的帮助下，查阅古书典籍、参观博物馆、实地探访金陵四十八景，亲身感受南京的风土人情和祖国传统文化的历史积淀。在大量的准备活动之后，孩子们原有的经验都得到了补充和拓展，每个小组都确定了自己的书信内容，除了介绍自己、家庭、学校、城市之外，有的小组介绍我们学校的民间传统体育项目——抖空竹；有的打算展示自己的绝活——中国书法，楷书、行书、草书，都不在话下；有的着重描摹南京的美食，如桂花鸭、糖芋苗、梅花糕等；还有的在书信中当了一回小导游，要带着未曾谋面的新加坡笔友来一趟南京古城一日游……

英语组也应孩子们的邀请，为他们精心设计了“英文书信写作”课程。

课上，老师和孩子们一起观看了被称为英国版的《见字如面》节目——Letters Live。信件主题各异，有朋友间的肝胆相照、爱人间的相濡以沫、亲人间的推心置腹……朗读者的朗读语速适中、发音标准，对孩子们无疑是一次英语朗读的审美教育。在英语老师的指导下，孩子们仔细观察了视频中英文书信的写作格式，并对自己的中文书信一句一句进行翻译，虽然表达有些稚嫩，也没有多少技巧可言，但每个孩子都写出了像模像样的英文书信。

在孩子们打磨书信文字稿的过程中，美术老师走进了语文课堂、英语课堂。围绕着“见字如面，笔友你好”这个主题，语文课、英语课、美术课，三课贯通。老师们一同发力，打破不同学科间的界限。孩子们将自己的绘画想法一一说出，美术老师指导他们选择合适的绘画方式进行创作，在这个过程中，语文老师和英语老师随时帮助孩子们调整书信的内容和格式。就这样，一封封制作精美、图文兼具、情真意切的手写书信诞生了！信件寄出之后，很快就收到了新加坡笔友的回信，孩子们和小伙伴一起读回信，和家长一起读回信。

严谨美观的书信格式、精心挑选的信笺纸张、字斟句酌的语言文字、个性多样的手写字体，让学生在表达情感时更多了一份厚重的仪式感。几封书信往来之后，你向我说说学习的辛苦，我同你讲讲成长的烦恼，每月固定的时间有了不一样的期待。孩子们的好友清单上，除了同桌、同班同学、幼儿园同学、小区楼下的小伙伴之外，多了个远在新加坡、未曾谋面的笔友……

点评：文章里，张老师班上的同学们为了给新加坡的小伙伴们一封印象深刻的信，真是八仙过海，各显神通！有利用节假日查阅图书馆的资料，介绍南京风土人情和历史的；有展示自己拿手绝活的，如抖空竹、书法等；还有一些小吃货着重描写南京的美食……除了同学们，办公室里的老师也进行了头脑风暴，英语组的老师们为同学们精心设计了“英文书信写作”课程；美术老师也走进了课堂，指导同学们选择合适的绘画方式进行创作……一张张精美的手写书信就此诞生！

此次儿童的书信交流不仅仅是文字之间的信息互通，更体现着不同地域、不同种族之间的文化交流和情感沟通。书信简单却又美好，一下子就拉近了中新儿童的心理距离，当国际研学活动真正开始的时候，孩子们因为书信的媒介作用，和自己的笔友一相会就少了很多的陌生感，大家很快打成一片，孩子们成为两国文化交流的小使者，成为人类命运共同体中的一员。回顾每一封手写书信的诞生，我们发现儿童学习的发生场域没有局限于教室内，我们对儿童学习的发生场域进行了重构，实现了校内场域和校外场域之间的联系，使不同场域互相耦合，成为支持儿童贯通式学习的有力抓手。

二、 课外教学——传统节日

传统文化是一个民族的根基，中华传统文化博大精深、源远流长，是我们的无形瑰宝。南京市凤凰花园城小学重视教育同传统文化的紧密结合，学校教育更是承担了传承中华优秀传统文化的重要责任。在教学中，将传统文化与教学进行有效的融合，通过开展丰富有趣的活动展现出来，可促使儿童在学习中实现综合素质的提升，并促使儿童在不知不觉中受到传统文化的熏陶。

案例： 放下课本，走进生活——《学会查“无字词典”》——于艳

每逢假期，我就会建议家长们让孩子们多放下课本，多走进生活，开阔眼界。我们班开展了一系列“放下课本，走进生活”的活动。

新年趣味活动："小绿娃"欢天喜地过新年——趣逛年货大街

春节是我国的传统节日，在新春佳节来临之际，全家人一起欢天喜地逛年货大街。学生们也跟随爸爸妈妈来到了年货大街，带着有趣的小任务来感受传统节日的美好氛围。

趣味小任务之一：寻找最有年味的汉字。过年啦！年货大街上充满了浓浓的年味。作为小小汉字发现者，请你带着一双会发现的眼睛，在身边寻找有趣的汉字，比如，研究"年""喜""福"等字，了解它的起源和演变等(选择一个字或者几个字都行)。

趣味小任务之二：年货我来买。爸爸妈妈要采买很多的过节商品，请你也参与其中，帮助爸爸妈妈算算账，并把计算过程写一写、记一记，整个过程可以记录下来哦。一定会很有意思！

趣味小任务之三：抓拍最美瞬间。你瞧！年货大街上有年画、剪纸、彩灯等，你可以试着画一画、剪一剪生肖鼠的作品。和家人在一起的时光总是欢乐的，唱一唱过年的童谣，同时留住最美瞬间，请拍下你和家人在一起的精彩瞬间的照片，留下美好回忆！

汉字文化活动：最美中国字——了解中国汉字的起源

学生们走进博物馆，不仅了解了汉字的起源与演化，还亲手尝试了活字印刷操作，用一个个铅字将一首首诗歌进行排版，然后是润墨、铺纸、拓印……真真切切地过了一把瘾。当学生们看到自己印刷的"作品"问世，不禁惊呼起来，他们切切实实感受到了汉字文化的源远流长和古代劳动人民的智慧。

家乡寻访活动：美丽家乡之行

为了让学生们了解自己的家乡，感受家乡的美。让学生们自行设计《美丽的家乡》旅游手册，内容和形式根据家乡的风土人情、文化特色进行设计，在学习中融入了多个学科的内容。在寻访自己家乡的过程中，学生用画图的方式梳理出家乡的名胜古迹、特产等，还绘出与家乡有关的绘画作品，写出与家乡有关的文章，有感情地朗诵有关家乡的诗歌，演唱与家乡有关的歌曲，用手工等不同形式制作出家乡的特产，制作魅力家乡相册，等等。就这样，学生们在活动中全方位感受到了自己家乡与众不同的美。

点评：新年是中国人一年中最重要的日子，在过年的这一段时间中，人们通过置办年货、吃团圆饭、相互拜年等大大小小的习俗辞旧迎新，于老师将课本上《学会查"无字词典"》这一课巧妙地与即将到来的2020年新年联系起来，带领同学们一起通过各种活动体验新年的美好。

于老师给同学们布置了几个趣味小任务：第一个是"寻找最有年味的汉

字”。同学们在寻找的过程中必然要了解这个汉字的意义及来源，甚至是演变过程，才能找到其中的“年味”。这样一来，我们的课堂就不仅仅局限在小小的教室中，知识也不仅仅来源于书本，同学们在完成任务的过程中，从身边获取各种信息，转化为脑中的知识。第二个是“年货我来买”。同学们这一次不是无所事事地跟在爸爸妈妈身边或只是拎东西了，而是亲自上阵采买年货，这对同学们的数学能力是不小的考验，要将平时书本里学到的知识应用到生活中，不只是一板一眼地做题，而是在实际中加以锻炼，让同学们能在不知不觉中更熟练地掌握所学知识。最后一个是“抓拍最美瞬间”。同学们可以利用剪纸、彩灯等具有“年味”的方式，将美好的瞬间记录下来，利用你在美术课上获得的技能，将它们展现在所有人的面前。

这次活动是课堂与生活的贯通。于老师能联系课本与生活实际，设计出有意思的活动，将学习平台搬出教室，搬到书店、搬到商场、搬到儿童的身边……打破了固定场域的局限；同时，儿童在完成任务的过程中还不知不觉地运用了数学课、美术课上所学习到的知识，这已经不仅仅是一节语文课，而是融合了多种学科的贯通式课程。

三、课外教学——生活能力

生活教育理念是一种倡导联系生活的教育模式，教育要与课外生活贯通，契合儿童的身心发展需求与特征，是小学学科有效课堂构建中常用的一个教学模式。教育和课外生活贯通对顺应儿童发展的切实需求，如解决实际问题的能力、生活必需技能等有重要意义。

案例： 我的零钱，我来做主——王铭远

一、活动准备

1. 制订《小学生一周零用钱数目和来源调查表》。由学生在班内或自己的朋友圈内做调查，调查零用钱的来源，每人至少调查 10 人，最后选出 6 个来源最多的项，作为表格的列项；然后小组讨论表格横向内容；最后在教师指导下班内统一绘制表格。结果如下：

调查表 1：小学生一周零用钱数目和来源调查表

零用钱来源	次数	零用钱数目累计（元）
家长主动给的		
向家长索要的		
个人劳动所得		

续表

零用钱来源	次数	零用钱数目累计（元）
亲戚给的		
买东西节约所得		
其他方式		
合计		

2. 制订《小学生零用钱主要用途调查表》。与调查表1的制订过程相同，先由学生自己调查，确定表格的列项内容，然后小组交流确定横向内容，最后确定表格如下：

调查表2：小学生零用钱主要用途调查表

用途	次数	零用钱数目累计（元）
学习用品		
乐器		
零食		
玩具		
请客		
课外书		
捐款		
其他		
合计		

二、活动实施

（一）导入

出示学生们放学后到小卖部买零食、买玩具的照片。提出问题：1. 这是一种什么现象？2. 对于这种现象你有什么感想？3. 这种现象为什么存在？由学生独立思考，回答问题。

（学生在小卖部买零食图）

引出答案：

1. 这是一种乱消费的现象。

2. 这种现象是不健康、不科学、不合理的。

3. 因为现在的生活水平提高了，学生们手头上有零用钱了。

过渡：我们既然知道乱花零用钱是不对的，那怎样花才是对的呢？今天，我们就要探究一下零用钱到底该怎样花。

（二）实施

1. 想要探究零用钱怎样花，首先要确定零用钱的来源和数目，了解小学生们在使用零用钱上存在的问题。出示调查表1和调查表2。

先统计调查表1。由学生独自根据自己的实际情况填写，然后6人一组，进行组内成员互相调查、统计，之后汇报结果。通过学生的汇报，得出结论：小学生的零用钱50%以上都是家长主动给的和向家长索要的。

然后出示调查表2。重复调查表1的探究过程，先由学生独立完成，然后小组内调查统计，最后汇报结果。得出结论：小学生的零用钱主要花在了买零食和玩具上。

2. 师生共同总结调查表1、2的结论。

询问学生：你们买零食、玩具的钱主要来自父母，那父母的钱来自哪里呢？出示各种岗位上人们辛苦工作的图片，引导学生想想自己的父母是从事哪种辛劳的工作，并引导学生闭眼想象：此时此刻，你坐在温暖的教室中，而你的父母呢？在什么地方？在做什么？学生通过观看图片和想象，间接体会父母的辛劳，理解父母挣钱的不易。在学生们有所体会的时候，出示第二组图片——山区的孩子们为了吃顿热饭，背柴背米去学校；一个三四岁的儿童在幸福地吃着我们眼中的“垃圾食品”——方便面，而这是他一年才能吃得上一两次的营养餐，这天是他的生日……由学生们自看自读，然后同桌之间互谈感想。引导学生在了解贫困儿童现状的基础上，懂得节约、学会帮助他人、奉献爱心、懂得珍惜现在的生活。

在经历了这一系列活动后，学生们更加明白了乱花零用钱的不对，对改变零用钱使用现状的心情更加迫切。

教师抓住这一契机，引导学生们思考零用钱该怎样花，根据学生的回答，老师及时总结出“合理”和“节约”两大原则。然后引导学生围绕合理、节约两大原则制订自己的零用钱使用计划。同桌之间先互相说一说自己的想法，然后小组内讨论，小组成员共同制订一份计划。在制订计划前，老师用课件出示参考资料——《外国孩子的零用钱》《零用钱里的理财教育》，由学生自读并作为制订计划的参考。其间，老师巡视并给予个别指导。

选择优秀的计划通过投影仪进行展示，其他学生找出计划中的出彩部分并给予评价。学生们在观看和评价他人计划的同时，会对自己心中的计划予以修改补充，取长补短。

（三）总结

以“你今天收获了什么”为题，引导学生回顾今天的活动内容，畅谈收获和心得。

最后老师和学生共同总结。(1) 我们通过这次主题活动，不仅对周围同伴零用钱的使用情况有了一定的了解，还知道了怎样正确使用零用钱。明白了父母挣钱不容易，促使我们学会孝敬父母、感恩父母。(2) 同时我们也知道了，还有许多贫困地区的小朋友不能像我们一样正常读书、生活，需要我们的帮助，我们应该节约零用钱，减轻父母的负担或捐赠给贫困地区的小朋友，帮助他们重返校园。

点评：这是王铭远老师设计的综合实践课程与德育的贯通式教学案例。首先通过图片发现身边存在许多乱消费的现象，这样的现象怎样遏制？由此展开调查与讨论。

你的零用钱来自哪里？王老师贴心地设计了表格提供给同学们，而同学们利用在数学课上学到的表格数据的统计方法，准确地调查了身边同学零用钱的使用情况。了解到大部分零用钱来自父母、家人，而通过讨论，同学们更是知道了父母的钱来之不易，由此，合理使用零用钱不再是一项课堂任务，而是由心出发。那怎样才能合理使用零用钱呢？王老师为同学们提供了几种思路的同时也给了大家一些参考资料，利用不断获得的信息，同学们不断调整、完善着自己的计划。在这一系列活动中，同学们收获的不仅是调查能力的提升和一份计划表，更重要的是一颗感恩之心，品尝到助人为乐的快乐。

随着物质条件越来越好，儿童的零用钱也越来越多，儿童的消费观还不完善，因此出现了许多乱消费现象。王老师正是看到了这一现象，针对性地设计出这一课程，将学校与家庭、生活相联系，做到内容上的贯通。同时，打破学科间的壁垒，达到学科上的融合，将知识运用到实际。

四、课外教学——周边美景

南京市凤凰花园城小学的“绿色教育”理念鼓励引导儿童去发现美并探索“内在美”，在实际的教学中，需要将儿童的审美教育和情感互相渗透。《一叶，一城，一世界》案例不仅要让儿童欣赏梧桐叶表面的美，还要透过表面深挖内在，让儿童能够感受到梧桐叶的灵魂。生活也蕴含着丰富的课程资源，很多感悟都是与生活相关，所以生活经历越丰富，儿童的感悟就越多。在探索过程中不断增强儿童的生活体验，最终让儿童学会生活。

案例：　一叶、一城、一世界——章婧

曾听人说：看到一种树，就想起一座城。在古都金陵，繁茂的梧桐树是城市的形象代言。一夜秋风，一夜秋雨，梧叶萧萧，或漫卷秋风，或一地金黄，成就了这座城市特别的记忆。

清晨，校园的天空格外明朗，围墙外几株高大的梧桐树伸展着遒劲的枝干，把一大片一大片金黄的叶子像传递信笺一样送进校园。我的思绪也随着落叶飘到书本里那一段美好的遇见里。

在《铺满金色巴掌的水泥道》这篇课文里有一条梧桐大道，“金黄金黄的叶子落下来，仿佛是印着落叶图案的、闪闪发光的地毯，一直铺到很远很远的地方……我穿着小雨靴在秋天金黄的叶丛间愉快地蹦跳着、歌唱着……”。每每读到这里，孩子们都格外愉快，因为这是他们熟悉的风景，这是他们的城市，他们的生活。

课文就像一扇窗，一片广阔的世界从这里打开，让孩子们看到自然的美好与神奇，获得家国故园“根”的情怀。课堂只有四十分钟，但学习是不限时的；教室的空间是有限的，但学习的场域是无边的，真正的学习应发生在更广阔的天地里。于是，一场主题为“梧桐叶落　锦绣金陵”的贯通式学习活动从课堂铺展开来。

课堂上，孩子们在老师的带领下徜徉在梧桐叶落的浪漫、愉悦和奇妙的想象中，经历了识字、朗读、理解和表达，孩子们围绕梧桐叶在学习单上写下了心中的一个个疑问，经过问题的整理和归类，孩子们组建了不同的研学小组，每个小组以学习共同体的方式开展合作学习，各有分工、共享成果。

“诗意梧桐”小组的孩子们相约书店和图书馆，大家一起收集和梧桐叶有关的古诗词和美文，然后整理、择选、用钢笔誊抄，在班级诵读、展示。“一声梧叶一声秋”，从古至今，梧桐叶常常在诗人和作家的笔下传达着情意。婉转的语调、长长短短的句子，带领孩子们在一片秋色中踏着梧桐叶穿越时空，感受古诗文的无限魅力。

“科学梧桐”小组聚集了班级里的“十万个为什么”，他们凑在一起写下许许多多的小问号，如梧桐树为什么会落叶？梧桐树的叶子为什么不会像枫叶一样变红？梧桐树的叶子有什么作用？等等。一个个小问号是他们的一颗颗好奇心，是一份份探究的欲望。在科学老师的带领下，他们开展科学实验，在爸爸妈妈的指导下到网上查找资料。一个个问题被解决了，孩子们迫不及待地要跟同学们分享，现场问答，教室里的气氛别提有多活跃，小小科学家们别提有多得意。

对梧桐历史感兴趣的学生组建了“金陵梧桐”小组，他们走访了南京市绿化园林局，了解了南京是什么时候种下梧桐树的，是谁种的，为什么要种梧桐树？孩子们对南京的历史展开了追问。一段段尘封已久的故事，一张张破旧的老照片，触动了孩子们的心。访谈结束后，走在梧桐大道上，一棵棵饱经风霜洗礼的梧桐似乎在向他们诉说着历史。

大家都知道南京的梧桐树多，可是最美的梧桐树在哪里呢？“最美梧桐”小组的孩子们在周末开始了寻找之旅。他们举着队旗来到中山路、陵园大道、南京理工大学、南京大学等地，用镜头记录下最美的风景，一路欣赏，一路感叹。寻访结束后，孩子们在信息课上学习将拍摄的照片做成 PPT 或电子相册，将美分享给大家。随着“梧桐叶落　锦绣金陵”活动的开展，孩子们迷上了梧桐叶。有一天，一个孩子在美术课上突发奇想，拿出抽屉里的一片梧桐叶，勾画了一幅山水画送给美术老师。这一举动激起了老师的灵感，把梧桐叶当成画纸，一起来创作“叶子上的缤纷世界”，孩子们脑洞大开，创意无限。如果说之前的梧桐叶充满诗意，散发着科学和历史的光芒，此刻，片片落叶在一双双巧手之下重新焕发出生命力，展现出独特的美。在学校的对外交流活动中，孩子们把叶上的风景送给远道而来的客人们，让承载着美和情怀的落叶飘向世界。

《铺满金色巴掌的水泥道》是一条引领学生从书本走向生活，从课堂走向校园、走向家庭和社会的大道。

点评：在围绕梧桐叶开展的贯通式学习活动中，将单一的讲授式学习方式与合作学习进行贯通；学习资源也更加丰富，将国家课程规定的学习内容与课程以外大量的诗文、史籍资料、科学百科知识相贯通，儿童打开了视野，扩大了知识面，深化了学习点；儿童从教室走出去，学习场域实现了学校与家庭、街道、公园、场馆乃至世界的贯通；打通了学科的壁垒，将语文学科与科学、信息、美术进行贯通，使儿童获得真切体验，实现了单一学科不能达到的教育效果，满足不同儿童的学习需求，促进儿童的个性发展。

如课文中所说“闪闪发光的地毯从脚下一直铺到很远很远”，一如贯通式课程研究的道路，既华美又无止境。在儿童贯通式课程研究中我们需要思考如何将国家课程的实施与育人目标紧密结合，在实践中体验不同的身份，获得成长。

第三节　儿童贯通式学习案例——校本课程

校本课程即学校课程，是学校在确保国家和地方课程有效实施的前提下，针对学生的兴趣和需要，结合学校的传统和优势及办学理念，充分利用学校和社区的课程资源自主开发或选用的课程。校本课程由学校自行决定，目的是满足学生和社区的需要，强调多样性和差异性。

校本课程的贯通式学习融合了语文、科学、数学、音乐、美术、体育及实践课等，在实际应用中体现了多学科互相结合、交叉设计的学习新样态。本节我们可看到丁迎燕老师描述“一千米”的学习“推倒”校园那堵墙，让学习不仅仅局限在课堂；姚莉莉老师从介绍“中国最美的书”出发，循序渐进，最终让儿童深刻明白“爱护动物，保护生命”的重要性；李凡老师提出“阅读和图片”相结合，互相渗透；许雯老师立足教学前、教学中、教学后不同阶段，带动儿童线上线下贯通互动式学习；朱宁老师“读写绘”相互贯通，把绘本创作与写话有机地结合起来进行教学。我们发现，贯通式学习不是割裂地、片面地、独立地开发课程、实施课程，校本贯通式课程设计也不局限于传统的课堂模式，而是体现在对独特个体、多元关系及系统环境的整体把握，体现在各个学科要素之间相互耦合的关系。

一、校本课程——“自然探索”课程

研究校本课程与综合实践的相融点，顺应儿童发展的天性，儿童很多知识来源于生活，而又应用于生活。对两者进行贯通式设计，设计出快乐、和谐、自然的综合实践活动课程。让学生在兴趣中探索，在探索中学有所获，在实践中获得更多的体验。

案例1：　把课堂搬进大自然——丁迎燕

从规律的“1、2、3、4”到悠扬的“哆、来、咪、发”，从朗朗上口的

“一去二三里”，到响亮整齐的“1—2—1”，我们发现似乎都是数字在唱主角。

1. 亲子互动，行走一千米

我们通过“贯通式课程”的思想进行了开放性设计，布置了一项亲子体验活动，给每个孩子发放了一张制作精美的表格，让孩子们利用双休的时间和自己的父母一起走进大自然的怀抱。设计这样的活动，是希望家长能多一点陪伴孩子的时间，和孩子一起亲近自然，亲子互动，健康行走，用脚步去感知一千米，体验一千米。周边的公园、居住的小区、秦淮河的堤岸、市民广场……都成了孩子们测量的场地。孩子们有的走、有的跑、有的乘车、有的骑行……利用不同的出行方式，运用不同的计步方式，感受了一千米，认识了一千米。在行走的过程中，不仅缩短了个体与环境之间的距离，同时活动的参与、表格的填写，也给家长和孩子的心灵沟通提供了平台和机会，极大地扩大了学习的空间，发挥了不同场域为学习服务的作用。

2. 变革方式，学习一千米

记录走完一千米需要多长时间后，孩子们在数学课上对于千米的学习有了更具象的概念。课堂学习不再是抽象的数字，而知识与知识之间也形成了前后的贯通。教学中，老师启发孩子结合实践，说说自己对一千米长度的认识。拓展思考，想想几千米有多长，有了对一千米的认知再往上推演，不仅可以进行推测，还可以再次去验证，从而感受数学与生活的联系，让学习更有趣也更具魅力。

3. 磨炼意志，运动一千米

在综合实践中，我们通过“贯通式课程”的思想进行了更丰富的设计。这一次，给每个孩子发放了一份综合实践闯关卡，孩子们带着信心，在公园里开展一千米挑战赛。户外打卡，锻炼身体，愉悦身心，磨炼意志。孩子们在不同的地点完成闯关任务：100 米处的身体套圈，200 米处的过“独木桥”，300 米处的钻“山洞”，还有“踏石过河”、同伴合作双人运球、三人五足、齐心协力……这些活动锻炼了学生的综合素质，增强了学生的团队合作意识，有效发挥了各种生态因素和场域的作用。

（合作双人运球、三人五足、齐心协力……）

4. 动听旋律，唱响一千米

一路上，同学们欢歌笑语，利用休息的闲暇，进行了户外拉歌赛，吸引了众多观众驻足观看。

5. 五颜六色，手绘一千米

美术课上，老师带领孩子们回忆户外一千米活动中的见闻，用手中的画笔，记录下自己明亮的眼睛所发现的神奇世界。一只只大眼睛里有美景，有美食，有昆虫，有植物……

6. 头脑风暴，图说一千米

能力的提升是产生在不断地反思和回顾当中。孩子们在队会课上进行着一场精彩的头脑风暴。

7. 以文会友，畅聊一千米

语文课上，老师和孩子们一起回顾了"一千米"系列活动，交流自己的测量方法、交流自己的活动体验、交流自己的途中见闻、交流自己的发现和收获，最后记录下自己最真实的感受。

8. 兴趣引领，发现一千米

大自然的奇妙，吸引着充满好奇心的孩子。他们发现花开了，草绿了，小树已经生机勃勃；他们倾听风声，倾听雨声，倾听树叶的对话；他们趴在地上观察昆虫，跟随觅食的蚂蚁，拨弄肥胖的肉虫，追逐五彩的蝴蝶……

点评：丁迎燕老师通过精心的课程设计，把课堂搬进大自然，让儿童充分地认识了一千米，体验了一千米，收获了一千米。亲子互动一千米扩大了学习的空间，发挥了不同场域为学习服务的作用，实现了不同场域间的贯通；数学课学习一千米让儿童体验了数学与生活的联系，这是一千米与生活的贯通；运动一千米发挥了各种生态因素和场域的作用，这是一千米与体育运动的贯通；唱响、手绘、图说、畅聊、发现让儿童对一千米认识得更加深刻，实现了一千米在不同领域的贯通。数字的魔力，语言的魅力，运动的活力，旋律的张力……本次实践课有收获，有思考。实践中，南京市凤凰花园城小学不断调整研究的方式，对课程设计进行改进，捕捉并帮助儿童确定学习的贯通点，在不同的空间里更舒展地享受学习的旅程。

本实践内容的贯通式学习发挥了儿童的个体探索性，打破学习场域的限制，打破课堂教学的限制，打破学科间的界限，打通课堂内外的通道，"推倒"了校园那堵墙，让儿童的学习不仅仅局限于课堂，而是深入大自然，让儿童深刻感知“千米”的含义。

案例2： 小学校里的小小法布尔——姚莉莉

记得一年春天，一次偶然的机会，学校邀请到南京师范大学书文化研究中心主任朱赢椿教授来给孩子们介绍“中国最美的书”——《虫子旁》。他用诙谐幽默的语言传递着虫子们的奇妙世界，孩子们一下子就被不起眼的小虫子吸引住了，活动结束还依依不舍，不肯散去。其中一个孩子噘着嘴说：“虽然我们学校的绿色视野环保科技馆里也有昆虫，但那些只是标本，动不了。如果能在校园里找到真的小虫子，和它们说说话那该有多好。”

孩子们无意间流露出的对自然的亲近与向往启迪了我们。绿色课程的设计不就应该顺应孩子的内心需要吗？带着这样的思考我们在全校范围对每一位孩子展开调查，同时对个别年级的学生进行访谈，了解他们最喜欢的校本课程，以及对校本课程如何开展的设想。经过调查统计，我们发现：孩子们对自然课程的喜爱程度达到了空前的一致，他们对学习的向往已不再局限于课内，他们热爱自然，对外界充满好奇，他们的学习经验正在不断被激活、不断生长。

于是，我们在并不宽裕的校园里辟出一方安静的角落，撒下种子，现在是春有百花，夏有鸣蝉，秋有鲜果，冬铺荞麦，那里是孩子们最爱去的地方。在那里，他们学会了闻香识花；在那里，他们个个是小小法布尔。孩子们把那里叫作凤小的“百草园”。“百草园”里还有坐落了一间专为孩子们设计的“虫子世界”绿色视野教室。

自打“百草园”落成后，朱赢椿教授成了我们学校里的特邀自然教师，他定期走进校园、走进“百草园”、走进“虫子世界”为孩子们授课。《昆虫名片》《小虫“痕迹画”》《有趣的“虫子本”》《可爱的“拉布甲”》……在这些探寻虫子的课堂里，真实的学习场景让儿童自主、合作、探究的学习创生出更多个性化的方式方法，孩子们、老师、家长的惊叹声、喝彩声

此起彼伏。

最让孩子们脑洞大开的是《便形鸟》，通过多媒体视频直播教学，带领全校的学生凭借想象力编织出一个又一个关于鸟儿的奇特故事！课前，朱教授收集了大量的鸟粪图片让孩子们观察，课上要求他们先将一滩鸟粪的外形描出来，随便什么样都可以，然后想象哪里是头哪里是脚，接着上色，给鸟儿起名字，想象这只鸟儿可能遇到了哪些伙伴，会发生怎样的故事……“便形鸟”最吸引孩子们的是它的形状不可预料又千变万化，让想象插上了翅膀。同学们一边展开想象，一边在本子上描呀、画呀，一个个独特又奇妙的故事就这样诞生了……课后，孩子们还热情高涨地自发组队去寻找鸟粪，最先找到鸟粪的乐得手舞足蹈，一时间，脏脏的、被人嗤之以鼻的鸟粪成了孩子们的新宠。说实话，在这之前我们想都不敢想，孩子们竟然会对鸟粪产生那么浓厚的兴趣。

当孩子们得知朱教授的“便形鸟”在国外展出并设计成玩具的时候，他们央求朱教授把展出资料与视频带进学校一同欣赏。慢慢地，我们的孩子学会了呼吁“爱护动物、保护生命”；学会了在春暖花开的时节走进“百草园”、走进社区、走进家庭仔细观察身边的一花、一草、一木；学会了自己探寻自然生态平衡的秘密，在自然中感悟生命独特的魅力。

点评：这是从课内阅读出发，将学习迁移到课堂之外的案例，这是校本课程“自然探索”系列的贯通延伸。从介绍书本，到寻找校园里的小虫子，这是理论到实践的贯通；了解儿童真正喜欢的校本课程，最后学会“爱动物、保护生命”，一步一步，从儿童出发，顺应儿童发展的天性，让儿童站在更高的角度来看待我们的生态环境，实现了课内阅读到社会环境的贯通。《小学校里的小小法布尔》让儿童对学习的向往不再局限于课内，而是室外真实的场景，它们点燃了儿童的梦想，点燃了儿童的探究热情，激发了儿童的社会小主人意识。本文的校本课程，实现了学科知识学习的贯通；实现了校园生活与家庭生活、社会、世界的贯通；实现了儿童的个体成长与树立社会使命感的连接。

二、校本课程——阅读写作课程

贯通式阅读，图片和阅读文本相互贯通，是一种很不错的阅读教学方法，不仅能使枯燥无味的文本变得直观形象，激发儿童阅读的兴趣，还能帮助儿童系统有效地掌握阅读内容，提高阅读效率。

贯通式写作，唤醒儿童心中的生活体验和情感表达需求。在写作课程中融入美术绘画信息制作、中英文口语表达等多种展示形式，从单一到丰富，从平面到立体，学科共融，各展所长，全面提升儿童综合学科素养。

贯通式绘画，把绘本创作与写作有机结合起来进行教学，适当启发儿童用灵巧的双手挥舞灵性的画笔画出自己的想法，既符合儿童的思维特点，又能让儿童的语言更加丰富。

案例1：　让儿童的课外阅读真正“跃”起来——李凡

图文结合的方式阅读反馈：

图文结合指在一篇文章里，图片和文字互相陪衬，使内容丰富多彩。多用来形容一些刊物上的文章配以示意图，生动形象。从文学形态上讲，它是文字和美术的相互配合、相互丰富和相互激发。图、文不是简单的说明与被说明的关系，而是有机结合的。虽然每本书的文图构成不同，有的文字少，有的文字多，但优秀的阅读反馈（绘本或思维导图），其文字都考虑了情节、场景、人物的变化，而图画也具有一种动态感和流畅性，使整个画面看起来和谐、完整。文字主要诉诸听觉，而图画是一种视觉艺术，通过这两种不同的媒介来表达内容，并且将二者完美地结合起来。

在阅读过程中或阅读结束，通过绘画和文字将所阅读的内容和感受表达出来，既是对所阅读内容的反刍更是自主创作的过程。一年级，我们的周末阅读作业，都是以图文结合的形式，画一画、写一写读中、读后的感受，以画为主，文字为辅，极大地激起学生想要去阅读的兴趣。二年级，我们的假期作业同样是全年级共读一本书，同时以图文结合的方式反映自己阅读的情况。最终以连环画、小绘本的方式呈现出来。

点评：李凡老师从实际遇到的问题出发，了解学校低龄段儿童课外阅读的现状，剖析案例，提出当下语文阅读教学存在的误区就在于教师无视儿童的生活体验和感性认知，过于注重自己的机械引导和理性分析，不能充分体现儿童的主体性，发挥儿童的创造性，严重挫伤了儿童阅读的积极性，致使阅读教学效果不佳。最终提出用“阅读和图片”相结合的方式，让阅读真正“跃”起来。通过研究活动，透析各学习要素之间的交互作用。让每一个儿童都能快乐阅读、学会阅读、善于思考，提升创造力，为儿童的终生发展奠基，让每一位教师都能与儿童一起成长。

贯通式学习提倡运用体验式阅读方式来进行阅读教学，把课外阅读与日常学习生活联系起来，把阅读和日常生活贯通起来，激发儿童读书的兴趣，让儿童读有所获。

案例2：　重燃学生写作热情——许雯

一、贯通式选材，还给孩子自由选择的权力

1. 独特的视角：既陌生又新鲜

选材要回避陌生，在熟悉的材料中，选取具有独特体验的材料，给读者带来陌生化的新鲜体验。《舌尖上的中国》（简称《舌尖》）系列带给了同学们很多全新的认知和体验，尤其是里面介绍了很多孩子们不知道的美食以及常见美食的另类诠释，耳目一新的饕餮盛宴令人久久回味。

师：现在再读读自己的美食选材，如果还是千篇一律、千人一面的“鸭血粉丝”“小笼汤包”“北京烤鸭”……还能给人一种既陌生又新鲜的独特视角吗？你有什么更独特的选材视角吗？

生A：我最喜欢吃螃蟹了，不过我想着重写写自己等待螃蟹出锅时的急切心情和我垂涎三尺的馋猫样儿……

生B：我前几天和妈妈去看电影时吃了一份章鱼小丸子，因为阿姨就在我面前制作，所以制作的过程给我留下了深刻的印象，我想从烹制的角度去写这份美食。

生C：我们一家人都特别爱吃麻辣的火锅，看了《舌尖》上专门有一期描述重庆火锅，真让人味蕾生花啊！特别是看了火锅鲜香麻辣的底料调制，真是觉得每一份美食背后都有着制作者不同的智慧和匠心啊！

生D：我发现摄影师有很多微镜头都是贴近锅底汤汁放大拍摄的，所以食物色泽、形状的变化过程都拍得特别细致，平时我基本都是直接吃，从没有注意到食物在烹制过程中的奇妙变化。

……

孩子们的思维火花迸发，七嘴八舌、各抒己见。创新的视角、别致地描述家常的味道，打破传统思维定式，令人耳目一新的选材角度怎能没有魅力呢？

2. 经典的场景：既细致又宏观

我乘势追问：有了独特的选材视角，还要学会精心烹制，再细细品味一下《舌尖》上让你印象最深刻的细节场景描写，你有没有受到什么启发？

生A：我发现《舌尖》采用了很多慢镜头回放的方式。比如，厨师撒葱花、放辣椒、抖胡椒粉等用慢镜头展现，仿佛漫天飞絮飘飘悠悠地落下来，原来放慢动作之后的美食调料这么美啊！之前从没注意到……真是把原本容易忽略的部分用慢动作呈现出来了。

生B：我对“红烧肉”那段的场景细节刻画印象特别深刻。母亲精心挑选食材，悉心为女儿烹制有家乡味道的红烧肉，而此时女儿也在认真辛苦地练琴，追求着自己艺术家的梦想……母亲满心愉悦地看着女儿吃完红烧肉时的眼神，令人感动，我妈妈也是这样为我做好吃的、看着我吃完……

生C：是啊，《舌尖》上很多美食不仅介绍了它的制作过程，还有美食背后人和食物之间的联系。其实食物好不好吃要看和谁一起吃、吃时的心情怎样？有家的地方就有美味。

师：的确，多个不同场景的切换、时空的转移让饮食场景鲜活起来，平淡无奇的锅碗瓢盆里盛满了中国式的人生，更折射出中国式伦理。人们成长、相爱、别离、团聚。家常美味，也是人生百味。

二、贯通式品鉴，启发孩子领略文字的魅力

“贯通式”作文教学更重视学生与作文教学环境、学生与作文学习活动、师生（生生）之间和谐相生。教师在作文课堂中，要从学生的生活体验出发，努力营造一个充满自由、尊重、情趣的生态场，构造出优良和谐的生态环境，让他们发现、感悟生活中具有真情童趣、纯美至善的生活事件，在此基础上进行写作活动。这样，在提高学生作文能力的同时，也培养了学生“正确的思想观念、科学的思维方式、高尚的道德情操、健康的审美情趣和积极的人生态度”。我以身示范，课堂上精心挑选了三段美食类文字，给学生们提供自主阅读、品析交流的时间和空间。

三段顶级吃货的饮食文字，淡妆浓抹、情景交融，各具“情趣”。我引导孩子们先自读自悟、写写画画，再小组交流心得。孩子们读得用心、谈得舒心，这样的文本鉴赏正是符合儿童认知能力和探究心理的。

A组：我们喜欢第三篇文字，作者写的是天津的狗不理包子，尤其是作者通过一个特别有趣的小故事，写出了包子的汤汁多。我们组还觉得一个“飙”字用得特别传神还很有“津味”，既写出了狗不理包子汤汁多得都喷出去了，还写出了天津人的豁达豪爽，因为对面那位被汤汁飙了一脸竟然还一点不生气，真有意思。（大家听了频频点头）

B组：我们组喜欢第一篇梁实秋老先生写的吃蟹片段。他把螃蟹的“色、香、味”写得特别细致，让人读了就口水直流，而且一步一步地吃，写得特别有条理，仿佛眼前就有一只金黄蟹膏的大螃蟹，我和作者正在一起吃呢！（孩子边说还边咽着口水）

C组：我们组推荐的是第二篇。和第一篇一样这篇写得也是吃螃蟹，但是这篇并没有着重写螃蟹的色、香、味和怎样吃螃蟹，而是特别写了一家人坐在一起吃螃蟹的情景，尤其是“父亲”说的“吃蟹是风雅的事”，这样吃蟹的情景多年来一直在“我”的脑海中印象深刻。我想美食留给大家的印象可能不仅仅是食物本身的滋味，还有自己童年的回忆和成长的味道。

师：中国人对食物的感情多半是思乡，是怀旧，是留恋童年的味道。人间至味是清欢！……孩子们品词析句、侃侃而谈，充分体味着中华文字之美。这些“老饕”们的语言平实质朴却不空洞匮乏，有滋有味更洋溢着对生活的“情趣”，这源自他们对生活细致地观察、对生活的热爱和敏感，善于捕捉生活中动人的场景。孩子们都读得有模有样、品得有滋有味，也对这古今中外美食大家的文章产生了浓厚的阅读兴趣。课后推荐他们阅读：梁实秋的《雅舍谈吃》、袁枚的《随园食单》、汪曾祺的《寻味》、蔡澜的《蔡澜谈美食》……并鼓励孩子们自己去寻找、阅读喜欢的、有情趣的美食文章，带来学校与老师、同学们一同分享交流！好的文章都符合这样的个性：一是对生活的体验、认识比较深刻，能够引导我们洞悉生活的本源。二是大家读后心有戚戚焉，觉得恰恰勾起了自己的回忆、说中了自己的感觉，这就是体验和共鸣。质朴的语言比巧妙的言辞更能打动人心，高雅的情趣比低俗的搞笑更历久弥新，语言文字就是有着这样神奇的魅力，它可以带着我们品尝生活的千滋百味，让贯通式写作课程也更有语文的“味道”。

三、贯通式评价，提升孩子审美品鉴的能力

长期以来，作文的讲评模式大多是教师读、学生听，这样的课堂往往是言者谆谆、听者藐藐，教师只是在和少部分喜爱写作的孩子“谈恋爱”，而大部分孩子只是旁观者。而在我们的“贯通式”写作课程中，儿童是学习生态系统的主体，家庭、社会、实践、作业、教师、活动等都成为滋养儿童成长的环境要素，与此同时，儿童也在对教师、对学校的文化建设产生影响，作业方式、评价方式、师生关系都获得新的变化与发展。基于以上课程考虑，我们把学生自己、学生家长和任课老师都融入“习作评价”这一体系中来，让作文评价更客观、更多元。我们班级每2个月会集结一本由本班学生撰写的优秀作文选刊《青桐》，里面有学生这2个月所写的十余类主题作文上百篇，而孩子和家长们仔细阅读《青桐》后所填写的“推荐赏析”正是孩子们和家长积极参与课堂评价的重要途径。学生和家长赏析文章后将投票选出“妙笔生花人气奖”获得者，令孩子们无比期待，而大家精心撰写赏析推荐也是提升孩子们审美情趣和鉴赏能力的有效途径。

以“中华美食”类赏析推荐为例：

火辣辣的，红彤彤的，像火一样，它炙烤着你；迷人的麻，醉人的香，翻滚着的红汤，给人泼辣的感觉和难舍的回味。眼前的一锅红汤，在灯光下闪着诱人的光。这是一锅有层次的汤，底料千锤百炼，正宗的牛油让锅底变得醇厚起来；郫县的豆瓣上色、提香两不误；辣椒、海椒和花椒，中国本土和外来的调味品搭配如此默契……每家都有自己的独门秘籍，搭配得色香味俱全。异香，密密地交织缠绕，将你包围了。

——学生习作《hot pot 走遍天下》节选

这样的“贯通式”写作课程，不仅有学生之间的美文互评，还有家长的倾情推荐、任课老师的专业举荐……孩子们都满心期待自己推荐的文章能在全班朗读，入选者也渴望听到别人对自己习作的评价和建议，推荐者和被推荐者还可以现场互动对话，孩子们思得深刻、议得热烈、评得中肯。学生赏析推荐的同时，教师还可以适时从“语言文字”“文章结构”“写作立意”“文字风格”等多种赏析角度对学生的评价进行指导、提升。这样平等、互动、和谐的写作课程怎能不受孩子的喜爱呢？

点评：挖掘本学科的教学元素，立足教学前、教学中、教学后不同学习阶段，带动儿童线上线下互动式学习，实现学习生态的整体建构。许雯老师针对小学生写作文兴趣不高，选材千篇一律、表达千人一面等现状，致力于小学高学段贯通式作文教学课程的研究与实践，尝试以“美食”为主题，从

第六章

儿童贯通式学习的评价

第一节　儿童贯通式学习评价的理论依据

儿童贯通式学习以儿童为核心，设计针对每一个独特个体、个体之间多元关系以及系统环境进行整体把握的学习方式。对儿童各具特色的学习场域、丰富的学科教学、多样化的角色关系等学习生态要素进行贯通式把握，开发出新型的、富有时代感、有活力的儿童学习研究项目，而其中最能彰显学习效果的就是儿童贯通式学习的评价体系。在这一节中，我们将从教育评价的发展历程出发，再到儿童贯通式学习评价遵循的原则，最后总结儿童贯通式学习评价应有的关照。

一、教育评价的发展历程

（一）教育评价的定义

教育评价是指根据一定的教育目标，运用可操作的科学手段，通过系统地搜集、分析、整理信息和资料，对教育活动、过程和结果进行价值判断，从而为不断完善自我和教育决策提供可靠信息的过程。简言之，教育评价是以目标为依据，借助一定的标准和手段，对教育活动及其结果给予价值上的判断。

（二）西方教育评价的发展

自 19 世纪末 20 世纪初形成于美国，泰勒的“八年研究”确立了现代教育评价学的理论和方法。

1. 目标分析研究时期（1933—1958）

随着教育测验运动的不断发展，人们认识到教育测验的一些不足，如不能对人的全部进行测量，当时美国爆发了大规模经济危机，青少年失去工作纷纷涌入中学，而当时的课程设置主要是为了升大学，不适应社会和失业青年的需要。于是，以泰勒为首的教育评价委员会经过八年的研究，制定出一套评价目标达成程度的标准和方法。

2. 多方位研究时期（1958—1980）

1958 年，美国颁布了《国防教育法》，特别拨出专款来研究评价数学、自然科学、外语等课程的改革效果，于是教育评价的研究盛行起来，多方位的研究时期，教育评价理论分为以下几个重要派别。

（1）行为目标评价。其代表人物有克拉斯奥尔、哈罗和波帕姆等，主要是对前一时期泰勒和布卢姆教育评价方法的进一步完善与发展。这一评价方式和方法被称为目标评价模式。

（2）决策评价。这是 20 世纪 60 年代后期兴起的一种教育评价方法，教育评价不应单纯地以教学目标为中心，应以决策为代表的社会为中心，评价应为决策服务，为决策收集、组织、分析和报告有用信息，使这些信息通过决策者的决策产生社会效用。评价是“为决策提供有用信息的过程”。

（3）系统分析评价。这是里夫林在 20 世纪 60 年代提出的，他试图将系统理论的原理运用于评价领域，主张从系统的机能失调或存在的问题出发，有针对性地提出改革方案，强调用实验设计的方法去编制改革方案，把数量分析和计算机运用于评价中，运用几个定量的输出测量值与方案的差别来评价改革方案。

（4）目标游离评价。这是斯里克文在 1972 年提出的一种评价。他在评价的实践中，日益感到传统的预定评价使评价者只注意到与预定目的有关的效应，而忽略了其他方面的负效应。因而，评价不能单纯依据预期的目的，而应把目的与负效应结合起来，以方案的实际效应来进行评价，所以有人称之为无目的评价。

（5）应答评价。这是斯塔克于 1975 年提出的一种评价方法。这种方法的主要特点是强调评价要为一切与评价有关的人员提供有用的信息。他界定为：“如果教育评价更直接地指向方案的活动而非方案的内容，如果他能满足评价听取人对信息的需求，或者在反映方案得失、长短的评价报告中更能反映人们不同的价值观念，那么，这种评价即可称为应答评价。”

3. 成为独立学科时期（1980 至今）

20 世纪 80 年代以来，美国已在许多大学开设了评价课程，如斯坦福大学、波士顿学院、洛杉矶加利福尼亚大学等，都给研究生开设了评价课程。美国还在各地成立了评价研究中心，如洛杉矶加利福尼亚大学评价研究中心、斯坦福评价联合会、伊利诺斯大学的教学研究和课程评价中心等。在这一时期，美国出现了一种自称“第四代教育评价”的教育评价理论，它是由印第安大学教育学院教授枯巴和维德比尔特大学副教授林肯创立的。

他们把教育评价划分为四个发展阶段：第一阶段是“测量时代”，以“测量”理论的形成和大量运用为标志；第二阶段是“描述时代”，以泰勒为首的“八年研究”为标志，以对测量结果的描述为特征；第三阶段是“判断时代”，以“判断”为评价理论的特色。他们把自己的评价理论构建称为“第四代教育评价”，1989 年出版了名为《第四代教育评价》的专著。

（三）我国教育评价的发展

我国开创了以封建科举制度为主要标志的古代教育评价。这种制度对世界各国公务员的录用考试产生过很大影响。20 世纪初，中国科举制度废止，西方教育评价及其研究迅速发展之时，教育评价在中国由于众多原因未能得到发展。直到 1977 年恢复高考制度以后，为了迅速地提高学校的教学质量，应教育实践之需要，教育评价研究和实践才逐步地得到了恢复和发展。

我国教育评价理论研究的发展大致可分为三个阶段：间续发展阶段（1900—1977）、理论积累阶段（1977—1985）和持续发展阶段（1985 以后）。关于历史阶段的划分，主要以我国教育评价理论研究发展的客观过程和标志为依据，而不是过多参照政治维度的分段标准。

1. 间续发展阶段（1900—1977）

中国作为世界著名的文明古国，蕴藏着丰富的原始形态的教育思想。早在战国时代的《礼记·学记》中便有对学生管理和考核的规定和要求。自隋炀帝大业二年（606）置“进士科”开始的科举取士，分科选拔、逐级考试，在考生来源、考试科目与方法、录用程序等方面都形成了一套较完备的制度，这也可以看作是有系统的教育评价活动的萌芽。

1905 年，我国废止承袭已 1300 年的封建科举制度之时，正值西方教育测验运动方兴未艾，在内与外、主动与被动两种力量的共同作用下，西方教育测量的理论很快就传入了中国，并进而在二三十年代形成了中国的教育测量运动。

1918 年，美国人瓦尔科特在北京清华学校任教时，用推孟修订的比纳量表测量了该校高等科四年级学生；同年，俞子夷仿造了一种小学生国文毛笔书法量表，但也并未引起广泛注意。1920 年，廖世承和陈鹤琴在南京高师开设测验课程，并以心理测验量表测量了学生，这是在我国正式开始应用科学心理测验。1921 年，他们正式出版《智力测验法》一书，当时影响较大。

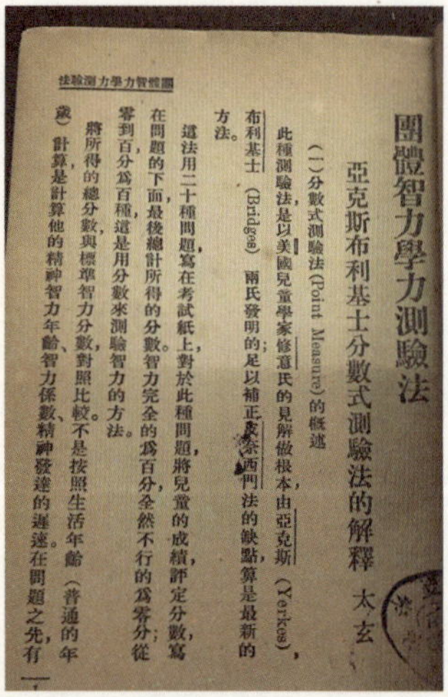

團體智力學力測驗法

亞克斯布利基士分數式測驗法的解釋　太玄

(一)分數式測驗法(Point Measure)的概述

此種測驗法，是以美國兒童學家修意氏的見解做根本，由亞克斯(Yerkes)，布利基士(Bridges)兩氏發明的；足以補正比奈西門法的缺點，算是最新的方法。

這法用二十種問題，寫在考試紙上，對於此種問題，將兒童的成績，評定分數，寫在問題的下面，最後總計所得的分數。智力完全的爲百分，全然不行的爲零分；從零到百分爲百種，這是用分數來測驗智力的方法。

將所得的總分數，與標準智力分數，對照比較。不是按照生活年齡（普通的年歲）計算，是計算他的精神智力年齡、智力保數、精神發達的遲速。在問題之先，有一

我国的教育测验运动，从“五四”前后到 1928 年可谓第一个高潮。这期间西方以智力测验为代表的各种理论传入我国，我国学者在翻译、引进的同时也结合中国的具体情况做了修订、改造，并积极开展了自己的探索和研究工作。其间出版的一大批教育测验类理论著作，充分表明了当时研究的活跃状况。

中华人民共和国成立以后，由于政治上的原因，政府认定苏联的教育就是社会主义教育，予以一概肯定，并在实践中全盘照搬；同时认为，欧美国家的教育和旧中国的教育遗产都应一概否定。这种严重的片面性使我们丧失了对具体问题做具体分析的能力。在教育评价研究上，我国经过 20 世纪二三十年代教育测验运动而积累的研究人才、方法、技术、资料等诸多宝贵成果，曾一度由于战争而丧失殆尽；好不容易保存下来的一点弥足珍视的文化遗产，却又在 20 世纪 50 年代初、中期全盘学苏联的热潮中，统统被贴上“资产阶级”标签而全遭否定。在这种形势下，当时西方正蓬勃发展、日渐成熟的教育评价研究和理论自然又不可能被取代。

2. 理论积累阶段（1977—1985）

由于社会大局的稳定，与前一阶段相比，本阶段最突出的特点是发展的持续性、不间断性。这种连续性使研究成果得到了有效的累积，同时由于我们具有后发优势，从而使得我国的教育评价理论研究在短短 20 年的时间内，取得了令人瞩目的成绩。

就我国学者自身的研究而言，此时主要是心理测验研究再度蓬勃兴起：吴天敏第三次修订并于 1982 年出版的《中国比纳测验》；林传鼎和龚跃先分别主持修订了韦克斯勒儿童和成人量表；龚跃先完成了艾森克个性问卷的修订工作；宋维真主持修订了 MMPI 全国常模等。1982 年，华东师大心理系和上海市教科所联合进行了新的学科考试研究，这是我国学科评价的开端。1983 年，在武汉召开的有关会议提出要对重点学校进行评议后，有的学校结合实践着手研究适合我国国情的评价制度和评价高校工作状态的理论和方法。

3. 持续发展阶段（1985 以后）

1985 年 5 月中共中央《关于教育体制改革的决定》的颁布，标志着我国教育评价的研究和实践进入了全面开展阶段。《决定》提出：教育管理部门还要组织教育界、知识界和用人部门定期对高等学校的办学水平进行评估。其后，国务院在《关于第七个五年计划的报告》中又指出："要加强教育事业的管理，逐步建立系统的教育评估和监督制度。"由于国家的引导、组织和扶持，20 世纪 80 年代中后期，教育评价理论研究在我国轰轰烈烈地大规模开展起来。

目前，世界各国对教育评价都很重视，教育评价研究已经发展成为教育三大研究（教育理论研究、教育发展研究、教育评价研究）之一。

结合以上传统教育评价的理论依据，以及国内外各教育评价学说理论，为儿童贯通式学习评价原则找到了理论依据。

二、儿童贯通式学习评价遵循的原则

儿童贯通式学习遵循皮亚杰提出的儿童认知发展特点，从儿童的认知、记忆和思维特点出发，分析儿童的认知心理，明晰儿童的学习需求，是一种符合儿童成长规律的学习方式。儿童贯通式学习鼓励优化儿童的观察方式、思维方式、表达方式，让儿童体验真实而生动的学习过程，在学习中获得发展。"贯通式学习"的评价，立足儿童学习的完整生态系统，实现多种要素的整体建构，更具广度，更有深度，更加鲜活，富有生命力。

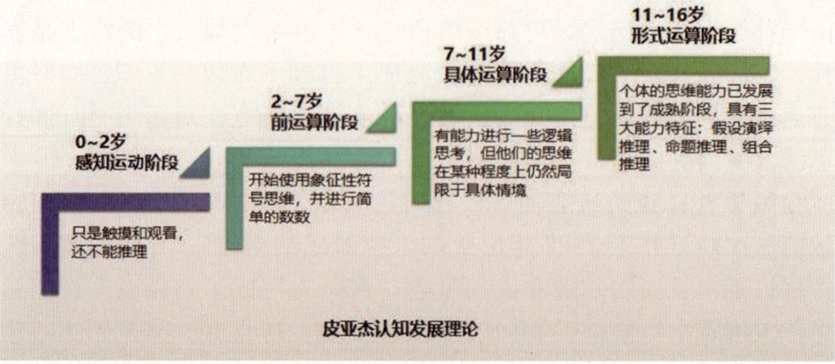

皮亚杰认知发展理论

（一）儿童贯通式学习评价的方法要多样化

在教育评价的方法论上，一直存在着两类不同的体系：一类是实证评价体系，另一类是人文评价体系。我们认为，“贯通式学习”的评价需要吸取上述两类方法论体系的优点，使之相互配合，互相借鉴，分别应用于不同的评价体系和评价范畴。可以量化的部分，使用“指标＋权重”的定量评价方式；不能量化的部分，则应该采用描述性评价，实作评价，档案评价，观察、访谈、课堂激励评价等多种定性评价方式；以动态的评价替代静态的一次性评价；视“正式评价”和“非正式评价”为同等重要；把期末终结性的测验成绩与日常激励性的描述评语结合在一起。绝不能把教育评价简单理解为终结性“打分”或“划分等级”。

（二）儿童贯通式学习评价的内容和主体要多元化

就评价内容而言，提倡内容多元化评价使评价既要关心结果，更要关心过程；既要重视知识，更要关注能力；既要重视智力因素，更要重视非智力因素。因此，我们的评价也应朝着多角度、全方位的方向发展：即使对学生的学业成就进行评价也不能仅局限于认知领域的测量，而应涵盖基本能力（观察能力、实验能力、分析和解决问题能力等）、创造能力（创新意识、创新精神等）的表现和发展情况，智力因素（反应、识记、敏锐等）和非智力因素（动机、兴趣、情感、意志、气质等）的表现和发展情况；在认知领域内的测验要重视学习概念、原理及技能的生活化和应用的评价，增加主观题的比重，开发体现创新精神的新题型，扩充开放性和情境性的试题，加强事实、实际和综合性试题（包括学科间和学科内的综合）；应特别关注学生在学习过程中的表现，包括他们的使命感、责任感、自制力、自信心、进取心等。

就评价主体而言，儿童贯通式学习评价的主体是多元的，包括教师评价、学生自评和互评、学生与教师互动评价等，把小组互评与对小组每个人的评价结合起来，把学校评价、社会评价和家长评价结合起来。这种评价不再是评价者对被评价者的单向刺激反应，而是评价者与被评价者之间互动的过程。在“心理构建”过程中，学生应该是主动建构者，是主动的自我评价者——通过主动参与评价活动随时对照教育目标，发现和认识自己的进步和不足，使评价成为学生自我教育和自我发展的有效手段。

（三）儿童贯通式学习评价的标准和过程必须科学真实

儿童贯通式学习评价的过程是“持续的、动态的、日常化、过程化”的，评价的过程必须是科学、真实的。因此，我们要重视评价的整体和过程，把诊断性评价、形成性评价和终结性评价有机结合为一个整体运动过程，并在一定的时域内，不断循环反复，从而动态地显示学生的教育全程和发展历程。

动态评价的信息有多种来源渠道，例如，学生的学习背景、学习环境、课堂教学、课外活动、社会实践和学习结果等，都是获取评价信息必不可少的信息源。其间，不仅需要教师通过课堂内外的各种环境采集学生的信息，而且需要构建新的评价机制，设计各种评价工具，鼓励学生主动收集和提供自我发展的评价信息，使评价更真实、更科学。列举以下几种评价方式作为参考依据。

差异性评价。差异性评价是基于对学生发展差异性理解的评价，是教师在利用多种途径认识学生发展差异的基础上，在评价目标、评价方式、评价内容以及评价主体等方面采取的一种差异性评价模式。差异性评价有三个特征：一是有差异的评价主体共同参与的评价，二是对学生发展中的差异进行的评价，三是借助各种不同的手段对学生进行的评价。比如，成长手册分为男生版和女生版，根据不同性别学生的年龄特点和性别特质，同一条标准对男生和女生的要求不同。这种评价方式的优势在于，当学生的短板无法改变时，我们可以让长板弥补短板的缺憾，甚至让长板更长。

情境性评价。课程实施和评价过程的有机统一。情境性评价是基于加德纳的多元智能理论而提出的针对学生成长的多元评价形式，将学生多元智力的成长放置于具体的学习、生活情境中，重视学生在成长过程中的实践动手能力、思维能力、创新能力和情感体验等方面的考核评价。情境性评价依据学生自身特点及热点问题，合理、科学地设计相关情境，开展系列活动，在情境活动中对学生的学习能力、思维能力、动手能力等进行综合评价，注重学生在学习活动中的情感体验。情境性评价包括两方面内容，一是结合学习内容创设情境开展综合评价。教师在课程实施过程中，结合具体的学科内容创设与学习内容紧密联系的模拟情境，引导学生在模拟情境中开展探索和学习，教师对学生的学习情况开展综合评价。二是走进生活开展生活情境评价。在日常生活情境中对学生开展评价，主要考评学生灵活应用知识的能力，看学生能不能将自己所学知识灵活地与生活实际结合起来，并最终解决生活中的难题。

（四）儿童贯通式学习评价要关注现实表现和未来发展

要用发展的眼光和适合他们发展的方法来评价学生，它表达了一种从评价“过去”和“现在”转向评价“未来”和“发展”的新理念。因此，在实施“贯通式学习”评价中，应改变过去“终结式”和“否定式”的评价观，要根据学生的特点，选择最能激励他们发展的评价方法，在评价中寻找各自的能力强项并以此为基础发展他们的个人爱好、特长，促使他们在全面和谐发展的基础上有特长的发展。另外，“以评促建”是儿童贯通式学习发展性评价的重要价值，评价不是目的而是手段，通过评价让学生认识到学生是重要的教育资源，是动力之源、是能量之库，这不是教育工作者赋予学生的光荣称号，而是由学生的学习潜能和“人之初，性本学”的天性决定的，参照评价方式如下。

满意度评价：满意是对需求是否满足的一种界定尺度。当需求被满足时，人们便体验到积极的情绪反应，称为满意；反之，则体验到消极的情绪反应，称为不满意。学习满意是指学生对某一课程满足其需求和期望的意见，也是学生在学习一门课程后感受到满足的一种心理体验。满意指标是用以测量学习满意度的一组项目因素。要评价学习满意度，必须建立一组与课程有关、能反映学生对课程满意程度的评价项目。由于影响学生满意或不满意的因素很多，学校应该选择那些具有代表性的主要因素作为评价项目。值得注意的是，学习满意度是一种心理状态，是一种自我体验。对这种心理状态要进行界定，否则就无法对学习满意度进行评价。满意度测评的结果是一个量化值，设定的测评指标必须是可以进行统计、计算和分析的。之所以进行满意级别的划分，目的是供学校进行课程满意度测评之用。建立课程满意度测评指标体系，能促使教师采取措施，改进课程，提升课程品质。

模块化评价：儿童贯通式学习的模块化评价是根据每个学科的知识领域和学科特点分别设计考核模块，具有强调基于标准的评价、强调多维度评价、强调分项呈现评价结果、强调日常观察和过程评价等特点。每个学科都有分项评价的具体内容，如语文学科的评价内容包括“识字与写字”“阅读”“表达”等方面，数学学科的评价内容包括“数与运算”“方程与代数”“图形与几何”“数据整理与概率统计”等方面，英语学科的评价内容包括“语音”“词汇”“词法”“句法”“语篇”等方面。除了评价内容的多维，儿童贯通式学习的评价也是多样的，可以是日常观察、作业分析、表现性评价、纸笔测试等的综合运用，更指向的是评价的未来发展。

三、儿童贯通式学习评价应有的关照

（一）儿童贯通式学习评价应面向全体学生

教育评价的对象不外乎学生和教师，无论是对学生的发展进行评价，还是对教师的教育教学工作进行评价，都涉及“评什么”的问题。对良好的教育评价而言，确定“评什么”是首要的，它涉及有关教育目的、目标等方面的价值定位；至于“如何评”，只是一个技术或方法问题，同确定教育的目的、目标相比，它的重要性是第二位的。以学生发展评价为例，回答“评什么”的问题，实际上也就是要回答教育的目标指向或定位问题。根据美国学者布鲁姆的意见，教育目标领域涉及“认知”“情感”“动作技能”三大领域。以认知领域为例，布鲁姆将教育的目标划分为知识、理解、运用、分析、综合与评价六个层次，后来安德森等人对布鲁姆的认知教育目标分类体系进行了修改，新的分类体系的主要特征是将认知目标分为两个维度：一个是“知识”，另一个是“认知过程”。安德森将“知识”按从具体到抽象分为四类，即事实、概念、程序和元认知；将“认知过程”按从低级到高级分为六个水平，即记忆、理解、应用、分析、评价和创造。从这里可以看出，如果要对学生的发展进行全面的、综合的评价，就不能只针对认知领域的目标进行评价，还必须关注学生在社会情感方面的发展。即便是只针对认知领域的目标进行评价，也不能只针对低层次的认知目标进行评价，忽视对高层次思维技能或深层理解进行评价。总而言之，好的教育评价要求评价者首先要对教育的根本目的或目标有正确、深入地了解，以防漏掉那些主要的、基本的、重要的评价对象。比如，若对教师的教育工作进行评价，只评价学生书本知识掌握得如何，不看学生智力发展得怎样；只看学生考分的高低，不看学生人格、个性发展是否健全，像这样的教育评价只能对教育的发展起误导作用。

（二）儿童贯通式学习评价应促进儿童的发展

好的教育评价应能促进和激励学生更多、更好地投入学习，帮助教师不断地反思和改进其教学，促进教师在专业上不断地得到成长与进步。以学生发展评价为例，好的教育评价应以促进学生发展为目的。比如，在评分中充分考虑学生的努力与进步程度，将那些在考试中取得明显进步或进步最大的学生姓名单独张榜公布，予以表彰或奖励；采用灵活、弹性的延时评分取代一次性评分（即当教师发现学生作业中的错误时，暂不评分，将作业返还学生，让学生自己去发现并纠正作业中的错误，直到正确无误或学生自己满意时才给予最后的评分；或者教师先用铅笔记下第一次作业的评分，允许学生将错误多的作业重做一遍，然后用新的评分取代原始评分)；引导学生参与评价标准的制定，学会对自己的作品进行自我评价，不断提高自我评价的技能，等等。上面列举的这类评价措施，都对学生的发展具有正面的引导与激励作用。

(三) 儿童贯通式学习评价应关注不同的学习场域

儿童贯通式学习评价中的“贯”，有向往、奔跑、持续的含义；“通”，则有抵达、顺畅、实绩的含义。走向贯通式学习，不是造出新名词，提出新口号，而是提出新愿景、落实新行动、总结新经验、促进新发展，真正花力气打造优质教育、快乐学习的广阔天地。走向贯通学习，在主体精神力量的培育上，提出了更加明确的要求。学生是学习的主人，也是学校和家庭的主体力量之一。在儿童的学习生态系统中，学习的场域是丰富的，包括学校、家庭、社区、社会和世界，还有虚拟的线上学习场馆等。儿童贯通式学习评价需要关注学习场域不同的特点，针对场域的外在特征，儿童的学习参与，场域中人与人、人与物的关系，场域提供的学习资源等多方面因素，开展客观、准确、有效的评价。

南京市凤凰花园城小学自建校以来一直致力于“绿色教育”的实践，经过二十年的努力，“绿色教育”逐渐形成了校本化的阐释，教与学的环境发生了很大的变化，形成了学校各项工作协调发展的良好局面。“十三五”期间，学校开发的“儿童绿色学习生态的整体建构研究”以儿童为学习生态的核心，通过儿童贯通式学习课程的设计实现对独特个体、多元关系及系统环境整体把握，赋予“绿色教育”更丰富、更深厚的内涵。儿童贯通式学习评价的理论研究立足国内外教育评价的发展历程，探寻具有校本化、特色化的评价体系，保障了研究的科学性，指明了研究的方向。

第二节 儿童贯通式学习评价的意义和目的

美国评价专家斯蒂金斯说过：“任何课堂教学质量最终都取决于该课堂所运用的评价的质量，如果评价能够在课堂层面得到良好的运行，那么学习将会得到极大的改善。”学习评价是学生对于学习的情感态度、学习过程和学习效果所进行的判断和评定，包括对学习进程的诊断，也包括对学习结果的评定，是教学评价的中心环节。儿童贯通式学习的评价是以促进学生发展为目的，提倡评价主体多元化，重视儿童在评价中的地位和作用；同时提倡评价标准多元化，关注学生个体差异；评价方法多元化，量化和质性评价相结合。

为深化教育改革，突破传统教学理念，探索新的教学模式和评价方法，提高教育教学的质量，我校提出以儿童为中心的贯通式学习评价体系。儿童贯通式学习评价秉持着对学生多角度、多方位、多元化的评价理念，更关注学生的发展，帮助学生进一步认知自我，提升自身的各方面能力水平，成为全面发展的人。

儿童贯通式学习评价突出评价的发展性功能，发掘适合儿童发展的教育方法，着力构建一种促进每个学生在已有水平上发展的评价机制，遵循学生发展性原则、学习有效性原则、学生全面性原则、开放性原则，进行多元性、互动性、过程性、动态性评价，激励学生学习热情，调动学生学习积极性，引发学生创新精神，培养创新能力，提高一代人的整体素质。儿童贯通式学习评价的根本目的是达到教育价值增值，根本意义在于为学生的发展服务，主张评价不是目的，只是改善教师指导和学生学习的手段。因此，它是一种学习过程激励性评价、形成性评价、定性与定量相结合的评价，它将核心素养渗透到教学当中，探索核心素养的评价方法，探索可以反馈教师教学进度和学生学习过程影响的评价体系，达到"以评促教，以评促学"的目的。

（一）儿童贯通式学习评价的意义

1. 顺应儿童学习天性，优化儿童思维方式

柏拉图的教育理想是教育为人格之善。卢梭从自然主义教育观点出发，

认为教育要遵循自然规律，尊重儿童的天性，儿童的身心发展是教育的出发点。杜威从民主主义社会出发提出：教育就是生活、生长和经验改造，生长和经验改造是教育的灵魂。教育的真谛不但是使新生一代适应当前的环境，还要养成他们继续不停地适应那向着未来而迅速发展的广大世界和日新月异的民主社会。促进儿童发展的教育，不仅在教育史中得到证实，也是当今教育的主题。

在实施素质教育的今日，关注学生全面素质的培养，以新的、多元化的、更客观的方法来实现对学生的评价，建立以促进学生的全面发展为根本目的的学习评价理念的评价体系，才能培养学生的综合素质，才能有利于学生的全面发展。教育心理学研究表明：实现评价的发展性功能的一个重要举措就是突出评价的过程性，即利用对学生发展过程的关注和引导，在一定的目标指引下通过评价改进学习，不断促进学生的发展。

《基础教育课程改革纲要（试行）》中指出：评价不仅要关注学生的学业成绩，而且要发现和发展学生多方面的潜能，了解学生发展中的需求，帮助学生认识自我，建立自信。儿童贯通式学习评价的主要功能是改进或增值，而不仅仅是鉴定或选拔，其最终目的是激发和调动学生的学习积极性，实现学生最大的学习价值。这就要求教师要以发展的眼光审视学生的学习活动，关注学生的进步，着重观察每一个个体在原有基础上实实在在的发展，通过评价将“培养适应教育的人”转变为“创造适合学生的教育”。我们要认清评价的重要性，将贯通式学习评价作为一种重要的教学资源，充分利用评价调动学生的学习积极性，让学生愿学、乐学、会学。

2. 凸显儿童主体地位，让儿童成为课堂真正的“小主人”

儿童贯通式学习评价是为了培养学生的创新精神和实践能力，它的价值是否能够得到实现，只有通过对学生各方面所发生的变化进行评价后才能得出。因此，我们必须认识到，评价的目的是指向学生的，只有学生才能最真实地体会到其内容、实施过程是否满足他们的需要，所以贯通式学习评价要充分重视学生对自我的评价，使评价成为学生学会实践、反思、发现自我、欣赏别人的过程。贯通式学习评价不再局限于评价学生的学业成就，也关注个体发展的其他方面，如积极的学习态度、创新精神、分析与解决问题的能力以及正确的人生观、价值观等。

素质教育的根本要义就是促进学生的全面发展，在评价中要突出学生评价的主体地位，评价要面向全体学生，要以尊重学生为基本前提，以促进学生发展为根本目的，要促进每一位学生的积极参与。儿童贯通式学习评价就是要调动学生学习的主动性和积极性，让学生积极主动地参与到学习中，发挥他们的能动性和创造性，最大限度地巩固和确立学生在贯通式学习中的主体地位。现代心理学研究表明，内部动机对外部刺激具有更持续的作用，通过学生主体地位的落实，重新创造自我。

让学生成为评价的主体，意味着学生要学会相互评价以及自我评价。自我评价作为一种自己认识自己、自己教育自己、自己提高自己的过程，对自身观念更新、自主能力的培养都有重要的意义，对教师改善教学能够提供真实有益的信息。自我评价的方法也是多样的，如自我描述法，对自身学习过程分析得失，做出评判；自我记分法，对照一定的评价内容标准划分等级或打出分数。同伴互评是指学习同伴就同一学习内容相互进行评价的方法，它重视相互学习和相互提高，即通过学习活动发现同伴的优点，以此相互认识、相互激励、相互提高，体现了儿童贯通式学习的活动方法和追求目标。在主体性教育中，艺术性地自我评价可使学生充分体验成长的愉悦，发展健全的自我意识，促进其积极、主动地学习，并将各种知识有效地纳入自我的认知结构中去。同伴互评能引导学生以一种客观公正、严肃认真的态度参与评价。

儿童贯通式学习评价要求教师必须从专业学科特点的实际出发，探索施教规律，整合教学资源，革新教学手段，创设有效互动的课堂氛围，改变以往课堂教学评价“以教评教”的不足，建立“以学定教”的评价新模式，评价指标注重强调学生的学习方式、行为、效果等要素。教学效果的评估指标也要以学生的学习效果为参评中心，注重关注学生积极情绪情感的形成，良好学习行为习惯的养成，知识应用、创新能力的培养等，真正从学生学的角度来判定教师教的情况。

3. 构建和谐师生关系，促进师生共长

孔子有教无类的教育思想以及他所持的“三人行，必有我师，择其善者而从之，其不善者而改之”的开放民主态度，能看出自古以来的师生关系都是具有浓厚的道德和礼教色彩的，是相对平等的师生关系。师生关系既是一种教学关系，也是一种情感关系和交往关系。师生间以传授知识为表征进行文化共享，同时也代表了“教”与“学”两种行为的相互依赖。“亲其师，信其道。”把贯通式学习评价作为师生双方的情感连接点，提升师生的情感关系，促进学生对教师的信任与依赖，从而提高学习效果。师生之间是两个相互交流与对话的平等主体，教师是学生之师，学生也是教师之师，教师和学生之间应该是“共生互学”的关系。儿童贯通式学习评价的评价理念是以学生的和谐发展为主，以学生的知识习得和经验内化为基础，体现在评价过程中教师与学生进行认知与情感两方面的共同交流，认知蕴藏于情感中，情感能体现认知教学，师生的情感与智慧交流在评价过程中共生共长，真正达到智慧的建构和情感的生成。

师生关系是教育活动中重要的人际关系，对师生的身心发展以及教育的发展起着至关重要的作用。开放、多元的儿童贯通式学习评价体系，一方面使师生交往的方式发生改变，增加了交流的途径，打破了传统课堂中单一的互动方式；另一方面也变革了教师的教学环境和学生的学习方式，使得学习更加有效。随着时代的变迁，师生关系的内涵和外延在不断更新完善，探索新型的师生关系，以达到改善与提升教育教学质量的目的成为当今努力研究的方向。儿童贯通式学习评价体系不仅仅是对评价方式的变革，也是对学生学习方式和教师教学模式的变革，它改善了传统课堂师生关系相处模式单一、师生交流途径狭隘、师生互动形式化的不足，为个性化的教学提供了更广泛的学习环境，为重构绿色生态的新型师生关系开辟了新路径。

4. 强化学科间相互渗透，推进学科融合

在学科融合的背景下，儿童贯通式学习评价能帮助教师突破学科边界的限制，变革传统的评价体系，实现跨学科的交流与碰撞。在开展教育教学工作时，我们会发现很多学科之间都存在着各种各样的联系，课程内容覆盖面也非常广泛，学科之间交叉渗透的特征也逐渐明显。对比以往的评价方式，教师评价学生的标准会过于偏向本学科的专业学习，导致对学生的认知有误。学科融合是为了以学生发展为本，把培养学生素质放在重要的地位，为了培养新时代的创新型人才，多学科贯通式学习评价更注重发展学生跨学科解决问题的能力、学生的思考和感悟能力。

因此，在开展小学教育教学评价时，通过儿童贯通式学习评价的方式，充分发挥各学科培养学生综合素养的优势，实现各学科优势互补、学生综合能力互补。学科融合不是简单的学科知识叠加，而是学科间的一种深度贯通，要在综合实践活动的学科本位性、情境设置的高度结构化、问题设置的良构型的基础上，通过整合促进跨学科知识、跨学科技能、跨学科思想方法的提升，实现评价的作用最大化。在信息技术与课程教学深度融合的大环境下，学科之间相互整合、资源共享、共同开发，突破学科本位，还原评价真实的多元性和复杂性。儿童贯通式学习评价的重要意义在于帮助学生从更高的角度建构起知识、能力、思想方法的整体结构，而实现这种整体结构的关键就在于学科的整合。把各学科的技能统整为彼此贯通的体系，优化学生综合解决问题的能力结构；通过整合促进跨学科思想方法的结构化，思想方法能反映学科的本质和规律，是突破学科边界，实现跨学科迁移和融合的必要因素。

5. 探索“教、学、评”整体化方法，打造生态化学习场

素质教育提倡以人为本，以学生为中心。随着对学生成长发展的进一步认识，教师教、学生学以及综合评价逐渐成为一个整体，共同促进教学。儿童贯通式学习评价帮助教师更准确地把握学生的学习起点，采取有针对性的教学策略。教师可以通过课堂提问、课堂作业、个别谈话或测验等多种方式，对学生学习时的相关知识、技能、能力、学习态度、学习习惯以及学习方法有一个大致的了解。对学生来说，通过贯通式评价提供的反馈信息，也会对自己的学习表现进行反思，及时调整学习策略，改善学习行为。任何课堂教学的效果都必须通过调控学生的学习状态才能得以实现，课堂教学是否以学生发展为本，学生总有最深切的感受和体验。因此，教学中提倡通过了解学生在课堂上如何讨论、如何交流、如何合作、如何思考、如何获得结论及其过程等学生的行为表现，来评价课堂教学的效果，也就是“以学定教，教就是为了促进学”。每个学生都具有不同于他人的素养和环境，学生的差异不止体现在成绩，还包括生理特点、心理活动、兴趣爱好等多个方面，因此在评价时要关注学生的个体差异和个性发展，让学生能在绿色的评价环境下自主发展。

首先，儿童贯通式学习评价有助于指导学生有效地开展学习活动，学生通过贯通式学习评价活动所提供的各种信息，逐步学会对自己过去的行为表现进行认真的反思，对未来的计划和行动进行修正和补充，正确地认识自己和集体在态度、能力、知识等方面的成就和问题，调整学习策略，转变学习方式，改进学习方法，改善学习行为。其次，它也有助于教师有效地指导贯通式学习方法，充分利用评价这根杠杆，视不同学生的学习情况，采取相应的指导策略。我校在儿童贯通式学习评价的基础上也进行了多次尝试，每年一年级的期末评价不再采用试卷笔试的方式，而以“小绿娃闯关”“小绿娃游园记”“小绿娃冒险”等多样的方式呈现，让学生感受到评价的多元化，将教师教学、学生学习与学习评价融汇成一个整体，建构生态化的学习场域。

6. 实现评价科学化，全面提高教学质量

儿童贯通式学习评价有助于学校全面贯彻素质教育思想，有助于学校培养高素质的创新人才。评价是教育的指挥棒，有什么样的评价导向，就会引导学校培养出什么样的人才，它对于改变学生学习方式，促进教师教学，培养学生创新精神和实践能力具有重要作用。加德纳的多元智能理论，主张教育多元评价观。这种评价观的基本原则是：评价是多角度的，评价关注学生不同阶段的成长，评价要反映教学的信息，正式与非正式评价同等重要，学生是主动的自我评价者。这也与我校提出的儿童贯通式学习评价的理念是一致的。它要求我们摒弃以标准的智力测验和学生成绩考核为重点的评价观，建立科学的个性化评价体系。儿童贯通式学习评价应该是通过多种渠道，采取多种形式，在多种不同的实际生活和学习情景下进行的，是确确实实考查学生解决实际问题的能力和创造出精神、物质产物的能力的评价。教师给予学生正确的评价表达，培养学生的思维反应能力，根据学生的问题做出针对性的评价方案，还需要从多方面、多角度去观察、分析和评价学生的优势和劣势，并借此作为服务学生的出发点，改进教学策略，使贯通式学习评价确实成为促进每一个学生充分发展的有效手段。

与传统的课程评价不同，儿童贯通式学习评价不再是教师单向地评判学生，也不再仅仅是为了鉴定或选拔，而是着眼于学生的进步，促进学生主动地、自觉地发展，并创设条件，使学生努力达到发展目标。正如卡罗·汤姆林森所说：“评价是永远更好地帮助学生成长，这比把学生的错误进行归类更重要。”儿童贯通式学习评价的功能之一就是改进，不仅帮助学生正确认识自己在知识、能力和态度方面存在的问题，帮助学生改进学习方法，提高学习质量，促进学生全面发展，同时也帮助教师了解如何更好地提高课程的效果与质量，为教师改进课程设计提供反馈信息，促进课程的完善。全面、准确地把握学生的学习情况，提高教育教学的质量。

（二）儿童贯通式学习评价的目的

1. 为学生的发展与创造提供反馈

随着认知心理学的逐渐发展和不断成熟，人们对学生学习的内部心理机制和活动过程的了解不断深入，我们发现评价的方式对儿童的学习有着重要的影响。儿童贯通式学习评价的目的在于改变学生被动地被评价现象，为学生构建开放的学习环境，提供多渠道获取知识，并将学到的知识加以综合应用于实践的机会，形成积极的学习态度和良好的学习策略。运用科学合理的评价方式，能使评价起到对学生学习的正确导向作用和发展功能，注重评价对学生的激励作用。通过设计不同方式、不同形式、不同层次的评价活动，为学生提供多样化的学习评价方式，并使过程性评价和结果性评价相结合，发挥评价的主体性，给予学生自我评价的机会，重视引导学生对学习过程和学习结果进行反思、整理，培养学生自我反思的能力。

建构主义学习观认为，学习是学生主体在自己已有知识基础上有意义地不断自我建构的过程。学生要在学习过程中产生积极的学习态度，构建新的知识，必须建立在学生主体的主动意愿的基础上。因此，儿童贯通式学习评价旨在发现学生多方面的潜能，了解学生在发展中的需求，学生通过贯通式学习评价能看到自己在发展中的长处，增强学习的信心。评价本身不是目的，而要把评价作为提高学生学习欲望和增强学生学习信心的媒介；把评价作为引导学生掌握学习方法的媒介；把评价作为帮助学生理解教学内容的媒介；把评价作为帮助学生剖析学习过程的媒介。

美国心理学家詹姆斯说过："人性中最深切的本质是被人赏识的渴望。"所以，教师要学会发现每个学生身上的闪光点。划一的评价方式只能考查学生的部分能力，而我们要尊重学生的个体差异，改变评价标准，认识到有的学生在某一种或几种智能上表现优越，而另一些学生则在其他智能上表现突出。有的学生考试成绩优异，而有的学生在音、体、美等方面有专长；有的学生动手操作能力强，而有的学生书面解题能力强或口头表达能力强。教师要给学生创设能够激发多种智能展示的情境和机会，如课堂即兴演讲、手工制作比赛、实验操作比赛、自编小品表演、解题思维过程板演等，从中开发更多能够发现创造型智能的多元评价方法，长其长，补其短，在各自"我能行"的领域，充分张扬学生的个性特长。让学生感受到，除考试成绩外，还可以根据课堂参与学习的表现、课后作业的态度、综合实践活动等多元角度进行评价。

2. 为改进教学与检验教师提供依据

为了确定学生能够达成课程标准的要求，教师在教学前就应该清楚地认识到：学生需要知道什么，能做什么，达成标准应有怎样的表现质量。当前，对学生学习的关注已经成为评价改革的一个大观念，教学、学习和评价建立了三位一体的关系，评价被看成教和学过程中的一个重要成分，我们正在从对学习的评价转向为学习的评价，倡导新型的评价方式。

从当前课堂教学来看，我们会发现，教师随时都在进行着评价，如在课堂中对于学生的提问和回答，让学生到讲台前进行例题演示，针对学生的回答做分析。然而如何让评价有效地促进学生的学习，保持学习目标和学习评价的一致，是每一位教师需要思考的。儿童贯通式学习评价改变了单一的由教师评价学生的情况，提倡学生自评与教师评、小组评和家长评等方式相结合，使评价成为管理者、教师、学生、家长共同参与的交互活动，而教师则是学生自我评价、同伴互评和家长评价的指导者。儿童贯通式学习评价对教师的教学具有一定的定向和引导作用，评价的标准、内容和方式在相当程度上左右着教师、学生努力的方向。儿童贯通式学习评价要求教师必须要在真实的教学情境下，把学生的学习看作一个动态、发展的过程，收集学生学习状态、学习策略、学习动机、学习效果等方面的相关信息，以准确地了解学生的学习情况。

基于儿童贯通式学习评价，作为教师不能只停留在理论层面的认识，更应在实践中落实，真正去探索“促进学生发展的贯通式评价”，将绿色教育理念渗透到教学当中。由“注重知识传授”向“注重学生的全面发展”转变；由“教师权威的教授”向“师生共长”转变；由“以教师的教为中心”向“以学生的学为中心”转变；由“一致的教学模式”向“个性化教学模式”转变。教师落实到教学行动中，减轻学生学习负担，激活课堂教学，提高课堂教学质量。因此，在开展评价活动时，教师应更加关注学生是否积极、自主参与课堂教学过程，是否独立思考、创造性地解决问题，是否有效开展自主合作学习、自我评价、相互评价等。

通过儿童贯通式学习评价，教师在课堂上为每个学生提供一个广阔发展的空间，使优秀学生增强学习的满足感和成就感；使困难学生得到帮助，树立学习的自信心；使教师的观念逐步转变，将课堂教学的目光放到学生的身上，发展每个学生的特点，采取适合其特点的有效的教学方法，让每个学生在评价中获益，得到充分的发展。

3. 为课题研究的深入探索引领方向

儿童贯通式学习评价是立足于学校“儿童贯通式学习的新样态研究”提

出的新型评价体系。它的目的在于教学和发展，它应是动态的、积极的和面向未来的评价，对改革传统的教育体制、教育思想、教学方法都起到很大的作用，研究成果也为学校各学科的综合改革提供宝贵的实验数据和可供借鉴的研究方法。教育评价是现代教育活动过程中的一个重要环节，在素质教育中起导向和监督的作用，是提高办学效益和水平的重要工具，也是学校及教育工作者自身进行检查、反思，改进教育教学工作、提高教育教学质量的重要手段。通过对儿童贯通式学习评价方式方法的探索，对教育教学实践中不断出现的新情况、新问题，在科学理论的指导下不断摸索、研究和实验，揭示教育规律，解决教育问题，促进教育教学质量和课题研究水平的提高。

评价是一门科学，它为教育工作者、教育专家和教育行政管理者提供具体的尺度和方法。儿童贯通式学习评价以我校“绿色教育”发展现状为基础，优化儿童学习评价的场域、社群和平台，实现多要素的整体建构，为儿童学习开创新样态，积淀教育改革实验成果，丰富学校文化内涵。理论能指导实践应用，而应用研究又是理论研究的原动力和基石。评价坚持开放性原则和连续性原则，以多元的评价标准，从多角度进行评价，给被评价者在评价过程中留有一定的发挥个人特点的空间，鼓励学生创新，建立民主、开放的评价环境，体现平等、协调的精神。通过儿童贯通式评价的研究与实践，能反思各学科传统评价中存在的弊端，能够探求儿童贯通式学习评价与课程教学整合的本质与特点，带动教与学质量和效率的提高，引领课题研究的方向，促进学校的现代化建设，彰显学校办学特色。

第三节　儿童贯通式学习评价的方式列举

一、儿童贯通式学习评价维度

儿童贯通式学习对儿童各具特色的学习场域、丰富的学科教学、多样化的角色关系等学习生态要素进行贯通式整体把握，富有活力和时代感。基于对儿童贯通式学习核心概念的认识，儿童贯通式学习的评价应该从以下几个维度入手。

评价维度之一：课程目标的准确定位

课程目标是整个课程设计过程中最为关键的准则，也是课程实施的导向。儿童贯通式学习首先应以课程设计的目标理论为引领，体现出育人的基本功能。儿童贯通式学习目标的制定要以基础教育阶段培养目标，以及国家课程标准规定的学科年段目标为依据，通过对课程目标的准确定位，调整课程结构、精选教学内容、改进教学方法、优化评价制度，从而提升课程的育人功能。

儿童贯通式学习的课程目标定位于课程实施过程中教育与学生之间的关系，聚焦为一个具体化的视角，包含“教育目的”、“培养目标”、“课程教学目的”和“教学目标”。基于对于课程目标的诠释和理解，儿童贯通式学习评价的第一个评价维度“课程目标的准确定位”应有以下几方面的具体体现：

（1）学习活动目标准确、科学，符合学生不同学段的目标要求。

（2）目标制定全面，体现出知识与技能、过程与方法、情感态度与价值观的统一。

（3）目标要具有空间性和启发性，关注学生学习过程中的生成性。

评价维度之二：各级课程的紧密结合

《基础教育课程改革纲要（试行）》明确规定：“改变课程管理过于集中的状况，实行国家、地方、学校三级课程管理，增强课程对地方、学校及学生的适应性。”三级课程管理所对应的课程形态分别为国家课程、地方课程和校本课程。

国家课程体现了国家的意志，由政府组织专家学者统一开发，体现在官方课程文件中，如课程标准、教学大纲、教科书等，在全国范围内实施，保证所有学龄儿童都享有学习课程的权利，通过获得知识、发展能力和培育道德情感，成长为一个积极的有责任感的公民。国家课程对一个国家的基础教育质量起着举足轻重的作用。地方课程体现地方的风土人情和教育特色，是传承地方文化、传播地方知识的重要手段，可以满足地方对学生发展的区域性要求，弥补国家课程不能反映地方教育情境这一缺陷。校本课程从学校的发展需求和学习者的学习需求出发，充分利用当地和学校的课程资源开发多样性的、可供学生选择的课程，是在国家课程之外的、由学校自主研制和实施的课程，能体现各校的办学宗旨、学生的特别需要和本校的资源优势。校本课程的主要功能在于关照学习者的个别差异，满足多样化的学习需求。

国家课程、地方课程和校本课程作为三级课程管理体系的三个部分，在教育中地位不同、功能不同、特点不同，但是彼此联系，各自发挥着巨大的作用。在儿童贯通式学习的课程开发过程中，必须考虑三级课程之间的关系，将国家课程、地方课程和校本课程相结合，打破课程之间的壁垒，通过课程设计找到各级课程之间的贯通之处，发挥国家课程的规范性、全面性，地方课程的特色性，以及校本课程的多样性和针对性，将不同课程的育人优势在儿童贯通式学习课程中集中体现，提升教育的效率。

“各级课程的紧密结合”的评价主要关照以下几个方面：

（1）打通国家课程与校本课程的壁垒。

（2）打通国家课程与地方课程的壁垒。

（3）打通校本课程与地方课程的壁垒。

评价维度三：不同学科之间的有效贯通

在传统的课堂中，不同的学科分别有属于自己的学科要求，相对独立，各自为政。然而，不同学科的知识之间是有联系的，例如，语文学科是学习其他学科的基础，数学学科能帮助学生建立逻辑思维。学科之间打破壁垒，融会贯通更能提升学生的理解能力、思维能力，学习的方法也在学科贯通的过程中得以融合和优化。所以，更高品质的教育是不应该将学科独立划分的。伊万尼特斯卡雅、克拉克等人在《跨学科学习：过程与结果》中提出，跨学科学习可以帮助学生强化高阶思维技能（所谓高阶思维，是指发生在较高认知水平层次上的心智活动或认知能力，它在教学目标分类中表现为分析、综合、评价和创造），也可以帮助学生在不同学科领域之间建立更完善的知识体系和更有意义的研究。

不同学科的贯通式学习打破了以往泾渭分明的学科间界限，通过统一的学习主题，将各科学习的内容、知识技能、操作方法、学习途径进行链接，帮助学生建立系统的思维，发掘不同学科之间知识的内在联系。

不同学科的贯通式学习需要教师对课程、教法进行创新，以现实问题的研究和解决为依托，以任教主学科为依托，加强不同学科教师之间的合作，关注某个教学的问题或某项课题研究，提出明确的、整合式的研究方法与思维模式，实现教学的创新与创造。特别需要注意的是不同学科的贯通式学习不能为了“贯通”而“贯通”，要立足真问题，展开真研究，从儿童的学习兴趣、认知特点和学习需要出发，以儿童为学习的中心。

“不同学科之间的有效贯通”的评价需要关注以下几方面：

（1）在不同学科之间贯通的过程中体现出主体学科的意识。

（2）在不同学科之间贯通的过程中有核心知识体系，不同的学科聚焦共同的学习点。

（3）在不同学科之间贯通的过程中彰显各个学科的优势，且和谐灵动，富有创造性。

（4）不同学科之间的贯通服务于儿童的学习，适度适量。

评价维度四：学习方式的自主多样

传统的学习方式，是以教师讲、学生听为主的讲授式，教师照本宣科，学生被动地听、记、背，教师讲得多，学生被动地学习，教师代替学生思考、提问。传统的“填鸭式”教学方式，严重打击了学生的学习积极性，学生的核心素养得不到培养和提高，更谈不上通过学习传统文化来实现“立德树人”的伟大目标。因此，培养儿童把传统的依赖被动变成积极主动探究知识的学习方式，便成为课堂改革的头等大事和教学改革的首要任务。

相比传统的学习方式，国家课程标准提倡自主、合作、探究式的学习方式，更关注个体的学习态度和主观能动性，更关注知识和技能获取的过程，更关注学习的个体和群体之间关系的问题。

自主学习改变了传统学习的填鸭式、灌输式学习方式，关注学生在学习过程中所表现出的自主意识、自主能力、个体情感。具体表现为学生有明确的学习目标，有主动学习的愿望，有能力选择适合自己的学习方法。

合作学习是通过小组合作学会合作学习，在这一过程中不能只看到形式，更重要的是让学生在合作的过程中树立合作意识，逐步培养合作能力，养成合作精神。合作学习给学生足够的时间，提出明确的合作目标，解决学习中存在的问题。小组合作分工合理，成果交流内容丰富，且交流的形式多样化。

探究式学习是针对传统学习方式中的被动学习、接受式学习提出的一种新型的学习方式。学生经历发现问题、提出问题，以及调查研究、分析讨论、解决问题这一过程，不仅习得了知识技能，还了解了知识间的相互关系，形成个性化的见解，逐渐掌握学习的方法。在探究学习的过程中，学生拥有“质疑、评价、思辨、批判、反驳”等学习的权利，成为学习的主人。

在教育改革的背景下，儿童的学习方式逐渐多样化，儿童贯通式学习顺应教育改革的思想，将“学习方式的自主多样”作为课程评价的维度之一，将学习方式作为课程研究的重要内容，在贯通式学习过程中，儿童的学习方式应体现出以下特点：

(1) 能激发儿童自主学习的热情，引导学生经历发现问题、提出问题、解决问题的过程，多实践、多观察、多思考。

(2) 为儿童搭建学习共同体，开展小组合作学习，学会合理分工，交流学习方法，分享成果经验。

(3) 倡导探究式学习，在不同的课程体系中，运用不同学科的知识内容，通过丰富的学习渠道获取新知识、新发现，逐步掌握学习方法。

评价维度五：学习资源的多维开发

学习资源是指在教学系统和学习系统所创建的学习环境中，学习者在学习过程中可以利用的一切显现的或潜隐的条件。一般根据表现形态的不同分为硬件资源和软件资源两类。硬件资源主要是专门设计的学习设备资源，如戏剧馆、博物馆、语言实验室等；软件资源主要是指各种专门设计的多媒体学习资源或可利用的学习资源，如教科书、音频视频教材等。随着信息化的发展与学习资源的有机结合，学习资源新兴的网络教育、教育博客、校园网等平台，已将学习资源在网上进行了共享，打破了学习资源传统意义上的概念。

可见，儿童的学习资源无处不在、无时不有，并且形式多样。基于贯通式学习的特点，学习过程中随着涉及的学科变化、场域变化、学习方式变化，学生获取资源的渠道也不一样，实现课程资源的多维开发，进一步锻炼学生发掘、甄别、择选、使用资源的能力，以提高学生的综合实践能力。“学习资源的多维开发”应从以下几个方面具体展开评价：

(1) 开发利用不同学科的学习材料，如学习工具、参考书目、报刊等，实现跨学科资源的共通。

(2) 开发利用环境资源，如校园环境、社区环境。

(3) 同伴分享学习经验、反思、心得，发掘隐形的学习资源。

(4) 开发场馆资源，如专用教室、实践基地等。

(5) 使用网络资源，学习从网络中搜集、获取有用的信息，与同伴交流和分享。

评价维度六：学习场域的交互影响

法国著名社会学家皮埃尔·布迪厄这样定义“场域”的概念：“从分析的角度看，场域是在各种位置之间存在的客观关系的一个网络或一个构型。”“场域”不只是简单的空间领域或环境，而是“由社会成员按照特定的逻辑要求共同建设、提供给个体参与社会活动的主要场所”。构建有效的“学习场域”，旨在让教师身处教学实景之中，在反思、研究、解剖中获得更深的感悟，诱发思考的嬗变，从而推进课堂教学的变革，丰厚教育教学的底蕴。[②]

“中国新时代青少年人才成长追踪培养计划”项目组专家提出，教育是一项系统复杂的工程，需要全社会的共同参与。为了更好地发挥教育的功能，儿童贯通式学习以一种全新的观念，打破学校、社区、社会乃至世界的界限，共同奠定促进有利于学生健康成长和全面发展的良好基础环境。通过开展贯通式学习研究活动，打破各个场域之间的壁垒，加强不同场域之间的联系，发挥不同场域的学习特点，拓宽学习的视野，让学生沉浸在知识的探究互动中，通过实验、观察、辩论、归纳等多重活动，引领学生对研究成果和观点进行质疑、辩论与评价，从而使学习活动平添一份理性，也会使学生在学习活动中学会思考，使学生的思维能力得到发展。

随着时代的飞速发展，社会成为儿童成长的大“课堂”，而世界也变得触手可及，学生个体在学校和家庭中所学的是基础性知识，只有走向社会，融入世界，在更开阔的“课堂”上打开视野，不断学习，方可成长为一个真正的“人”。当今信息化时代发展迅速，网络成为儿童新型的学习方式，这个虚拟的学习场域，更能激发儿童的学习兴趣、学习自主性、探究能力，线上学习与线下学习如何贯通是新时代赋予教育的新挑战。

“学习场域的交互影响”是贯通式学习的重要特点，其评价维度包括：

（1）课堂学习与校园场域（校园景观、功能室）的贯通融合。

（2）校园学习与家庭学习的贯通融合。

（3）校园学习与社会领域学习的贯通融合。

（4）校园学习与世界领域学习的贯通融合。

（5）儿童线上学习与线下学习的贯通融合。

评价维度七：儿童角色的多重转变

在传统的教育中，儿童作为学习者，其角色是单一的，这一特点给儿童的成长带来了很大的限制。在绿色学习生态理念下，儿童是探索者，是发现者，是具有社会性的个体，每一个都不一样，每一个都很美好。儿童在不同的学习环境中，角色是多重的、丰富的、鲜活的。在学习的不同阶段，在多样化的学习方式中，儿童的角色也体现出丰富性，如小记者、小老师、小主播、小科学家、小侦探等。

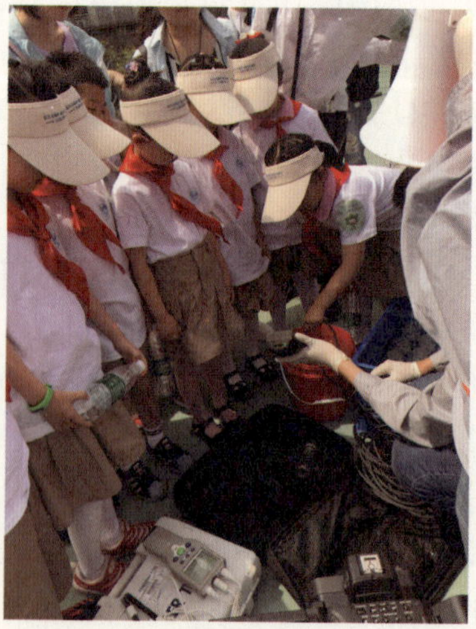

贯通式学习过程中，儿童角色的多重转变让儿童的自我意识获得发展。一个人只有当他意识到自己的存在及价值时，才具备接受社会化教育的基础。在角色体验中，儿童学会自我观察、自我监督、自我评价、自我控制，并初步进行自我调节，摆脱以自我为中心的心理，从而潜移默化地发展了自我意识。同时，多重角色的转变让儿童更有责任意识，获得更深刻的情感体验，学会遵守规律，提升道德认知。

（1）贯通式学习活动中，儿童的身份不仅仅是学生，随着学习方式、学习场域的改变，儿童的角色身份呈现出多重化，如小记者、小老师、小主播、小科学家、小侦探等。

(2) 儿童在不同的角色身份中，有明确的学习任务和恰当、科学的学习方法。

(3) 不同的角色身份打破传统的讲授式学习方式，激发学生的探究热情。

评价维度八：学习成果的多元呈现

贯通式学习集合了研究性学习、综合性学习、融合性学习的特质，从学习内容的确定、学习方式的选择都体现出探究、合作、生成、个性化等特点，因此，贯通式学习的成果显现是多元的、丰富的、多样化的。

学习成果多元呈现体现了贯通式学习目标的多重性。贯通式学习的目标不是单一的知识或技能体现，是围绕一个主题或一个问题，学生展开多方面的学习，既有宽度又有深度。学习成果围绕学习目标的多样化、适切化进行呈现。

学习成果多元呈现体现了贯通式学习中儿童的舒展和自由。儿童用自己喜欢的、擅长的方式来表达学习成果，成为学习的主人，获得成就感和自豪感。让成果呈现这一环节进一步提升儿童的探究能力，促进儿童全面发展。

学习成果多元呈现突显了贯通式学习的特质，即“贯通性”。多元化学习成果将不同学科的知识、不同学科的技能相贯通，将课堂学习与家庭沟通、社会实践相贯通，将不同形式的学习资源相贯通，等等，提升了儿童贯通式学习的研究品质。

贯通式学习成果的多元呈现可以结合以下几方面展开评价：

(1) 资料类学习成果呈现，如活动方案、展板、小报、剪贴本、调查表、活动总结等。

(2) 动手操作类学习成果呈现，如模型、绘画、手工作品、现场演示、情景回放式表演等。

(3) 过程性学习成果呈现，如图片、照片、录音、视频、日记、活动记录表等。

二、“儿童贯通式学习”评价表

根据儿童贯通式学习评价的八个维度，制定每个维度具体的评价方面，通过评价标准对照教育教学行为，进行量化。

1. “儿童贯通式学习”评价表

“儿童贯通式学习”主题		班级		教师	
评价维度	评价要点			分值	得分
课程目标的准确定位	1. 学习活动目标准确、科学，符合学生不同学段的目标要求 2. 目标制定全面，体现出知识与技能、过程与方法、情感态度与价值观的统一 3. 目标要具有空间性和启发性，关注学生学习过程中的生成性			10	
各级课程的紧密结合	1. 打通国家课程与校本课程的壁垒 2. 打通国家课程与地方课程的壁垒 3. 打通校本课程与地方课程的壁垒			10	
不同学科之间的有效贯通	1. 在不同学科之间贯通的过程中体现出主体学科的意识 2. 在不同学科之间贯通的过程中有核心知识体系，不同的学科聚焦共同的学习点 3. 在不同学科之间贯通的过程中彰显各个学科的优势，且和谐灵动，富有创造性 4. 不同学科之间的贯通服务于儿童的学习，适度适量			15	
学习方式的自主多样	1. 能激发儿童自主学习的热情，引导学生经历发现问题、提出问题、解决问题的过程，多实践、多观察、多思考 2. 为儿童搭建学习共同体，开展小组合作学习，学会合理分工，交流学习方法，分享成果经验 3. 倡导探究式学习，在不同的课程体系中，运用不同学科的知识内容，通过丰富的学习渠道获取新知识、新发现，逐步掌握学习方法			15	
学习资源的多维开发	1. 开发利用不同学科的学习材料，如学习工具、参考书目、报刊等，实现跨学科资源的共通 2. 开发利用环境资源，如校园环境、社区环境 3. 同伴分享学习经验、反思、心得，发掘隐形的学习资源 4. 开发场馆资源，如专用教室、实践基地等 5. 使用网络资源，学习从网络中搜集、获取有用的信息，与同伴交流和分享			15	
学习场域的交互影响	1. 课堂学习与校园场域（校园景观、功能室）的贯通融合 2. 校园学习与家庭学习的贯通融合 3. 校园学习与社会领域学习的贯通融合 4. 校园学习与世界领域学习的贯通融合 5. 儿童线上学习与线下学习的贯通融合			15	

续表

评价维度	评价要点	分值	得分
儿童角色的多重转变	1. 贯通式学习活动中，儿童的身份不仅仅是学生，随着学习方式、学习场域的改变，儿童的角色身份呈现出多重化，如小记者、小老师、小主播、小科学家、小侦探等 2. 儿童在不同的角色身份中，有明确的学习任务和恰当、科学的学习方法 3. 不同的角色身份打破传统的讲授式学习方式，激发学生的探究热情	10	
学习成果的多元呈现	1. 资料类学习成果呈现，如活动方案、展板、小报、剪贴本、调查表、活动总结等 2. 动手操作类学习成果呈现，如模型、绘画、手工作品、现场演示、情景回放式表演等 3. 过程性学习成果呈现，如图片、照片、录音、视频、日记、活动记录表等	10	
总体描述		总分	

2.“儿童贯通式学习”教师自评表

评价维度	评价要点	自我描述	分值	得分
课程目标的准确定位	1. 学习活动目标准确、科学，符合学生不同学段的目标要求 2. 目标制定全面，体现出知识与技能、过程与方法、情感态度与价值观的统一 3. 目标要具有空间性和启发性，关注学生学习过程中的生成性		20	
各级课程的紧密结合	1. 打通国家课程与校本课程的壁垒 2. 打通国家课程与地方课程的壁垒 3. 打通校本课程与地方课程的壁垒		10	
不同学科之间的有效贯通	1. 在不同学科之间贯通的过程中体现出主体学科的意识 2. 在不同学科之间贯通的过程中有核心知识体系，不同的学科聚焦共同的学习点 3. 在不同学科之间贯通的过程中彰显各个学科的优势，且和谐灵动，富有创造性 4. 不同学科之间的贯通服务于儿童的学习，适度适量		10	

续表

评价维度	评价要点	自我描述	分值	得分
学习方式的自主多样	1. 能激发儿童自主学习的热情，引导学生经历发现问题、提出问题、解决问题的过程，多实践、多观察、多思考 2. 为儿童搭建学习共同体，开展小组合作学习，学会合理分工，交流学习方法，分享成果经验 3. 倡导探究式学习，在不同的课程体系中，运用不同学科的知识内容，通过丰富的学习渠道获取新知识、新发现，逐步掌握学习方法		10	
学习资源的多维开发	1. 开发利用不同学科的学习材料，如学习工具、参考书目、报刊等，实现跨学科资源的共通 2. 开发利用环境资源，如校园环境、社区环境 3. 同伴分享学习经验、反思、心得，发掘隐形的学习资源 4. 开发场馆资源，如专用教室、实践基地等 5. 使用网络资源，学习从网络中搜集、获取有用的信息，与同伴交流和分享		10	
学习场域的交互影响	1. 课堂学习与校园场域（校园景观、功能室）的贯通融合 2. 校园学习与家庭学习的贯通融合 3. 校园学习与社会领域学习的贯通融合 4. 校园学习与世界领域学习的贯通融合 5. 儿童线上学习与线下学习的贯通融合		10	
儿童角色的多重转变	1. 贯通式学习活动中，儿童的身份不仅仅是学生，随着学习方式、学习场域的改变，儿童的角色身份呈现出多重化，如小记者、小老师、小主播、小科学家、小侦探等 2. 儿童在不同的角色身份中，有明确的学习任务和恰当、科学的学习方法 3. 不同的角色身份能打破传统的讲授式学习方式，激发学生的探究热情		10	
学习成果的多元呈现	1. 资料类学习成果呈现，如活动方案、展板、小报、剪贴本、调查表、活动总结等 2. 动手操作类学习成果呈现，如模型、绘画、手工作品、现场演示、情景回放式表演等 3. 过程性学习成果呈现，如图片、照片、录音、视频、日记、活动记录表等		20	
总结			总分	

3.“儿童贯通式学习”学生评价表

活动主题：________________

班级：________　姓名：________　时间：________

评价项目	具体要求	自评			互评			家长评			老师评		
		★	★★	★★★	★	★★	★★★	★	★★	★★★	★	★★	★★★
参加贯通式学习活动的态度	乐于参加每一次贯通式学习活动												
	能主动完成自己的任务												
	对多样化学习方式有新鲜感、好奇心												
发现问题、提出问题的能力	能通过思考发现问题												
	能倾听同学的提问形成自己的见解												
	能用口头表达或书面表达的方式提出问题												
收集、处理信息的能力	能用多种方式查找资料												
	能对有用的信息进行标注												
	能对不同种类的信息进行分类												
跨学科运用所学知识的能力	在贯通式学习活动中熟练运用不同学科的学习方法												
	在贯通式学习活动中开展不同学科的实践活动												
	在贯通式学习活动中用不同学科的表达方式展现学习成果												
不同场域中学习的适应能力	在家庭、社区积极主动开展学习活动，养成良好的学习习惯												
	有目的、有方法地利用社会学习资源开展探究性学习活动												
	在走向世界的学习、交流活动中懂礼节、有自信												
小组学习中的团队协作能力	根据小组内的分工完成学习任务												
	与组员友好和谐地相处，相互尊重												
	能主动发表自己的观点												

续表

评价项目	具体要求	自评			互评			家长评			老师评		
		★	★★	★★★	★	★★	★★★	★	★★	★★★	★	★★	★★★
学习成果展示、交流能力	能形式多样地展示学习成果												
	学习成果能体现实践的过程												
	学习成果体现出不同学科或不同场域学习带来的效应												
	学习成果的展示体现出团队协作能力												
总评													

三、“儿童贯通式学习”观察表

南京市凤凰花园城小学“儿童贯通式学习”观察表

（学科贯通的观察）

活动主题：________________

班级：__________ 人数：__________ 组织教师：__________

学科类别	运用的学科知识或技能	达成的学习目标	不同学科所占比重	学生参与状态	学习结果

南京市凤凰花园城小学“儿童贯通式学习”观察表

（学习场域贯通的观察）

活动主题：____________________

班级：__________　人数：__________　组织教师：__________

学科场域	不同场域完成的学习任务	学习方式	不同场域学生的身份	学生参与状态	学习成果的表现方式

南京市凤凰花园城小学“儿童贯通式学习”观察表

（学习资源贯通的观察）

活动主题：____________________

班级：__________　人数：__________　组织教师：__________

学习资源的内容	学习资源的种类	学习资源的获取渠道	对应的学习任务	学生对待学习资源的态度	学习资源的使用效果

第四节　儿童贯通式学习的成长记录

一、儿童贯通式学习成长记录的含义

儿童时期是人生开始的一个重要年龄阶段，一般是指从出生到 15 周岁。儿童主要是指从 6～7 周岁到 15 周岁这一年龄阶段，教育心理学中又把此时期开始的 6～7 周岁至 12～13 周岁称为学龄初期，相当于小学时期。儿童进入学龄初期的重大变化是把以游戏活动为主的生活方式转变为以学习为主。这一时期的开始，儿童从家庭或幼儿园进入学校，这对儿童来说是一个重大的转折。进入小学之后，学生逐渐从依赖型学习转变成独立学习，思维从以具体形象思维为主逐渐过渡到以抽象逻辑思维为主。

随着过程性评价越来越受到重视和推广，许多学校建立了儿童成长记录册或者成长记录卡，有的家长也会以成长日记的形式进行记录，有图片、视频、语音、文字等多种呈现方式。成长记录最早是从国外引进的一种新兴的评价方式，是根据教育教学目标，有意识地将各科有关学生表现的作品及其他数据收集起来，通过合理地分析与解析，反映学生在学习与发展过程中的优势与不足，反映学生在达到目标的过程中付出的努力与进步，并通过学生的反思与改进，激励学生取得更高成就的一种方式。简单来说，成长记录对于学校来说，目的是记录儿童的成长过程，关注每个儿童的发展，是联系学

校和家庭的一种有效方式。国家课程标准中提到，评价不仅可以促进学生发展，还可以改进教师教学，是促进课程发展的重要环节。

国家课程标准所提倡的评价内容也从单一的学习成绩转向儿童的全面素质，变成贯通式的评价记录方式。贯通式评价记录强调评价主体多元化、评价方式多样化、评价过程动态化，信息资源大大拓展，使评价过程有利于促进儿童认识自我、建立自信、形成正确的人生观和价值观。儿童贯通式记录评价结合儿童发展理论，依据儿童不同阶段的不同发展，科学、有效地进行综合性的评价。

二、儿童贯通式学习成长记录的意义

《基础教育课程改革纲要（试行）》中提出，要建立促进学生全面发展的评价体系。评价不仅要关注学生的学业成绩，还要发现和发展学生多方面的潜能，了解学生发展中的需求，帮助学生认识自我，建立自信。贯通式学习成长记录是一种符合要求，即以学生的成长过程为主体，以真实性和生成性为特点的评价方式。就基础教育阶段而言，贯通式学习成长记录能完整而全面地呈现出学生的成长轨迹，并且推演出学生的发展趋势，对学生个人的成长、教师的专业化发展、实现学校教育向其他场域的延伸甚至调控儿童贯通式学习课程的实施过程来说都意义非凡。与此同时，贯通式学习成长记录作为一种重要的评价方式也将反过来督促着我国基础教育阶段评价体系和制度的改革与完善。因此，贯通式学习成长记录作为一种评价方式的优势和意义是显而易见的。

（一）有利于促进学生的成长

1. 展示学生的学习成果

儿童贯通式学习成长课程注重过程，但也并不意味着就要抛弃结果。所以，儿童贯通式成长记录中可以展示出学生的学习成果。诚然，儿童贯通式学习成长记录的主要内容是学生个体成长过程中的变化与发展，但学校如同一个微型社会，学生需要在比较中判断出自身所处的位置。学生仅能看到自己的贯通式学习成长记录容易成为井底之蛙，然而，无论是从隐私保护的角度考虑还是客观条件的限制，学生都无法随时随地翻阅他人的贯通式学习成长记录。因此，可以鼓励学生将同小组中其较为欣赏的优秀作品放入自己的贯通式学习成长记录中，以便随时参照。

从另一个角度看，如果自己的作品能够得到其他同学的认可，被放入其他同学的贯通式学习成长记录中，对这名学生本身而言远胜过教师口头的、稍纵即逝的表扬。这会激励着这名学生不断努力，争取进步，让自己更多的成果与作品也获此殊荣。于班级整体而言，在教师的引导和学生的主观感受推动下，五花八门的贯通式学习成长记录也拥有了一些共性，使得整个班级的贯通式学习成长记录多了一些发现美、欣赏美、追求美的元素。

2. 记录学生的成长轨迹

儿童贯通式学习成长记录打破了学习评价情境中的时间和场域限制，从课前到课后，从校内到校外，关注到了不同学生在不同阶段的各种表现，是对学生成长轨迹的一种记录，目的在于促进学生的个性化和全面发展。对于学生自己而言，儿童贯通式学习成长记录一方面作为一种由自己与学习情境中的其他人共同撰写完成的书面材料，一笔一画都承载着自己与他人的联结和期待，“茁壮成长”“前程似锦”等不再是一句简单的美好祝愿，而成了具体可感的成长指南；另一方面，儿童贯通式学习成长记录将主观与客观的内容相互融合，如实而生动地记载了一个学生成长过程中的点点滴滴，将童年与成年之间的过渡变得清晰，提供了很好的自省素材，必将是其长大后的一笔宝贵财富。

3. 激发学生的学习热情

面对各个年级的学生，教师可以借助往届学生的贯通式学习成长记录，讲述他人的学习与成长故事，有条件的情况下甚至可以邀请往届学生现身说法，当堂讲述自己的贯通式学习成长故事。让各个年级的学生在期初便感受到成长的压力和动力，同时鼓励他们提出疑惑，从而找出自己和别人学习与成长形态的不同，找准自己的成长着力点。这就是建构主义视野下的，所有的知识都不是准确的表征，它是随着时间和个案在不断变革的，同样，个体的成长形态多种多样，让学生明白和悦纳自身独一无二的成长形态，并坚定踏实向前是教师需要努力的方向。

儿童贯通式学习成长记录内容丰富，有学业表现、活动记录、收获反思等。通过这些翔实而相对主观的记录，教师可以更好地察觉学生的思想动态，发现个体差异，从而因材施教，激发学生的学习热情。而学生若学业表现或其他表现不佳，也会从自己的贯通式学习成长记录中发现自己思想上和行动上的懈怠与不足，生发出旺盛的探索欲和强烈的求知欲，以满足自己充满好奇心的天性，继而端正自己的学习态度，改进自己的学习方式，形成良性循环。

4. 提升学生的自我认知

在学生成长的过程中，清楚而正确地认识自己、悦纳自己是一件极容易被忽略的事情，它看似微不足道，却对学生的个人成长及发展起着至关重要的作用。大多数学生对自己的认识来源于周围的同学、老师和父母对自己的评价，然而，他们口中的自己就是真实的自己吗？这个问题的答案只有学生本身才能回答，而回答的基础，是对自己有充分地认识和了解。儿童贯通式学习成长记录为学生认识和了解自己提供了一个很好的抓手，学生可以以贯通式学习成长记录上的内容为依据，去看见真实的自己。当学生对自我有一定的认知之后，他想要呈现出怎样的自己或者说“人设”，取决于学生自己。儿童贯通式学习成长记录存在的意义是让每一个学生都能从过程的角度尽可能客观地评价自己，既不因表现好而骄傲自满，止步不前，又不因表现不理想而垂头丧气，一蹶不振。

5. 培养学生的自主精神

学生积极、自主地开展各种各样的学习活动，在教师的指导下打破学科之间的壁垒和场域的限制，全身心地投入自己的学习过程，不再以传统的评价标准为学习目标，而是遵从自己内心的引领，从过程中去获得教师及自我心理上的认同，并把过程中产生的物理成果和心灵感悟用自己喜欢的方式记录下来。学生个体是每一份成长记录的主人，他可以自行设计这份贯通式学习成长记录的样式，例如，喜欢摄影的学生可以将自己的贯通式学习成长记录以照片的形式留下印迹，制作成一本时光影集；喜欢文学的学生可以用纯文字的方式记录自己的点滴成长；还有时下比较流行的做手帐的形式，在喜欢的本子上写下文字，贴上照片和票据等，再辅之以装饰图案，完成之后便是这世上独一无二的只属于自己的人生记录书……贯通式学习的主体是学生，自然其成长记录的形式也不应拘泥于传统或老师的喜好。学生拥有充分的选择自己贯通式学习成长记录形式和内容的权利，与此同时，这也激发着他们对自己的责任感，"落笔无悔"，记录下来的不仅仅是一份份成长记录，更是一份份沉甸甸的"过好成长过程中每一天，把握每一次学习机会"的承诺书。

儿童贯通式学习成长记录既可以是按照时间顺序整理出来的综合反馈，也可以是以课题或事件为单位的独立报告，唯一的共同点是皆以学生自己为中心，充分重视学生的主观愿望，通过对学生外在表现的记录，挖掘学生的内在体悟和内心感受，强调其自主精神。

6. 促进学生的全面发展

儿童贯通式学习成长记录重视学生成长的过程和多元评价，从源头上摒弃了过去割裂的、片面的、独立的、单一的评价方式，因而为学生综合素质的全面发展提供了强有力的保障。儿童贯通式学习成长记录直观地记录了学生在学习过程中遇到的问题、所做出的努力及其取得的点滴进步，也为每一个学生个体提供了自我展示的平台和自我总结的机会。它使每一个学生都能够较为清晰地认识到自己的基础、潜质和发展方向，从而更好地调动每一个学生奋发向上的主观能动性。学生的全面发展得益于其主观能动性，德、智、体、美、劳五个方面都应当成为其不懈努力的方向，而评价标准也据此而产生变化，因此贯通式学习成长记录促进了学生的全面发展。

7. 推动学生的持续发展

有人说，能让一个人快速成长的方式就是复盘，通过固定周期内的自我评价和反思总结出自己过往心理和行为上的好与坏，取其精华，去其糟粕。儿童贯通式学习成长记录存在的意义就是将成人内心的复盘可视化。学生的内心活动是天马行空或者说瞬息万变的，但当他们需要付诸笔尖时，便不得不严肃起来，认真地对待自己所写下的每一个字。当然，也需要用自己的行为表现去获得身边的同学、老师和家长的认可。在这一过程中，学生潜移默化地成为自己学习与成长的重要导师，指导着自己不断调整学习状态与方式，并且形成一定的惯性。当贯通式学习的理念根植于学生的心目中时，将大大提升他们的学习效率。

儿童贯通式学习成长记录通过对学生学习活动和学习心理的真实记录时刻关注着学生的变化和发展，使得学生更加积极主动地对待自己的学习，发展其多元智力，成长为一个全面发展的学生。学生能够通过贯通式学习成长记录看到自己的点滴进步，在学习生活中获得满足感和成就感，获得成功的喜悦，也能正确地认识到自己的缺陷与不足，积极地寻求最适合自己的学习方式，实现过程性调控，为今后的进步与成长打下坚实的基础，为个人的持续发展提供保障。

（二）有利于促进教师的专业化发展

1. 捕捉学生的发展动态

通过翻阅学生的贯通式学习成长记录，教师可以更加全面地了解和掌握学生的发展状况，捕捉其发展动态。从前，学生通过学业水平测试成绩来反映学业表现，通过和同学、老师的交流反映其思想状态。当这些内容不加整理、一股脑儿地传输给教师时，势必加重了教师的工作负担，导致其应接不暇，只得挑一些表现较为“突出”的学生进行双向反馈。儿童贯通式学习成长记录的优势在于：学生在进行记录时，已经是在仔细思量自己的行为后所写下的内心感受，也就是说，让贯通式学习过程形成了一个闭环。而教师要做的，不再是提供一个结果反馈，而是可以将宏观与微观相结合，用自己有限的精力来审视学生的整个贯通式学习过程。一方面考察其贯通式学习过程中的完整性和全面性，另一方面则能腾出更多的时间去比较各个学生进行贯通式学习时的差异，记住每个学生有哪些优缺点，并关注他们的每一次进步，给出正向反馈，提升教育教学的效率。

2. 促进教师的教后反思

美国学者维拉认为，教学反思是“立足于自我之外的批判地考察自己的行动及情境的能力”。因此，教师及时进行教后反思是其获得成长的重要途径之一。

现如今大多数教师进行教后反思的方式表现为脑海中直观地回忆和复现，通过与教学设计的比对，将课堂教学实践中印象深刻的点尤其是学生的反馈在侧边栏写下来，回味、思考是否有更恰当的教学方式，并进行及时的记录。

有效的教后反思需要以精心设计的教案和灵活的实施方案为基础，因此许多教研课的教后反思往往蕴藏着更多的智慧，因为其他教师会以多种不同的角度提出自己的见解以供参考，但无论是哪种情况，教后反思的实施对象往往局限于教师自身，忽略了作为教学对象的学生主体，而通过口头询问学生自己的课堂教学表现又似乎不太现实，这时，贯通式学习成长记录便会给予教师进行教后反思的基本材料。教师可以从成长记录中获取学生的学习情况，有从宏观角度体现出的班级整体情况，也有个别学生的疑难点，以便教师整散结合，有序、有效地实施教学。

3. 优化教师的教学方法

教学从来都不是一成不变的，绝大多数教师都渴望改进自己的教学方法却又苦于无从下手。儿童贯通式学习成长记录为他们提供了一个绝佳的机会，教师可以通过学生的成长记录思考自己的教学内容是否被学生所需要，自己的教学模式是否被学生所接受，如果可以的话，有没有更好的教学方法？学生的成长记录体现了学习中融会贯通的理念，往往更能给予单一学科教师以灵感，促使其改进教学方法。笔者高中时期的化学老师讲《小苏打》这一课时，由语文学科中的“三苏（苏洵、苏轼、苏辙）”引入，将“化学三苏”[碳酸氢钠（小苏打）、碳酸钠（苏打）、硫代硫酸钠（大苏打）]与之有机结合，又以与苏轼的《水调歌头》主题相关的月饼中需加入一定量的小苏打结尾，令人印象深刻，现在想来依然觉得生动有趣。可见，能够灵活运用贯通式学习理念的教师，不仅会优化自己的教学方法，而且也可以取得更好的教学成效。

4. 提升师生的互动质量

“师生之间建立平等的契约式关系，尽可能多地给儿童以自由活动的机会，让儿童能以自己特有的方式去看、去想、去感受一切事。”这是社会契约论的倡导者卢梭把契约理论迁移到教育领域所作的阐述，儿童贯通式学习成长记录就相当于这份契约。学生自己掌控其贯通式学习的整个过程，与此同时，教师也会按照这份成长契约对学生提出自己的意见和建议，据此修正学生学习道路上的偏差和失误，提升学生学习的主观能动性，使贯通式学习和贯通式学习成长记录发挥出最大的效用。长此以往，儿童贯通式学习成长记录会进入一个良性循环，督促学生严于律己，自主发展。教师的角色也不再是高高在上的评价者，而是一个能与学生平等相处的“大朋友”，既有“菩萨心肠”，也有“雷霆手段”，宽严相济，师生关系也会更加和谐。

5. 检验教师的教学成效

教师的教学需要成效，但除了学生的学业成绩这一量化的标准外，其他表现形式屈指可数。儿童贯通式学习成长记录正好为教师的教学提供了一片肥沃的试验田，不同学科的教师在土壤上洒下自己精心培育的种子，不断地浇水、施肥，期待它们开花、结果。贯通式学习成长记录最后呈现出来的便是教师的教学成效。有些学生天生不大适应“考试”这一评价方式，但却能够将课堂中老师所讲到的知识灵活地运用到自己的贯通式学习中去，为自己的学习与成长添砖加瓦，评价方式的改革与完善由此体现。学科本不应有主次之分，贯通式学习成长记录为现如今不大被重视的综合学科老师提供了检验自己教学成效的机会，主学科老师也能够剥开时间的外衣，知晓学生究竟获得了多少，掌握了多少。

（三）有利于学校教育向其他场域延伸

1. 学校教育延伸至家庭教育

（1）了解孩子的点滴进步。

家庭教育在学生的成长过程中发挥着至关重要的作用，而良好的亲子关系则是家庭教育得以顺利实施的润滑剂。家长在帮助孩子进行贯通式学习成长记录的过程中，会逐渐明白自己的孩子有哪些优势和特长，又有哪些美中不足，日后对孩子的关注便有了目标与方向，对孩子的鼓励和辅导也有了一个强而有力的抓手。

（2）改进自己的教育方式。

当家长仔细翻阅孩子的贯通式学习成长记录时，会加深对自己孩子的了解，与老师探讨如何更好地引领孩子进行贯通式学习时也会更加顺畅。家长与孩子处在不断磨合的过程当中，通过贯通式学习，孩子也许会将学习的场域延伸至家庭当中，一成不变的家庭教育显然会被时代所淘汰。同教师一样，儿童贯通式学习成长记录也可以更好地帮助家长改进自己的教育方式，以适应孩子的成长和发展需求。

（3）培养和谐的亲子关系。

时代在不断变化，知识更新迭代的速度远超我们想象。孩子的贯通式学

习成长记录中所呈现出的他们对知识内容的理解与体悟也许有不少是家长并不知道的。那么这个时候，家长可以选择以孩子学习伙伴的身份，陪伴孩子一起进行贯通式学习，共同成长。亲子关系并不一定要呈现出绝对威严的状态，越来越多的家庭显示出一种“乐学共长”的、和谐的亲子关系，为孩子在家庭中的成长创造了良好的氛围。

2. 学校教育延伸至社区教育

自从“学区”的概念产生以来，时间上的高度重合与空间上的亲密接触使得越来越多的学生与同社区的伙伴成了亲密无间的好朋友。而一个社区对教育的重视程度对学生的贯通式学习成长记录也会产生一定的影响。例如，有的社区在元宵灯会时组织“猜灯谜”的活动，吸引了整个社区中的孩子积极参与有奖竞答。孩子们一边逛一边猜，在这一过程中既交到了不少志同道合的“猜谜朋友”，也交到了不少新鲜有趣的“汉字朋友”，领略了中华文化的博大精深。这应当是他们假期贯通式学习成长记录中浓墨重彩的一笔。而有的社区则缺乏统一规范的管理，学生只能在闲暇时间在健身广场上玩耍，很少有统一组织的社区教育活动可参加。另外，不同社区中住户的职业差异也会造成该社区人文环境的差异，于是，不同社区中的学生所受到的社区教育差异逐步拉大。

3. 学校教育延伸至社会教育

学生接受教育的场域不应当局限于学校和家庭这一亩三分地，而应当拓宽至更广阔的场域中去。编程兴趣小组中结识的伙伴、游览科技馆时认识的新朋友、网络社交软件中一见如故的陌生网友……每一份友谊都值得被珍惜。学生处于不断变化发展的社会当中，当他们在社会生活中产生了疑惑，并拥有强烈的求知欲望时，他们的贯通式学习便开始了。没有指导老师，自己便是最好的见证，在社会生活中自然产生的求知欲望往往更为强烈，能够持续督促学生完成贯通式学习，因此，儿童贯通式学习成长记录可以实现学校教育向社会教育的延伸。

4. 学校教育延伸至国际化教育

不同文化的碰撞往往会使学生迸发出许多奇思妙想来。儿童贯通式学习成长记录还可以打破语言、文化的限制，通过不同国家学生对同一事件的不同理解，记录下各国文化的有趣之处，博闻强识，不失为一种行之有效的贯通式学习。因此，儿童贯通式学习成长记录还有利于实现学校教育向国际化教育的延伸。

（四）有利于调控儿童贯通式学习课程的实施

1. 实现儿童中心

杜威认为："传统课程是一种'静听'的课程，重心在教师、在教科书以及你所喜欢的任何地方，唯独不在儿童自己的直接的本能和活动。"针对传统课程编制的弊端，他提出要改造课程，使之能真正适于儿童的生活，并特别强调了两个观点：第一，儿童和课程之间不是互相对立，而是互相关联的，"儿童和课程仅仅是构成一个单一过程的两极"，儿童是起点，课程是终点。只要把教材引入儿童的生活，让儿童直接去体验，就能把两点连接起来，使儿童从起点走向终点。第二，"学校科目相互联系的中心点，不是科学，不是文学，不是历史，不是地理，而是儿童本身的社会活动"。

儿童贯通式学习成长课程的内容与杜威先生的想法不谋而合，它以儿童为中心，一切手段服务于儿童的发展。而儿童贯通式学习成长记录则可以很好地检验这一课程是否以儿童为核心，例如，可以观察贯通式学习成长记录中教师是否因材施教、是否对学生采用了发展性评价，成长记录的编制是否具有个性化的系统性等。若中心产生偏离，出现其他撰写或评价主体比例过重、代劳等情况，则可以进行及时地删减、补充或改进，以调控儿童贯通式学习成长课程的实施。

2. 促进共同学习

学习社区是支撑以知识建构与意义协商为内涵的学习平台，强调人际心理的相容与沟通，在学习中发挥群体动力作用。以学校班级学习共同体为例，它是由学习者（学生）和助学者（同学和教师）共同组成的，以完成共同的学习任务为载体，以促进学习小组内的成员全面成长为目的，强调在学习过程中以相互作用式的学习观做指导，通过人际沟通、交流和分享各种学习资源而相互影响、相互促进的基层学习集体。同理可知，学生在家庭教育中，与助学者（即家长）成为学习共同体；在社会教育中，与助学者（即社会成员）成为学习共同体。学习共同体的成员彼此之间可以很容易地进行面对面的交流，可以自然而然地形成一定的学习共同体，如一个家庭、一个兴趣小组、一个班级乃至一个学校，都有可能成为一个学习共同体。

在儿童贯通式学习课程中，儿童与同伴、老师和家长形成各自的学习共同体，而儿童贯通式学习成长记录则可以很好地巩固这些学习共同体。我们可以从贯通式学习成长记录中观察出学习共同体的成员之间是否相互联系、彼此依存，以此来巩固学习社区，保障儿童贯通式学习成长课程的实施。教师还可以每学期组织学生开展贯通式学习成长记录交流大会，学生得以在自由、开放、包容的氛围中交流自己的贯通式学习成长记录，每个学生还能在这个过程中取长补短，成就更好的自己。因此，儿童贯通式学习成长记录可以通过巩固学习社区的形式来调控儿童贯通式学习课程的实施过程。

3. 调节贯通属性

若一门课程以儿童为发展中心，创建出若干学习共同体，尚且不能被称为儿童贯通式学习成长课程，因为其缺乏了这一课程中最重要的“贯通”属性。这一课程的特色便在于打破了单一学科和单一学习场域的限制，实现了多学科和多场域的贯通。儿童贯通式学习成长记录的撰写必然会涉及各个学科的知识内容和思维方法，处于这一阶段的儿童也会将活动发生的地点逐一进行记录，若这二者在成长记录中都没有得到体现，实施者或者说辅导者就应当及时进行反思，不断调控这一课程的操作规范或者参与要素，使之达到一种动态平衡的状态，使儿童贯通式学习成长课程趋于美好，实现最初的教育目标，达成课程设计者美好的教育愿景。

（五）有利于完善学生评价制度

1. 保留评价依据的完整性

评价一个学生需要有依据。从前，评价学生的依据是单一的、片面的，而儿童贯通式学习成长记录作为一种优势更为突出的评价方式，关注学生进行贯通式学习的过程，并且存档保留。它的存在使得对学生的评价是学生接受教育过程中某个时间点的评述，并不是盖棺定论，它是动态的、生成的，且没有好坏优劣之分。由此可知，儿童贯通式学习成长记录是面向全体学生的。

随着时代的发展，纸质的儿童贯通式学习成长记录可能因为现实的客观因素而出现断层、缺失的情况，此时，电子版的儿童贯通式学习成长记录则展现出便捷性、相互性、简易性和永久性的特点来。

2. 实现评价角度的多元性

儿童贯通式学习成长记录的评价主体是学生，辅之以同伴、老师、家长和社会其他成员，而他们心目中的这份贯通式学习成长记录又各自有着不同的形态，通过排列组合，评价角度的多元性使得儿童贯通式学习成长记录这种评价方式更为可靠。

儿童成长过程中最熟悉也最亲近的是家长，他们作为家庭教育的参与者和儿童成长最密切的观察者，对儿童的评价有着不可替代的位置。儿童往往会在最放松的时候显露出自己最真实的状态，而温馨、舒适的家庭恰好是最符合条件的地方，儿童会在家庭中显示出自己最为本真的一面，家长可以据此作为评价依据。

此外，儿童还处于学校教育和社会教育的场域中。老师作为除家长以外在儿童心中另一权威的代表，其评价也举足轻重，格外重要。通过以往的调查研究，我们发现：儿童在教师面前的表现大多是美化过的，是家庭教育和儿童自我约束的双重产物，代表着儿童在这一阶段的最高行为准则。与之相对应的，当其出现逆反心理时，也将无限放大其行为表现，以达到扭转教师和家长评价的目的。

当然，儿童还会获得一定程度的社会评价，分为同伴评价和其他社会成员评价，前者比后者更深程度地参与了儿童的成长过程，所谓“近朱者赤，近墨者黑”，他们也对儿童的成长具有潜移默化的影响作用。同伴是指与儿童年龄相仿或心理发展水平相当的个体，儿童在与其交往的过程中会被当成一个成熟而完整的个体进行审视和评价，产生新鲜而又独特的同伴评价。此外，最容易被人忽略的应当是社会其他成员对儿童的评价。以对外交流活动为例，从出发到正式开展这一活动是一个较为漫长的过程，从最初的选拔到最终交流双方的碰面，每一处细节也许都会成为社会其他成员作评价的依据。带队老师对儿童的印象，对酒店服务人员和机场工作人员的礼节反馈，儿童违反当地风俗习惯时他人所给予的提醒与批评等，都是社会成员对学生的多元化评价，应当予以重视。

三、儿童贯通式学习成长记录操作的实施安排

（一）教师版

<table>
<tr><th colspan="7">儿童贯通式学习成长记录表</th></tr>
<tr><td>小组成员及分工</td><td colspan="6"></td></tr>
<tr><td>指导教师</td><td colspan="2"></td><td colspan="2">活动时间</td><td colspan="2"></td></tr>
<tr><td rowspan="3">类别</td><td colspan="6">□学科教学类</td></tr>
<tr><td colspan="6">□校本课程类</td></tr>
<tr><td colspan="6">□课外活动类</td></tr>
<tr><td>活动主题</td><td colspan="6"></td></tr>
<tr><td>活动灵感</td><td colspan="6"></td></tr>
<tr><td rowspan="2">涉及学科</td><td>□语文</td><td>□数学</td><td>□英语</td><td>□音乐</td><td>□体育</td><td>□美术</td></tr>
<tr><td>□科学</td><td>□信息技术</td><td>□道德与法制</td><td>□劳动与技术</td><td colspan="2">□其他____</td></tr>
<tr><td>学习目标</td><td colspan="6"></td></tr>
</table>

续表

	阶段	活动	收获
学习过程			
贯通之处			
活动剪影	（照片粘贴处）		
学习成果			
活动感悟			
活动中遇到的困难			
改进措施			

（二）学生版

小组分工

我负责________________。

我负责________________。

我负责________________。

我负责________________。

我负责________________。

我负责________________。

学习目标

涉及学科

学习过程
阶段二
阶段四
阶段一
阶段三
阶段五

精彩瞬间

学习成果
“我最自豪的”
“我最欣赏的”

活动感悟

阳光心语

自己说：

同伴说：

老师说：

家长说：

四、成长记录范例枚举

<table>
<tr><th colspan="7">儿童贯通式学习成长记录表一</th></tr>
<tr><td colspan="2">小组成员及分工</td><td colspan="5">董子瑜：组长，负责安排任务，统筹，整理大家收集到的资料
陈泓宇：走访小组成员感兴趣的纪念馆
郭子涵：走访小组成员感兴趣的古迹
魏卓祺：收集小组内走访的古迹、纪念馆的故事</td></tr>
<tr><td colspan="2">指导教师</td><td colspan="2">张静</td><td colspan="2">活动时间</td><td>2019. 02—2020. 02</td></tr>
<tr><td rowspan="3">类别</td><td colspan="6">☑学科教学类</td></tr>
<tr><td colspan="6">□校本课程类</td></tr>
<tr><td colspan="6">□课外活动类</td></tr>
<tr><td>活动主题</td><td colspan="6">见字如面，笔友你好</td></tr>
<tr><td>活动灵感</td><td colspan="6">南京市凤凰花园城小学的学生将到新加坡研学，为了让学生们彼此更加了解、更加亲近，学校组织了一次给新加坡笔友写信的主题班会活动</td></tr>
<tr><td rowspan="2">涉及学科</td><td>☑语文</td><td>□数学</td><td>☑英语</td><td>□音乐</td><td>□体育</td><td>☑美术</td></tr>
<tr><td>□科学</td><td>□信息技术</td><td>□道德与法制</td><td>□劳动与技术</td><td colspan="2">□其他________</td></tr>
<tr><td>学习目标</td><td colspan="6">1. 学会英文书信写作格式
2. 手写书信，感受慢时光
3. 传递感情，进行中西文化交流</td></tr>
<tr><td rowspan="6">学习过程</td><td>阶段</td><td colspan="2">活动</td><td colspan="3">收获</td></tr>
<tr><td>分组讨论阶段</td><td colspan="2">班级分组，进行小组内讨论：怎么用书信的方式建起两国文化的桥梁</td><td colspan="3">通过交流讨论，组内成员想法共享，拓展分享内容</td></tr>
<tr><td>收集资料阶段</td><td colspan="2">在家长的帮助下，查古籍，参观博物馆、探访名胜古迹</td><td colspan="3">原有经验得到补充和拓展，确定自己的书信内容；对自己的家乡南京有了更深刻的认识</td></tr>
<tr><td>认真聆听，学习书写</td><td colspan="2">观看英国版《见字如面》</td><td colspan="3">感受了亲情、友情、爱情，自己的英语水平得到提高，学会了英文书信的表达格式</td></tr>
<tr><td>丰富多彩，图文融合</td><td colspan="2">美术老师指导学生选择合适的绘画方式表达自己美好的祝愿</td><td colspan="3">收获了图文兼具的书信，对图像的理解更深刻</td></tr>
<tr><td>收获友谊，彼此交流</td><td colspan="2">读回信</td><td colspan="3">沟通了文化和情感，拉近了中新儿童心与心的距离，减少了陌生感</td></tr>
</table>

续表

贯通之处	儿童学习的场所不仅局限于教室，对儿童学习的发生场域进行了重构，实现了校内场域和校外场域之间的联系，让学习不仅发生在校园里，还有家庭中、社会上。学生从被动接受变成主动学习 “见字如面，笔友你好”不再是单一的班会课，在场所进行融合的同时，学科和学科之间也进行了融合。英语课上，英语老师播放的英国版《见字如面》让学生们认识到自己在英文书写上存在的问题；在美术老师的帮助下，学生们大胆说出自己的想法，画出一幅幅融入自己想法的绘画作品。这些简单书信的往来，不仅仅是文字之间的信息互通，更体现着不同地域、不同种族之间的文化交流和情感沟通 通过这次班会活动，不仅让学生们的知识得到了增长，更了解了自己的祖国、自己的家乡；通过书信的往来，让学生们体会了不同种族之间的文化差异，拉近了彼此的距离，同时也知道了有时情感不仅可以通过语言来表达，声音、图形同样可以达到传情的效果
活动剪影	（照片粘贴处）
学习成果	通过这次的“见字如面，笔友你好”活动，每个学生都掌握了英文书信的书写，对新加坡的文化也有了简单的了解，凤小的孩子们成了中、新文化交流的小使者，最重要的是，学生们收获了跨国友谊
活动感悟	以前只知道南京是个有历史的城市，是个饱经沧桑的城市，是个现代化大都市，对一些具体的事件却不太了解，通过这次活动，学生们走访了南京很多古迹、纪念馆等，阅读了很多的历史故事，对他们生活的家乡有了新的认识，学生更热爱这片土地了
活动中遇到的困难	活动中，很多学生的英文表达不够丰富，没有办法通过他们已知的词汇描绘出凤小学生眼中灿烂、多彩的南京文化。个别同学画工还不够，表达不出内心的全部想法
改进措施	这次活动之后，学生自觉加强英语训练，多读、多听、多看，争取下次给笔友写信的时候可以流畅地表达出南京的诗情画意。有的学生为了能把美丽的秦淮河画给笔友看，一直在进行绘画训练，现在已经初见成效

<table>
<tr><th colspan="7">儿童贯通式学习成长记录表二</th></tr>
<tr><td>小组成员及分工</td><td colspan="6">陆宇轩：组长，分配任务，给植物创建二维码，游戏编程
徐紫微：创作童话，进行绘本设计
徐子祺：学习手工艺术、药膳制作方法，分享给大家
许伊欣：游戏人物设计，游戏编程</td></tr>
<tr><td>指导教师</td><td colspan="2">陶晗</td><td colspan="2">活动时间</td><td colspan="2">2018. 03—2018. 07</td></tr>
<tr><td rowspan="3">类别</td><td colspan="6">□学科教学类</td></tr>
<tr><td colspan="6">☑校本课程类</td></tr>
<tr><td colspan="6">□课外活动类</td></tr>
<tr><td>活动主题</td><td colspan="6">悠悠药草香</td></tr>
<tr><td>活动灵感</td><td colspan="6">在小学科学课中有一节《认识校园中的植物》，学生对植物非常感兴趣，正好赶上学校校本课程“悠悠药草香”活动开设，就联合创办了这个活动，既能满足学生的好奇心，又可以培养他们的动手、创新能力，一举两得</td></tr>
<tr><td rowspan="2">涉及学科</td><td>□语文</td><td>□数学</td><td>□英语</td><td>□音乐</td><td>□体育</td><td>□美术</td></tr>
<tr><td>☑科学</td><td>☑信息技术</td><td>□道德与法制</td><td>□劳动与技术</td><td colspan="2">☑其他 中医药常识</td></tr>
<tr><td>学习目标</td><td colspan="6">1. 提高学生的综合素质，培养学生的创造性思维
2. 从多角度来提高学生的学习能力、探究能力以及动手能力
3. 培养学生的思维能力，更好地展示自己</td></tr>
<tr><td rowspan="5">学习过程</td><td>阶段</td><td colspan="2">活动</td><td colspan="3">收获</td></tr>
<tr><td>分组讨论阶段</td><td colspan="2">以四人为一小组，观察校园里的中草药、植物</td><td colspan="3">对校园里的植物有初步了解</td></tr>
<tr><td>撰写观察日记</td><td colspan="2">写“植物观察日记”，将中草药植物制作成美术图鉴，并通过二维码等方式分享给其他人</td><td colspan="3">提高创新能力，充分展示自己</td></tr>
<tr><td>讯飞语音写童话</td><td colspan="2">利用讯飞语音写作，撰写科普童话，排版设计立体绘本</td><td colspan="3">培养了审美意识和设计概念，进一步提高想象力，促进审美能力的发展</td></tr>
<tr><td>学生编程</td><td colspan="2">教师展示游戏架构，让学生学习编程，并设计人物形象和游戏</td><td colspan="3">感受学习与创新的乐趣，拓宽学习的时间与空间，真正成为学习的主人，适应未来的发展</td></tr>
</table>

续表

<table>
<tr><td rowspan="3">学习过程</td><td>阶段</td><td>活动</td><td>收获</td></tr>
<tr><td>端午做香包</td><td>在端午节之前开展“做香包”活动</td><td>将之前活动中积累的知识在“做香包”中整合，同时培养动手能力</td></tr>
<tr><td>成长礼：吃药膳</td><td>学生亲手制作药膳，请家长品尝</td><td>在了解中草药的基础上，培养知识整合能力，同时培养生活能力</td></tr>
<tr><td>贯通之处</td><td colspan="3">“互联网＋”时代，为学生合作学习提供了更加丰厚的土壤，让学习更加个性化、协同化，为孩子的发展提供了无限的可能
“悠悠草药香”活动作为校本课程，不仅将课程整合起来，还提高学生的综合素质，培养学生的创造性思维。教师根据学生的兴趣，提出以小组为单位寻找校园里的中草药，并自主选定要观察的中草药。学生们利用识图程序，初步了解校园里有哪些植物有药用价值，小组讨论共同决定所观察的植物。学生选定所要观察的中草药后，到观察地点，利用 App 重点了解植物的功能，草药学名、别名，外形特点，生长地特点，药用功效、用法，如何栽培等。在观察过程中，充分调动自己的味觉、视觉、听觉、嗅觉，全方位地了解中草药。利用互联网的便捷性，学生在户外也能学习到自己想要了解的知识。最后小组之间进行分享，展示学习成果，做对比研究。学生在实地观察体验的基础上，合作撰写观察日记。学生制作药膳，在六一活动中请家长品尝，家校融合，展现活动成果
在整个校本课程活动中，学生对中国传统中药有了大概的了解，随着活动的深入，学生思考问题更深入，感受到了学习与创新的乐趣，拓宽学习的时间与空间，真正成为学习的主人，以适应未来的发展</td></tr>
<tr><td>活动剪影</td><td colspan="3">（照片粘贴处）</td></tr>
</table>

续表

学习成果	通过“悠悠药草香”活动，每个学生的创造性思维得到锻炼，学生们的探究能力、团队合作能力得到提高，通过做香包、做药膳等活动，让学生把学习方法带入生活中，从多个角度不断提高自我，大胆展示自我，完善自我。最重要的是，补充了一些以前的知识盲区，对中华民族智慧的结晶——中草药有了初步了解
活动感悟	通过“悠悠药草香”活动，学生了解到了许多中草药的价值，以及它们各自的用途。在活动中，学生参与设计了美术图鉴、立体绘本和游戏人物，并且分享给同学和家人，让学生在多方面汲取知识的同时，也增强了沟通能力
活动中遇到的困难	通过本次活动发现，有些学生的动手能力还有待提高，在动手做香包活动中个别同学还不会穿针引线，有些学生与同学、团队之间的沟通，也还有提升的空间，因为沟通不及时产生许多摩擦
改进措施	这次活动之后，建议学生做“动手小达人”，提高自己的动手能力，在科学、劳动与技术等培养动手能力的课程中认真学习；在活动总结中劝导学生要多跟同学、朋友以及家人及时沟通、多学习，丰富的知识会让学习更加轻松，也会让人生更加精彩

<table>
<tr><th colspan="7">儿童贯通式学习成长记录表三</th></tr>
<tr><td>小组成员及分工</td><td colspan="6">李奕霏、李沐宸、杨佩颐：收集长江边空气
姜方伊、魏子宜、曾靖雅：收集长江边土壤
邹佰伦、吴昕怡、孙嘉悦：收集长江水
汤丁权：整理资料，整合完成绿色共同成长手册</td></tr>
<tr><td>指导教师</td><td colspan="2">段婷婷</td><td colspan="2">活动时间</td><td colspan="2">2019 至今</td></tr>
<tr><td rowspan="3">类别</td><td colspan="6">☐学科教学类</td></tr>
<tr><td colspan="6">☐校本课程类</td></tr>
<tr><td colspan="6">☑课外活动类</td></tr>
<tr><td>活动主题</td><td colspan="6">长江大保护</td></tr>
<tr><td>活动灵感</td><td colspan="6">南京市凤凰花园城小学的校训是“尚绿·力学”，我校一直弘扬“绿色发展”精神，“长江大保护”是一个培养学生尊重自然、保护环境非常好的机会。在六一儿童节这天进行，让“长江大保护”的小使者们有一个不一样的六一记忆</td></tr>
<tr><td rowspan="2">涉及学科</td><td>☑语文</td><td>☑数学</td><td>☑英语</td><td>☐音乐</td><td>☐体育</td><td>☑美术</td></tr>
<tr><td>☑科学</td><td>☑信息技术</td><td>☑道德与法制</td><td>☑劳动与技术</td><td colspan="2">☐其他________</td></tr>
</table>

续表

学习目标	1. 了解长江附近空气、土壤及江水的情况 2. 知道环境质量的评判标准 3. 呼吁小朋友们保护长江	
学习过程	活动	收获
	在长江边采集空气、土壤、江水等的环境监测样本，同时记录孩子们的身高、体重及生态环保行为	记录孩子与长江的共同变化，完成绿色共同成长手册
	环境监测中心的叔叔们与“长江大保护”小使者进行科普互动	孩子们想知道环境质量有哪些标准，监测中心的叔叔们是如何对环境进行采样、监测的
	小使者们集体签名，为六一留下美好回忆	在属于他们的节日里收到一份特殊的礼物
贯通之处	凤小的“尚绿”教育体现在学校的每一处，一进校门的“尚绿路”，上面用各种字体写着“绿”字；学校开展“光盘”行动，要求学生节约粮食；学校食堂有自己的垃圾处理器，对厨余垃圾进行回收再利用，学校的每一处都在对学生进行绿色教育。长江是孕育中华民族的摇篮，多年前环境被破坏，江水被污染，保护长江刻不容缓，以贯彻“绿色教育”为主的凤小积极参与其中，2019 年学校就带领学生参加了“长江大保护”活动，2020 年六一节学生们以小使者的身份参加了活动，孩子们的绿色教育在学校里已经有了一定基础，在校园外，凤小学生将“绿色”进行到底，希望长江“一江清水，两岸葱绿”的景象重新回到人们的视野中。我校将“尚绿”教育从校内延伸至社会，打破传统教育的场域界限，做到贯通教育	
活动剪影	（照片粘贴处）	

续表

学习成果	经过这次活动，孩子们对于保护长江有了更真切的感悟，通过参与采样，与检测员叔叔们互动，了解长江环境如何被监测，同时意识到通过自己的生态环保行为可以改善长江环境，这比任何说教都有意义
活动感悟	长江环境近几年得到改善是肉眼可见的，让学生参与到环境保护活动中来，记录他们与长江的共同变化，这不仅是长江变化的记录，更是孩子们独一无二的成长记录，“长江大保护”小使者培养学生能力的同时也能让毅力得到磨炼
活动中遇到的困难	1. 通过本次活动发现，有些学生的团队合作意识还有待提升 2. 检测的空气、土壤和江水随时间和天气的变化而变化，样本的可参考价值还有待商榷
改进措施	1. 组织更多的同学分批次进行长江边空气、土壤和江水的检测，扩大样本容量，提高准确性 2. 在活动开始前进行团队建设，提升活动效率

<table>
<tr><td colspan="7">儿童贯通式学习成长记录表四</td></tr>
<tr><td>指导教师</td><td colspan="2">章婧</td><td colspan="2">活动时间</td><td colspan="2">2019. 09—
2020. 02</td></tr>
<tr><td rowspan="3">类别</td><td colspan="6">☑学科教学类</td></tr>
<tr><td colspan="6">☐校本课程类</td></tr>
<tr><td colspan="6">☑课外活动类</td></tr>
<tr><td>活动主题</td><td colspan="6">梧桐叶落　锦绣金陵</td></tr>
<tr><td>活动灵感</td><td colspan="6">在《铺满金色巴掌的水泥道》这篇课文里有一条梧桐大道，孩子们学习这篇课文时都格外愉快，因为这是他们熟悉的风景，这是他们的城市，他们的生活。为了让学习更贴近生活，我们组织了“梧桐叶落　锦绣金陵”的活动</td></tr>
<tr><td rowspan="2">涉及学科</td><td>☑语文</td><td>☐数学</td><td>☐英语</td><td>☐音乐</td><td>☐体育</td><td>☑美术</td></tr>
<tr><td>☑科学</td><td>☑信息技术</td><td>☐道德与法制</td><td>☐劳动与技术</td><td colspan="2">☑其他 <u>历史</u></td></tr>
<tr><td>学习目标</td><td colspan="6">1. 引领学生从书本走向生活，从课堂走向校园、走向家庭和社会
2. 培养学生合作学习的能力
3. 打破学科之间的壁垒</td></tr>
</table>

续表

	阶段	活动	收获
学习过程	分组讨论阶段	在记录单上写下疑问，将疑问归类，组建不同的研究小组	展开合作学习，学习成果共享，事半功倍
	小文学家	进入书店和图书馆一起收集与梧桐叶有关的古诗词和美文，然后整理、择选、誊抄，在班级诵读、展示	学生们通过对古诗文的抄录、诵读，感受诗人、作家的情感，领略古诗文的无限魅力
	小科学家	在爸爸妈妈的帮助下查找资料，在科学老师的带领下展开实验	一个个问题被解决了，与同学们分享，帮同学们解答疑惑
	历史学者	走访南京市绿化园林局，了解南京是什么时候种下梧桐树的，谁种的，为什么要种梧桐树等	在一段段尘封的故事里，一张张泛黄的照片中，学生的心灵得到洗涤，对南京文化了解更多
	小旅行家	学生到中山路、陵园大道、南京理工大学、南京大学等地寻访，寻找最美梧桐树	拥有一双发现美的眼睛，将美分享给大家
	叶子上的缤纷世界	把梧桐叶当作画纸，绘制一幅幅美丽的风景	将自己看到的、学到的、感受到的，通过画作呈现出来，展示给大家看
贯通之处	学生学习不应该仅仅在书本上、课堂上，应该在校园里的每个地方，应该在他们熟悉、温暖的家里，应该在充满未知的社会中。学校应该是一扇门，一扇打开学生与外界沟通的大门；学校是一座桥梁，一座连接课堂和家合作的桥梁 在围绕梧桐叶开展的“梧桐叶落　锦绣金陵”学习活动中，将单一的讲授式学习方式与合作学习进行贯通；学习资源也更加丰富，将国家课程规定的学习内容与课程以外大量的诗文、史籍资料、科学百科知识相贯通，学生打开了视野，扩大了知识面，深化了学习点 学生从教室走出去，学习场域实现了学校与家庭、街道、公园、场馆乃至世界的贯通；打通了学科的壁垒，将语文学科与科学、信息、美术进行贯通，使学生获得真切体验，实现了单一学科不能达到的教育效果，满足不同学生的学习需求，促进学生的个性发展		

续表

活动剪影	（照片粘贴处）
学习成果	经过这次活动，学生了解了很多梧桐的知识，有关于诗词、文章方面的，有科学反面的，有历史人文方面的，对学生以后的写作、探究有很大帮助；通过这次活动，也让学生认识到学科不是独立存在的，互相之间是有联系的，是可以融会贯通的；学生们合作、沟通的能力也得到了大大的锻炼，学生体会到了合作的重要性
活动感悟	通过这次“梧桐叶落　锦绣金陵”活动，学生们对梧桐树的各个方面都了解的很透彻，虽然学生们是分开活动的，但最后每个小组都进行了成果汇报，让孩子们在自己喜欢的领域得到了锻炼，培养个性发展
活动中遇到的困难	在这次活动中，寻访小组要走很多地方，对学生和家长来说都是一个不小的挑战，有很多家长工作比较忙，周末没时间陪伴孩子走访各个地点；孩子在休息日凑在一起很兴奋，容易不受管控，一两个家长管理有些困难
改进措施	寻访小组再分开行动时，大家采取就近原则，选择一个离自己较近的地方去发现美。大学校园相对来说比较安全，可以多带几个孩子去游览；中山路、陵园大道比较开放的环境可以让住在附近的而且家长有时间陪同的学生前去拍照

儿童贯通式学习成长记录表五

见字如面，笔友你好

第一小组

小组分工

董子瑜 我负责安排任务，统筹，整理大家收集到的资料。

陈泓宇 我负责走访小组成员感兴趣的纪念馆。

郭子涵 我负责走访小组成员感兴趣的古迹。

魏卓祺 我负责收集小组内走访的古迹、纪念馆的故事。

活动目标

探访南京历史古迹，找到有趣故事

学习过程

阶段一
确定分享内容

阶段二
收集资料

阶段三
探访古迹、纪念馆

阶段四
进行汇总报告

阶段五
写寄给笔友的书信

精彩瞬间

学习成果

“我最自豪的”　　“我最欣赏的”

活动感悟

通过这次活动，让我们知道了很多以前没听过的南京故事，让我们交到了新的朋友，觉得很开心，这是一次有意义的活动。

阳光心语

自己说：这次活动非常有意义，交到了一个新加坡的好朋友，还学习了南京故事。

同伴说：在这次活动中，他们组表现得都很积极，很快确定了方向。

老师说：用图文结合的形式将南京故事分享给新加坡小朋友，想法大胆新奇，你们在这次活动中一定有很多收获！

家长说：在这次活动中，看到你们积极制订计划、查资料、访古迹，爸爸妈妈相信你们的付出一定会有收获！

参考文献：

[1] 刘尧. 中国教育评价发展历史述评 [J]. 北京工业大学学报（社会科学版），2003，3 (3)：88-92.

[2] 刘国男. 教育评价应“以人为本”[J]. 大连教育学院学报，2005，21 (1)：5-7.

[3] 刘尧. 现代教育评价的发展历史与观念嬗变 [J]. 江苏大学学报（高教研究版），2005，25 (1)：42-45，54.

[4] 李晓雯. 改革开放以来我国小学学生评价发展的回顾与思考 [D]. 南京：南京师范大学，2004.

[5] 张玉武. 以人为本，让教育真回归 [J]. 中国科教创新导刊，2011 (17)：135.

[6] 陈晓蓉. 我国发展性教师评价存在问题及对策研究 [J]. 群文天地，2011 (6)：137-138.

[7] 孙晶晶. 教育评价要彰显人的价值 [N]. 中国教育报，2008-01-10 (008).

[8] 王俭. 基于价值尊重与价值认同的教育评价研究 [D]. 上海：华东师范大学，2007.

[9] 余新. 反思多元智能理论 [J]. 北京教育学院学报（社会科学版），2011，25 (3)：36-38.

[10] H. 加登纳. 智能的结构 [M]. 兰金仁，译. 北京：光明日报出版社，1990.

[11] 付淑琴. 传统学习方式与现代学习方式的比较 [J]. 教育艺术，2017 (8)：10.

[12] 祁顺成. 基于“学习场域”的思考 [J]. 中小学校长，2018 (6)：28-30.

[13] 曹艳娜. 小学低年级学生成长档案袋的创建的个案研究——以大连开发区×小学为例 [D]. 大连：辽宁师范大学，2015.

[14] 傅帆，刘军，姜扬. “建构主义学习理论”视域下的大学生成长记录实施探析 [J]. 佳木斯职业学院学报，2019 (7)：6-7.

[15] 杨基娜. 成长记录袋在初中班级管理中的运用 [J]. 科学咨询，2020 (10)：17.

[16] 于中华. 大数据时代建立学生电子成长档案探究与实践 [J]. 办公室业务，2019 (08)：159-160.

写在后面

诗人海子说：我无限的热爱着新的一日/今天的太阳/今天的马/今天的花楸树/使我健康 富足 拥有一生……对于凤凰园的老师来说，每一个美好的今天都让我们忍不住回望，感念过往，不负时光。

1999 年 8 月，在南京市鼓楼区“优化优质教育资源配置，名校西进”发展战略的指引下，南京市凤凰花园城小学在美丽的河西地区落成。2013 年 8 月，聚泽园校区正式建成投入使用。相距仅 400 米的清溪园、聚泽园两个校区环境优美、配置先进、文化统一，成为河西地区小学教育一道亮丽的风景线。

行走在凤凰园里，满眼绿色、生机勃勃，让人心旷神怡。建校以来，学校深入开展“绿色教育”研究，多年来，绿色教育的步伐走得坚定，走得自信。回望 2013 年，聚泽园校区落成之际学校绿色教育的办学文化进一步得到凝练——“尚绿·力学”，以“乐学乐行、力学力行、善学善行、美学美行”作为教育的追求。学校开发绿色课程，研究绿色课堂，追寻绿色文化，实施绿色评价，整体建构儿童绿色学习生态。

二十多年的坚守，“绿”正成为南京市凤凰花园城小学耀眼的文化符号，引领学校不断向上成长！“十二五”期间，我们总结了“绿色教育”的研究成果，编写了《优化学习生态的实践样本》一书，立足校本诊断，形成理性认识，建构儿童学习生态的校本模型，以作业变革为突破，以课堂改革为核心，此项成果获得南京市优秀教育成果奖评比一等奖、江苏省三等奖，鼓舞人心！

乘着“十二五”的风帆，课题研究继续向前迈进，又一个不断学习、实践、反思、再实践的五年，省重点资助课题“儿童绿色学习生态的整体建构”再结硕果，“儿童贯通式课程链”的研究打通了儿童绿色学习生态系统中的多元关系，找到了研究的抓手——《贯通：走向绿色生态的校本路径》。该著作分为六章，包括要素解析、校本模型的建构、贯通式学习的概念、贯通式学习的实践路径、贯通式学习过程中的实践案例分享以及贯通式课程的评价方式，透析了“儿童贯通式学习”的概念认识、理论支撑和校本架构。

本书第一章由丁迎燕老师担任组长，李玮、吴言、徐慧、王艳老师撰写；第二章由许建华老师担任组长，华芳、段婷婷、许雯老师撰写；第三章由张静老师担任组长，戴婷婷、于艳、李凡、张丽娟老师撰写；第四章由姚莉莉老师担任组长，朱玲、翟羽佳、宣莉莉、汪霞老师撰写；第五章由石迪老师担任组长，李男、陆萌老师撰写；第六章由章婧老师担任组长，王铭远、洪靖雯、杨丹、高雪莹老师撰写。全书的统稿、审稿工作由许建华、章婧、张静、姚莉莉、丁迎燕、石迪老师完成。

国家督学成尚荣先生在《儿童立场的核心是什么?》一文中说到：儿童的发展是现代教育核心价值的定位，儿童立场应是现代教育的立场。“儿童绿色学习生态的整体建构”以儿童为研究的核心，从儿童出发，立足当下教育乃至整个社会环境对儿童的成长和发展带来的影响，努力为儿童建构绿色的学习生态。这是凤凰园的一片绿色梦想，这是为儿童的现在和未来描绘的最美愿景。